Franz Otto Ribbeck

Rheinisches Museum für Philologie

Franz Otto Ribbeck
Rheinisches Museum für Philologie
ISBN/EAN: 9783743358126
Hergestellt in Europa, USA, Kanada, Australien, Japan
Cover: Foto ©ninafisch / pixelio.de

Manufactured and distributed by brebook publishing software (www.brebook.com)

Franz Otto Ribbeck

Rheinisches Museum für Philologie

Rheinisches Museum
für
PHILOLOGIE.

Herausgegeben

von

Otto Ribbeck und Franz Bücheler.

Neue Folge.

Vierzigster Band.

Ergänzungsheft:

Das Recht von Gortyn.

Frankfurt am Main,
Verlag von Johann David Sauerländer.
1885.

DAS RECHT VON GORTYN

herausgegeben und erläutert

von

Franz Bücheler und Ernst Zitelmann.

Frankfurt am Main,
Verlag von Johann David Sauerländer.
1885.

Noch heute existiren des Minos Satzungen, die ältesten Gesetze der Hellenen — dürfen wir dem Sokrates im (platonischen) Minos p. 318 C nachsprechen. Sobald durch Hrn. Fabricius' Verdienst die Rechtsurkunde von Gortyn ganz ausgegraben war, von der im Rheinischen Museum 40 S. 476 ff. eine vorläufige Nachricht gegeben ist, schien es den Herausgebern dieser Zeitschrift wünschenswerth eine Besprechung derselben zu bringen, welche ihren juristischen Gehalt den Kennern und Freunden des Alterthums darlegt und die Juristen zu planmässiger Beschäftigung mit diesem und andern griechischen Rechten einlädt. Darum gebeten willigte mein College, der Lehrer des römischen Rechts Herr Zitelmann ein die Arbeit zu übernehmen, unter der Bedingung, dass von den gemeinsamen Berathungen, welche für das Ganze den Grund legten, auch durch die Namengemeinschaft im Titel Zeugniss gegeben werde, obgleich mein Antheil sich im Wesentlichen auf die bessere Lesung von ein paar Stellen des Textes und auf die Uebersetzung beschränkt, welche möglichst wortgetreu dem Nichtphilologen zur Erleichterung des Verständnisses gleich anfangs in die Hand gegeben war. Was auf den Text folgt, der grösste und Haupttheil ist Hrn. Zitelmanns Werk, von ihm als Beiwerk seiner anders gerichteten Studien verfasst. Er und ich bitten den Leser nicht zu vergessen, dass unser Zweck, der einen und der andern Wissenschaft zu nützen, auf Art und Mass der Behandlung, Nachweise und Quellenangaben hat Einfluss üben müssen und Manches anders gestaltet hat, als der Einzelne von uns für die Genossen des einzelnen Faches gewählt hätte.

Bonn, 25. Mai 1885.

Franz Bücheler.

Inhaltsverzeichniss.

Seite

Epigraphisch-Philologisches von *Bücheler* . . . . 1—17
   Das Aeussere der Urkunde S. 1—6. Fund und Ausgaben
   S. 1. Bau und Wand S. 2. Columnen- und Zahlzeichen
   S. 3. Altersmerkmale, historische, Schrift, Stil S. 3—6.
   Alphabet und Sprache S. 6—17. Die Buchstaben und
   unsre Umschrift S. 6. Der Dialekt S. 7—12. Vocalisches
   S. 7. Consonanten, Angleichung, Doppelung S. 7—9. Zur
   Declination S. 9. Zahl- und Pronominalwörter S. 10. 11.
   Zur Conjugation S. 11. 12. Neue Wörter oder von unge-
   wöhnlicher Form oder Bedeutung in alphabetischer Folge
   S. 12—17.

**Text und Uebersetzung mit kritisch-grammatischen Anmer-
kungen** von *Bücheler* . . . . 17—40

Juristische Erläuterungen von *Zitelmann* . . . . 41—178

Erster Theil: Allgemeine Erörterungen.

I. Kap. Das Gesetz im Ganzen 41
   I. Theile S. 41. Disposition S. 42.
   II. Inhalt: nur Privatrecht S. 43. Privatbusse oder öffentliche
       Strafe? S. 44. Was für Materien? S. 45. Tendenz S. 47.
   III. Alter des Gesetzes S. 47. Einzelnes zur Beurtheilung des
        Alters: materielle Rechtssätze S. 48. Formalismus S. 49.
        Schriftlichkeit S. 50. Technik S. 51. Terminologie, Satz-
        form S. 52.
   IV. Indogermanischer Ursprung der einzelnen Rechtssätze, Ver-
       hältniss zu anderen Rechten S. 53.

II. Kap. Staatsrechtliches 54
   I. Beamte: Kosmen, Mnamon S. 54.
   II. Die Bevölkerung: Phylen, Hetärien S. 55. ἀφέταιροι S. 56.

III. Kap. Allgemeines Vermögensrecht 56
   Das Vermögen als Ganzes S. 56. Eigenthum, Besitz, ἤμην ἐπί
   τινι, καρτερὸς ἤμην S. 57. Rechtsgeschäfte S. 58. Schuldgründe:
   Urtheilsschuld, Geldschuld S. 58. Geld S. 59.

IV. Kap. Allgemeines Personenrecht 60
I. Altersstufen: 1. ἄνηβος, ἄνωρος, ἡβίων, ὥριμος. 2. ἀπόδρομος, δρομεύς S. 60.
II. Die Verwandten: 1. Die καθεσταί (Blutsfreunde) S. 61. 2. Die ἐπιβάλλοντες S. 62.
III. Die Sklaven. 1. Arten: a. Häusler ϝοικέες S. 63. b. Haussklaven S. 64. 2. Entstehung der Unfreiheit VI 55—VII 4 S. 65.

V. Kap. Das Prozessrecht 67
Zur Terminologie S. 67 N. 1. κρίνειν Begriff S. 68. Fälle S. 69. δικάζειν S. 70. Recht und Pflicht des Eides: Fälle S. 72, Princip S. 73. Solennitätszeugen S. 75. Beweiszeugen S. 75. Eidhelfer S. 76.

Zweiter Theil: Die einzelnen Lehren.

I. Kap. Sklavenprozess 78
I. Grundlagen: die 3 möglichen Prozesse S. 78. Die Parteien: der adsertor S. 79.
II. Der Streit über den Besitz I 1—13 S. 80. Die 3 Fälle des Gewaltverbots, Vergleichung mit dem röm. Recht S. 81. Parteien S. 84. Urtheil S. 84. (Fristen N. 25.) Nachverfahren S. 85. Beweis S. 85.
III. Der Streit über das Recht I 14—34 S. 86. 1. Vindicien. 2. Parteien. 3. Contravindication S. 86. 4. Beweis S. 87. 5. Urtheil: pronuntiatio, condemnatio wie im röm. Recht S. 88.
IV. Erfüllung des Urtheils in beiden Prozessen I 34—50 S. 90. (Geldcondemnation N. 57; Sklavenpreise N. 63; Asylrecht S. 95.)
V. Nachträge S. 97. 1. I 50—54 ἄγειν durch den Kosmos S. 97. 2. I 55—II 2 Erlaubtes ἄγειν durch den Pfandgläubiger und Prozesssieger S. 97. Das Executionsrecht S. 99. 3. XI 24 —25 S. 100.

II. Kap. Geschlechtliche Vergehen 100
I. Nothzucht und Ehebruch II 2—16. 20—45. Tarifirung der Bussen S. 101. Recht den Ehebrecher zu tödten S. 103. Ueberführungseid mit Eidhelfern S. 106.
II. Unzucht II 16—20 S. 107.

III. Kap. Familienrecht 108
I. Hausherr und Hausgenossen S. 108. Zugehörigkeit der nachehelichen und unehelichen Kinder III 44—IV 23 S. 109. Zutragung des Kindes, Aussetzungsrecht S. 110. Prozess, Beweis S. 113. Uneheliche Kinder S. 114. Familienrecht der Häusler S. 114.
II. Eheliches Güterrecht S. 115.
1. Grundgedanken. Mitgift. Bestellung und Höhe derselben S. 115. Rechtsverhältniss während der Ehe S. 117.

2. Das Frauengut bei Endigung der Ehe S. 117.
   I) Trennung der Ehe durch Scheidung S. 118. 1) mit Schuld des Mannes S. 118, 2) ohne seine Schuld S. 119. II) Endigung der Ehe durch Tod 1) des Mannes S. 121, 2) der Frau S. 122.
3. Entwendungen bei Endigung der Ehe S. 123.
4. Schenkungen zwischen Ehegatten. 1) III 20—22. 29 S. 125. 2) X 14—20. XII 15—19 S. 126. (Verweisungen des Gesetzes N. 74.) 3) III 37—40 κόμιστρα S. 128.
III. Familiengüterrecht S. 129. Das Allgemeine S. 129. Haftung für Schulden der Kinder S. 130. Einzelbestimmungen: 1) IV 29—31 S. 130. 2) IX 40—48 S. 131.
IV. Vormundschaft über Unerwachsene S. 133, über Frauen S. 134.

IV. Kap. Erbrecht 134
I. Letztwillige Verfügungen 1—3 S. 134.
II. Intestaterbfolge S. 135. Vorfrage S. 135. 1. Klasse: a) Berechtigte Personen S. 137. b) Die Erbmasse S. 137. c) Die Vertheilung der Erbmasse — das Grundeigenthum S. 138. d) Rückwirkende Kraft des Gesetzes S. 140. 2. 3. 4. Klasse S. 143. 5. Klasse S. 144.
III. Erwerb der Erbschaft S. 144.
IV. Rechtsstellung der Erben: 1. Der Miterben zu einander: Erbschaftstheilung S. 145, Abschichtung S. 146. 2. Der Erben zu den Gläubigern: Haftung für Schulden S. 147, für sonstige Lasten S. 148, Ueberlieferung der Erbschaft an die Gläubiger S. 148.

V. Kap. Das Recht der Erbtöchter 149
Begriff der Erbtochter S. 149. Ursprüngliche Bedeutung dieser Rechtssätze S. 150. Umbildung S. 151.
I. Heirathspflicht der Erbtochter.
   1. gegenüber den Epiballontes S. 151. Fälle: A. die Erbtochter ist ledig S. 152. B. schon verheirathet S. 154. C. verwittwet S. 155. Recapitulation S. 155.
   2. gegenüber den Phylengenossen S. 156.
   3. gegenüber Anderen S. 157.
   4. Resumé S. 157.
II. Erziehung und Vermögensverwaltung S. 157.
   1. wenn ein heirathsberechtigter Verwandter da ist S. 158.
   2. oder nicht da ist S. 158. 3. IX 1—7 S. 160.
III. Sanctio legis S. 160.

VI. Kap. Die Adoption 160
I. Form S. 160.
II. Fähigkeit zu adoptiren S. 161.
III. Fähigkeit adoptirt zu werden S. 162.
IV. Wirkung S. 162.

Inhaltsverzeichniss.

Seite

V. Aufhebung S. 164.
VI. Anwendungsbestimmung S. 165.
VII. Kap. Zum Vermögensverkehrsrecht 166
    I. Loskauf von Gefangenen VI 46—55 S. 166.
   II. Sklavenkauf (Haftung für Delicte, für Mängel) VII 10—15 S. 167.
  III. Schuldklagen nach dem Tode des Schuldners IX 24—40 S. 169.
  IV. Termingeschäfte IX 43—54 S. 172.
   V. Verbot von Geschäften über fremdes Vermögen VI 12—31. 37—44. IX 7—24 S. 173.
  VI. Schenkung zu Ungunsten der Gläubiger X 20—25 S. 176.
 VII. Verbot von Geschäften über streitige und verpfändete Sklaven X 25—32 S. 177.

Register der Erläuterungen, nach der Ordnung des Gesetzes 179

Verzeichniss der abgekürzt citirten Schriften.

Gans   = Das Erbrecht in weltgeschichtl. Entwicklung Bd. I. 1824.
Heffter = Die Athenäische Gerichtsverfassung 1822.
Hoeck = Kreta. Bd. I—III. 1823—29.
Jannet = Les institutions sociales et le droit civil à Sparte. 2ième edition. Paris 1880.
Leist   = Gräcoitalische Rechtsgeschichte. Jena 1884.
Lipsius = Der attische Prozess. Vier Bücher von Meier und Schoemann. Neu bearbeitet von Lipsius. Bd. I. 1883. Bd. II. S. 469—628. o. J.
Platner = Der Prozess und die Klagen bei den Attikern. Bd. I. II. 1824—25.
Post, Geschlechtsgen. = Die Geschlechtsgenossenschaft der Urzeit und die Entstehung der Ehe. 1875.
 „ Urspr. = Der Ursprung des Rechts. 1876.
 „ Anf.   = Die Anfänge des Staats- und Rechtslebens. 1878.
 „ Baust. = Bausteine für eine allgemeine Rechtswissenschaft. Bd. I. II. 1880—81.
 „ Grundl. = Die Grundlagen des Rechts und die Grundzüge seiner Entwickelungsgeschichte. 1884.
Rein   = Das Criminalrecht der Römer. 1844.
Schulin = Das griechische Testament verglichen mit dem römischen. Baseler Rectoratsprogramm 1882.
Siegel   = Geschichte des deutschen Gerichtsverfahrens. I. Bd. 1857.
Susemihl = Aristoteles' Politik. Griechisch und Deutsch herausgegeben von Susemihl. Bd. I. II. 1879.
Thalheim = K. F. Hermann's Lehrbuch der griechischen Antiquitäten. II. Bd. 1. Abtheilung. Die griechischen Rechtsalterthümer. 3. Aufl. Umgearbeitet und herausgegeben von Thalheim. 1884.
Wilda   = Das Strafrecht der Germanen. 1842.

Auf der Insel Kreta zu Hagioi Deka, wo die Ruinen von
Gortyn, der ältesten und zweitmächtigsten Stadt der Insel sind
(Bursian, Geographie von Griechenl. 2 S. 564 f.), in einem vom
Lethäusfluss abgeleiteten Mühlbach traten Quadern mit Schrift zu
Tage. Im letzten Sommer machte der Mühlenbesitzer Manolis
Eliakis den Dr. Federico Halbherr auf die Buchstaben aufmerk-
sam, dieser begann die Mauer blos zu legen und die Inschrift zu
copiren, nach Uebereinkunft mit ihm setzte im Herbst Dr. Ernst
Fabricius das Werk in saurer Arbeit fort, vollendete die Ausgra-
bung und beschaffte so eine Copie der ganzen Inschrift, welche
auf der Mauer eingegraben ist. Dabei ergab sich, dass die Frag-
mente, welche zuletzt von F. Blass im N. Rhein. Mus. 36 S. 612 ff.
besprochen, auch von Roehl unter den inscriptiones gr. antiquis-
simae 475 und 476 abgedruckt sind, aus dieser Mauer ausge-
brochnen Quadern angehören und in die Lücken hier sich ein-
fügen. Leider fehlen noch und werden wohl immer fehlen ein
paar Quadern, die ebenso vorher, um dem Mühlgraben den Weg
zu bahnen, oben weggenommen worden sind; ohne das wäre die
Inschrift vollständig. Fabricius hat das Denkmal so rasch als
möglich der gelehrten Welt zugänglich machen wollen, er hat
einen detaillirten Fundbericht, einen Grundriss der Oertlichkeit
und des Bauwerks, eine in Lichtdruck ausgeführte Zeichnung der
Inschrift, endlich einen in Minuskel und gewöhnliches Alphabet
umgeschriebenen Text derselben veröffentlicht in den Mittheilungen
des deutschen archäol. Instituts zu Athen IX S. 363 ff. Tafel XX
u. XXI, dieser Aufsatz gibt über alle Externa vollere Nachricht,
als an dieser Stelle zu wiederholen zweckmässig erscheint. Nach
jener Veröffentlichung ist die vorläufige Notiz im Rhein. Museum
40 S. 475 ff. abgefasst, in welcher gewisse Sprachformeln aus dem
gortyner und italischen Gesetzen verglichen wurden ($αἴ$ $κα$ $νικαϑῆι$
ast $eius$ $vincitur$, $ἄπατον$ $ἤμην$ se $fraude$ $esto$ u. a.). Fast gleich-
zeitig mit Fabricius' Publication, von welcher uns durch des Hrn.
Verfassers Güte früher Kunde zukam, erschien ferner nach Uebereinkunft zwischen Fabricius und Halbherr, auf dieselbe Copie ge-

gründet, im Museo Italiano di antichità class. I p. 233 ff. die Publication von Prof. Domenico Comparetti, welchem der italienische Finder das Material überwiesen hatte. In der Textesumschrift hat Comparetti, ein dialektkundiger Gelehrter und der den Vorzug hatte, nicht befangen in den elementaren Schwierigkeiten des Lesens und Abschreibens den Text bereits gegenständlich prüfen zu können, Manches richtiger gegeben als Fabricius, Anderes aber weniger richtig; beide Texte zusammen reichen in den meisten Fällen aus, so dass unsere Lesung sich an den einen oder andern anschliessen konnte, selten ein Drittes zu suchen blieb. Von den abweichenden Lesungen ist, was brauchbar oder statthaft, und an bedenklichen Stellen selbst was unstatthaft schien, in die Anmerkungen aufgenommen worden.

Die Mauer gehörte zur Umfassung eines Bauwerkes, das nach Fabricius' Berechnung einen Kreis mit einem inneren Durchmesser von etwa 100 Fuss (33 m) beschrieb. Die Inschrift steht auf der Innenseite dieser Mauer, bedeckt die Wand auf fast 9 m Länge; rechts bildet ein vortretender Pilaster und andres Mauerwerk den Abschluss, so dass der Tenor der Inschrift nicht über den heutigen Anfang, unsre erste Columne hinaus sich erstreckt hat; dass sie links, am Ende vollständig ist, beweist schon der frei gelassene Raum dort. Die Inschrift erhebt sich über einer unbeschriebenen etwas vorspringenden Sockelschicht bis zu einer Höhe von 1,72 m, so dass ein Mann von mittlerer Grösse sie bequem lesen konnte, *unde de plano recte legi posset*; über den beschriebenen Quadern ist noch eine Mauerschicht erhalten. Die Schrift ist auf die fertige Wand ohne Rücksicht auf die Fugen der Quadern mit grösster Sorgfalt und Gleichmässigkeit eingehauen in zwölf Columnen, die volle Columne hat 53 bis 55 Zeilen, die volle Zeile fasst im Durchschnitt 20 bis 25 Buchstaben, die Buchstaben sind roth gefärbt und so dem alten Leser noch deutlicher gewesen.

Jener Rundbau scheint nur ein Theil gewesen zu sein eines grösseren Complexes sehr alter, unzweifelhaft öffentlicher Bauten (Fabricius). In nächster Nähe läuft gegen Norden eine Mauer, welche auch ein Gesetz trägt privatrechtlichen Charakters (über Beschädigungen von Zugvieh, Pferd, Esel, Hunden), auch bustrophedon und in Columnen und fast in demselben Alphabet geschrieben, nur jünger, indem für den langen e-Laut durchgehends schon H verwandt ist, und nachlässiger. Weitere Nachgrabungen, welche dem Vernehmen nach nun von italienischer Seite ins Werk gesetzt werden, müssen wie über jenen Complex so auch über den Rundbau selbst aufklären, von dem Fabricius muthmasst, dass er unter den Aeckern, welche an den Mühlgraben stossen, noch ganz erhalten sei. Es ist sehr wahrscheinlich, dass in dem Rundbau selbst noch mehr Gesetze inschriftlich vorhanden waren. Darauf weist vor Allem die Bezeichnung unserer Urkunde als A in den Columnenüberschriften, welche nach Fabricius mehrere Jahrhunderte jünger sein müssen als der Text, Col. 2 BA, Col. 3 ΓA u. s. w., 6 ᶜA, 8 HA. Dieser Zählung der Columnen entspricht und wird gleichzeitig vorgenommen sein die weitere Eintheilung jeder Columne in vier Abschnitte nach den Quaderschichten, über welche die Columne sich abwärts erstreckt, so dass die erste Columne am Rand von oben nach unten die Zeichen AA, AB, AΓ, AΔ zeigt. Daneben geht aber noch ein anderes Zählungssystem her, rechts unten am Sockel beginnend, in wagerechter Richtung durch die Quaderschichten der ganzen Wand nach links fortgeführt, dann erst ansteigend und so bei den Quadern oben links auslaufend, daher bei Columne 1 von unten nach oben die vier Zahlen A, H, IZ, KE d. h. Abschnitt 1, 8, 17, 25 des ganzen Schriftstücks angemerkt stehen — allerdings eine sehr mechanische Zerlegung des Gesetzes, dessen wirklicher Anfang doch in der Höhe rechts und nicht unten ist. Ferner haben wir die Spur wohl von einem anderen Gesetz bei völlig gleichem Material und Alphabet mit der Urkunde A in dem von Blass a. a. O. S. 615 besprochenen Fragment, inscr. gr. antiquiss. 477: ἐδδίεται τὸμ μὲ πϱ-| μὲμ μὲ δι-χάδδεϑ-| [ϝε]χάστο ἐπιβάλλει, die letzte Phrase ähnlich unserem Gesetz 6, 29 und 9, 23; dass dies Fragment in den Anfang von Col. 10 oder 12 gehörte, wird niemand behaupten wollen, scheint auch nach dem äusseren Habitus unglaublich. Es ist kaum zweifelhaft, dass der Rundbau oder Tholos, dessen Wände mit solchen Gesetzestafeln ausstaffirt waren, als Gerichtsstätte diente; die Sitte scheint durch unser Gesetz selber bestätigt zu werden, durch die Anweisung zu klagen 'wo es hingehöre, bei dem Richter, da wo von jedem geschrieben steht' 6, 29. Im Dialog Minos 15 p. 320 C trägt Talos, welcher als Gehülfe des Minos dreimal jährlich in Kretas Gauen die Runde macht, um über die Gesetze zu wachen, diese auf Schreibtafeln geschrieben bei sich, freilich auf Tafeln von Erz.

Sehr alt nennt Fabricius die Bauten; wie alt ist die Inschrift? Was sich aus ihrem Inhalt, dem Recht selber, für Argumente gewinnen lassen, wird unten erörtert werden. Das hohe

Alter der kretischen Legislatur insgemein, die mythistorische Verknüpfung mit Thaletas, welchen der älteste Zeuge aus Gortyn stammen lässt, und dem Spartaner Lykurgos, das vorbildliche Ansehen bei andern Hellenen bedarf hier keiner Worte. Platon nimmt für seine Gesetze zum Ausgangspunkt die auf Kreta, in Knosos, und man mag phantasiren, dass eine so gewaltige Rechtsumwälzung, wie sie aus unserer Urkunde für deren Zeit und Ort sich ergibt, auf die Scenerie der platonischen Gesetze Einfluss geübt habe. Ephoros bei Strabo 10, 20 p. 482 erwähnt unter den kretischen Institutionen, dass die Tochter als Mitgift die Hälfte vom Erbtheil des Bruders erhalte; dies wird in Gortyn eben durch unser Gesetz 4, 40 ff. verordnet und mit dem ausdrücklichen Zusatz, dass es anders hat sein können vor diesem Gesetz 4, 52. Auch die Nachricht eines von älteren Quellen abhängigen Sammlers über Strafen des Ehebruchs in Gortyn stimmt zu unserm Gesetz (zu 2, 24). Aber dass die Urkunde nicht nach Ephoros oder Aristoteles fällt, darf wohl für ausgemacht gelten. Ein Jahr, wegen des vorgehenden Präsens Ind. eben das oder doch nahezu das Jahr, in welchem das Gesetz erlassen ward, ist angegeben 5, 5 durch die eponymen Kosmen; die Erwähnung der Volksabtheilung aus welcher sie hervorgingen als solcher, dass der *Αἰϑαλεὺς σταρτός* damals regierte, diese auf die Anfänge des Staatswesens zurückleitende Verbindung von Kriegsmannschaft und Kriegsführern, Zugehörigkeit der Ordner zu einem Heere ist bisher auf keiner kretischen Inschrift gefunden worden, die Aithaleis werden noch um 220 v. Chr. wie es scheint, in einer kleineren kretischen Stadt als Regenten genannt. Die Sondergeschichte und die Entwicklung von Kreta in den hellsten Zeiten der griechischen Geschichte, in welchem Masse es vorgeschritten oder zurückgeblieben gegen das übrige Griechenland, wie und wann die minoischen Institutionen, von welchen der Attiker im Minos 16 p. 321 B noch als unbewegt festen redet, abgeändert und reformirt worden sind, diese Dinge liegen für uns im Dunkel, wie viel mehr die Geschichte der einzelnen kretischen Staaten und Rechte. Ein anderes Kriterion, der Schriftcharakter des Denkmals, gewährt auch keine so sichere Zeitbestimmung als man wünschen muss; was Kirchhoff zur Geschichte des griech. Alphabets S. 62 u. 65[3] über die damals bloss fragmentarisch bekannte Inschrift geurtheilt hat, scheint mir noch jetzt zu Recht zu bestehen, ja seine Mahnung zur Vorsicht, dass das Alter nicht überschätzt werde, nur noch zu verstärken. Auf der einen Seite die linksläufige Richtung und furchenförmige

Zeilenordnung der Inschrift, die Eigenthümlichkeiten des Alphabets, in welchem ursprüngliche Zeichen wie das fünfstrichige ᛉ festgehalten und jüngere wie die für φ und χ noch nicht angewandt sind — gewiss Merkmale hohen Alterthums; auf der anderen die von den Augenzeugen hervorgehobene, auch von der Zeichnung gespiegelte 'bewunderungswürdige Gleichmässigkeit, technische Vollkommenheit', durch Einfachheit und Regelmässigkeit erzielte Eleganz der Schrift — Beweis einer durch lange Uebung wohlgeschulten künstlerisch entwickelten Graphik. Das Alterthümliche lässt sich erklären aus der insularen Lage und Abgeschlossenheit vom übrigen Griechenvolk, man vergleiche die kyprischen Denkmäler in epichorischer Schrift, welche beträchtlich über den Anfang des vierten Jahrh. v. Chr. hinabreichen, sodann aus frommer Bewahrung väterlichen Brauchs oder geflissentlicher Nachahmung eines Musters für alle Weisthümer, aber die elegante Technik kann wohl nur einer überhaupt vorgeschritteneren Culturperiode zugeschrieben werden. Kirchhoff, welcher die kretischen Münzen zur Vergleichung anzog, war schliesslich wenig geneigt, über die Mitte des fünften Jahrhunderts hinaufzugehen; nach dem Gesammteindruck jetzt wird dies als Maximum zu betrachten, davon eher ab- als zuzuthun und die Möglichkeit offen zu halten sein, dass die Inschrift bis mindestens 400 hinabgehe. Denn für jüngere Zeit spricht auch Stilistisches, das dritte Kriterion. Im Ganzen freilich wahrt der Stil kaum weniger als die Schrift ein alterthümliches Gepräge, jenes welches durch die Reste des römischen Zwölftafelgesetzes am besten veranschaulicht wird, so gleich der Anfang 'führt er aber, so soll er verurtheilen', das 'er' oder 'man' dort der Delinquent, hier der Richter natürlich. Und alterthümliche Worte finden sich, die sonst keine oder fast keine Spur des Daseins hinterlassen haben, wie $\lambda \alpha \gamma \acute{\alpha} \sigma \alpha \iota$ und $\mu o \lambda \varepsilon \tilde{\iota} \nu$, und alterthümliche Structuren und Wendungen, welche mit dem homerischen Griechisch mehr Aehnlichkeit haben als mit der Prosa vom peloponnesischen Krieg ab, wie der Gebrauch des Genetivs in $\tau \tilde{\omega}\ \chi \varrho \acute{o} \nu \omega\ \varkappa \varrho \acute{\iota} \nu \eta \nu$ 'betreffs der Zeit', die Composition $\dot{\omega}\ \dot{\alpha} \pi \alpha \gamma o \varrho \varepsilon \acute{v} o \nu \tau \iota$ in keinem andern Sinne als $\dot{\alpha} \varphi'\ o \tilde{v}\ \dot{\alpha} \gamma o \varrho \varepsilon \acute{v} o v \sigma \iota \nu$, und manches Andere. Das ist traditionell fortgeerbtes Sprachgut, und dessen ist viel, weit mehr als des neu angewöhnten, willkürlichen. Aber auch solches fehlt nicht, und eben das gibt den Ausschlag; ich rechne dahin den Gebrauch von $\tau \varepsilon$-$\varkappa \alpha \iota$ wie 8, 49 $\tau \tilde{\omega} \nu\ \tau \varepsilon\ \chi \varrho \eta \mu \acute{\alpha} \tau \omega \nu\ \varkappa \alpha \grave{\iota}\ \tau \tilde{\omega}\ \varkappa \alpha \varrho \pi \tilde{\omega}$, und ausserdem nur noch zweimal in derselben Phrase 3, 25 und 3, 32, verglichen mit 2, 46 7, 39 12, 29 u. a. Gewiss ist dieser Gebrauch an sich uralt, er begegnet inschriftlich gerade in ältesten knappsten Rhetren, nur diese Zeugen eines erstlich durchbrechenden, halb kindlich stammelnden halb poetisch fliegenden Sprachvermögens darf man stilistisch nicht vergleichen der breiten, zwar nicht fliessenden aber doch wohlgeordnet sich fortbewegenden Prosa unseres Monumentes, hier ist $\tau\varepsilon$-$\varkappa\alpha\ell$ wie ein Schössling rednerischer Kunst eingedrungen, ein gelegentlich gewähltes bewusstes Mittel zu gliedern. Andre Anzeichen jüngerer Zeit werden sich beim Dialekt ergeben. Begnügen wir uns also vorläufig mit dem Ansatz: zwischen den römischen XII und Platons Gesetzen, ein paar Generationen vor Ephoros' Erzählung von Kreta.

Die Schrift ist bustrophedon, von rechts nach links und in der nächsten Zeile zurück nach rechts laufend. Der Anfang der Nachträge 11, 24 ist wie der Anfang des Ganzen durch linksläufige Schrift markirt. Keine Interpunction, bei Absätzen ein wenig Spatium wie in unserm Abdruck. Die Buchstaben sind:
A B Λ Δ E F Θ S K Λ M N O C P M T V.
K fungirt zugleich für χ, C zugleich für φ; ξ wird durch $\varkappa\sigma$, ψ durch $\pi\sigma$ ersetzt; statt ζ finden wir anlautend δ ($\delta o\tilde o$ für $\zeta\omega\tilde\omega$), im Inlaut $\delta\delta$ ($\delta\iota\varkappa\acute\alpha\delta\delta\varepsilon\nu$ für $\delta\iota\varkappa\acute\alpha\zeta\varepsilon\iota\nu$, $\sigma\acute\alpha\delta\delta\varepsilon\iota$ 3, 13 für $\sigma\acute\alpha\zeta\eta\iota$ $\sigma\acute\alpha\sigma\sigma\eta\iota$, Stamm $\sigma\alpha\gamma$-, wie böotisch $\sigma\varphi\acute\alpha\delta\delta\omega$ für $\sigma\varphi\acute\alpha\zeta\omega$ $\sigma\varphi\acute\alpha\tau\tau\omega$, St. $\sigma\varphi\alpha\gamma$-, $\pi\varrho\acute\alpha\delta\delta\varepsilon\vartheta\vartheta\alpha\iota$ 1, 35 ebenso statt $\pi\varrho\acute\alpha\sigma\sigma\varepsilon\sigma\vartheta\alpha\iota$, St. $\pi\varrho\alpha\gamma$-). Wir haben in der Umschrift kein Zeichen geändert, geben also auch ε und o, wo η und ω gemeint sind; beispielsweise Inf. $\dot\varepsilon\mu\varepsilon\nu$ ist auf der jüngeren Gesetzesurkunde welche die $\beta\lambda\acute\alpha\beta\alpha\iota$ $\tau\varepsilon\tau\varrho\alpha\pi\acute\iota\delta\iota\omega\nu$ behandelt, $\mathring\eta\mu\eta\nu$ geschrieben, wird also unrichtig durch $\mathring\eta\mu\varepsilon\nu$ umschrieben. Spiritus und Accente setzen wir, um das Verständniss der Wörter zu erleichtern, und sehen aus eben diesem Grunde zu Gunsten der gemein griechischen Prosodie ab von den Verschiedenheiten, welche der gortyner Dialekt erweislich oder muthmasslich nöthig machen würde. So steht durch $\pi\acute\varepsilon\nu\tau$' $\grave\alpha\mu\varepsilon\varrho\tilde\alpha\nu$ statt $\pi\acute\varepsilon\nu\vartheta$', $\mu o\iota\chi\acute\iota o\nu\tau$' $\grave\varepsilon\lambda\tilde\eta\nu$ statt $\mu o\iota\chi\varepsilon\acute\upsilon o\nu\vartheta$' $\grave\varepsilon\lambda\varepsilon\tilde\iota\nu$, $\varkappa\alpha\tau\iota\sigma\tau\acute\alpha\mu\varepsilon\nu$ und viel Aehnliches ($\tau\grave\alpha\nu\nu\eta\mu\acute\iota\nu\alpha\nu$ statt $\tau\grave\alpha\nu$ $\mathring\eta\mu\acute\iota\nu\alpha\nu$) die Psilosis fest, welche für die Aeoler als charakteristisch angeführt wird, aber grösserer Deutlichkeit wegen belassen wir $\grave\alpha\mu\varepsilon\varrho\tilde\alpha\nu$, $\grave\varepsilon\tau\alpha\iota\varrho\varepsilon\tilde\iota\alpha\iota$ u. s. w. Desgleichen nehmen wir bei der Betonung zwar Fut. $\varkappa\alpha\tau\alpha\sigma\tau\alpha\sigma\varepsilon\tilde\iota$ an, weil dies auch durch unsere literärischen Texte eingebürgert ist, nicht aber Inf. $\varkappa\alpha\tau\alpha\sigma\tau\acute\alpha\sigma\alpha\iota$

und was sonst die Dorer im Accent Abweichendes hatten, was systematisch in allem und jedem herzustellen wir heute gar nicht vermögen. Kleine Inconsequenzen und Ungenauigkeiten werden mit untergelaufen sein; man wird sie verzeihen, wenn man selbst Dialektprädicanten, solche welche dorisch betonen, Nom. Pl. ἱεραπυτνίοι, doch in derselben Zeile ὅπει 'wo' schreiben sieht. Also ϝοικέος steht gedruckt, damit jeder att. οἰκέως verstehe, ob der Gortyner dies oder ϝοικῆος oder, was fast gewiss ist, eben ϝοικέος sprach.

Ein paar orientirende Bemerkungen über die Eigenthümlichkeiten des Dialekts werden vielleicht willkommen sein; was als allgemein dorisch bekannt oder sonst viel belegt ist, werde ich übergehen oder nur streifen; die aus dem Alterthum glossographisch überlieferten kretischen Seltenheiten gehen durchweg nicht die Sprache von Gortyn oder doch nicht diese Sprachperiode an, wie unser Gesetz auch nichts weiss von solchen Eigennamen des kretischen Staatsrechts als Mnoiten und Aphamioten sind.

Zum Vocalismus: α erhalten für ε in ἅτερον μηδατέρωι, τράπεται (τρέφηται), ἰαρεῖον. πρόθθα für πρόσθεν, aber ἔνδοθεν 3, 27 gemäss der Regel bei Apollonios de adv. p. 605, 17. 563, 24. Neben αἰ seltener, wie der Abwechslung halber, ohne Unterschied der Bedeutung ἤ. ἐρσένων für ἀρσ-. ἀναιλῖθαι einmal 11, 4 statt des regelmässigen -ῆθαι. ϝίκατι viginti. πρείν einmal 7, 40 statt des gewöhnlichen πρίν (πρείγονα älter, πρείγιστος für πρέσβιστος). χρεῖος vereinzelt neben χρέος, τὰν διπλείαν, Conj. Sing. λῆι Plur. λείωντι und Opt. Sing. λείοι vgl. λῆμα λῆσις, ὀρείαι wie äol. dor. ion. ὄρημι ὀρέω ich sehe 4, 16. πλίον für πλέον, θίνα göttliches 10, 42 (anderwärts auf Kreta auch θείνα oder θεῖνα). Constant ι für ε in hiatu wie ἀδελφιός, in den Verbalstämmen φωνιόντων μολιομένας u. s. w. für φωνεόντων μολεο-, ἰόντος ion. ἐόντος. Im letzten Theil der Urkunde Dativ Sing. Masc. ἀμπαντυῖ 11, 21 für ἀμφαντῶι durch -τοῖ, ebenso πλίυι 11, 5 für πλίωι, so in Hierapytna υἷ für ὧι missverstandener Dat. Sing. des Relativpronomens. Beim Zusammenstoss von Vocalen durch den Auslaut pflegt der kurze elidirt zu werden, auch der casuale, αἴ τί κ' ἄλλ' ἄτας, aber daneben κα ἄτεκνον, δὲ ὑπέρ, ἔδωκε ἆι. καί geht Krasis ein καἴ κἠπί κιώ, 8, 19 steht μᾶλλωι für μὴ oder wie man anderwärts sagte μὰ ἄλλωι.

Wo die Consonanten einzeln stehen, zeigt sich wenig Auffälliges. Das Digamma tritt in 12 Wortstämmen auf, im Anlaut (ϝῆμα vestis, ϝοῖνος vinum u. s. w., ϝά sva, ϝεξήκοντα sexaginta), auch im reduplicirten (ϝίσϝον att. ἴσον) wie im componirten (διαϝεῖπαι), ist mit dieser Ausnahme im Inlaut todt, also αἰεί ναεύῃι ϝοικέος u. a. δ für β in ὀδελός wie in Megara und Delphi. λ für ρ in αἰλεῖν. μ für ν in ὅτιμι für ὅτινι att. ὅτωι, umgekehrt δαρχνά für δαρχμά δραχμή wohl unter dem Einfluss der vorgehenden zwei Consonanten. νύναται für δυν-, durch Assimilation an den folgenden? καταϑίϑεϑϑαι 6, 4 für τίϑεσϑαι wie alt ϑεϑμός u. a.

Mehr Veränderungen erlitten die Consonanten im Zusammentreffen, offenbar ging das Streben auf Erleichterung der Aussprache, auf Vereinfachung. ρ assimilirt sich dem ν in ἀννίοιτο für ἀρνέοιτο, auslautendes ρ dem folgenden δ in πατὴδ δ- oder ἀνὴδ δ- und ὑπεδέ für ὑπέρ, wie auch sonst als kretisch gerade die Angleichung von ρδ, im Inlaut Entstehung von ρ aus ρδ überliefert ist z. B. πῆριξ für πέρδιξ. Beide Angleichungsarten kennt das Latein, auf älterer Stufe die zu d, später die zu rr, im Innern einzelner Wörter. Vocalisirt ist ρ vor τ in μαῖτυς Zeuge, dagegen erhielt sich ρτ in den vocalisch anlautenden Wörtern Ἄρτεμις ἀρτύ- und jenen, welche gegen andere griechische Dialekte Metathesis des ρ zeigen, κάρτει καρτόνανς σιαρτός πορτί gegen κρατ- στρατὸς πρός. Auch blieb ρπ und ρ vor Guttural. Von der kretischen Vocalisation des λ vor Consonant zu υ findet sich ein Ansatz, ἀδευφιαί 5, 18 neben ἀδελφ-, wie ϑεύγεσϑαι ϑέλγεσϑαι Κρῆτες (Hesych).

An τ findet Angleichung statt in νυττί für νυκτί (wie die kretische Stadt Lyktos und Lyttos heisst), in ἔγρατται oder 7, 17 ἔγραται für γέγραπται, rückwärts bei folgendem Jod oder Spiranten, ὁπόττοι att. ὁπόσοι, ἰάτται 8, 47 dorisch auch ἐάσσαι att. οὔσῃ, δάττα ϑϑαι bei Homer und auf Kreta bei den Dreriern δάσσασϑαι vom Stamme δατ-. μέττ' ἐς 9, 48 bis mit, wofür arkadisch μέστ', nächst verwandt mit μετὰ μέσφα thessalisch μεσποδί in welchem μετά und die dafür in Gortyn wie sonst gebrauchte Präposition πεδά, die Elemente beider componirt sind. Aber στ ist auch hier eine gewöhnliche Verbindung, wie πάστας Besitzer. πέντον aus πέμπτον mit der gleichen Assimilation wie ἔγραται, erinnert an italisch Pontius neben Pompt-. Statt der Aspirate steht τ in der Consonantenverbindung ἄντρωπον ἀντρώπινα und τνατῶν, aber stets ϑανών.

σϑ wird vereinigt zu ϑϑ oder blossem ϑ, χρῆϑϑαι, πρόϑϑα für πρόσϑεν, ἀποδόϑαι u. s. w. Ebenso τὰϑ ϑυγατέρας für τάς.

Dieselbe Assimilation von auslautendem σ findet sich oft vor folgendem δ, τὰδ δὲ ϑυγ-, τᾶδ δαίσιος, πατρὸδ δόντος, ἀρχιωτέρωδ δέ, υἱέεδ δέ, nicht minder ἐδδικαστήριον ins Gericht und τοῖδδε diesen, was man als Inlaut rechnen mag. Ferner vor λ, τιλ λῆι für τις und τοῖλ λείουσι. Dass die Kreter die Lautgruppe νσ conserviren, ist bekannt: Acc. Plur. τὰνς ἁπλόονς zum Acc. Sing. τὰν ἁπλόον, καταϑένς für ϑείς, ἐπιβάλλονσι für βάλλουσι, νικάσανσι, ἐπέσπενσε att. ἔσπεισε u. s. w. Aber nicht ohne Schwanken, ganz wie im Latein für *ns* oft auch bloss *s* geschrieben wird, also τὸς καδεστὰνς statt τόνς, das vor Vocal vorgezogen wird (τὸνς ἐλευϑέρονς, ja τὸνςς ἐπι-), öfter indem die ganze Gruppe angeglichen wird, τὰϑ ϑυγ- aus τάνς, πλίανς aber πλίαδ δέ 7, 29. κσ oder ξ bleibt vor Vocal, ἐξ ἀδελφιῶν, wird blosses σ vor Consonant, ἐς τῶν für ἐκ, ἐςτετέκνωται, auch συνεσσάξαι oder einfach συνεσάδδηι, wenn es für συνεκσ- steht (S. 16).

Doppelung der Consonanten ist Regel, aber ab und zu erscheint in alter Weise nur einfache Schreibung, ἄλος für ἄλλος, ἐγραμένα neben ἐγραμμένα, πρόϑα neben πρόϑϑα. Für sich stehen solche Fälle, wo die Worte zusammengehängt, aus- und anlautender Consonant verschliffen werden, ταῖστέγαις für ταῖς στ- oder τιστέγανς für τις στ-, dergleichen man verwerthen kann um den Abfall des σ *s* bei diesem Stamm in τέγος und im Lateinischen zu erklären. Durch Schreibfehler oder besser, da man dergleichen nur nothgedrungen ansetzen muss und nicht so leichthin, wie noch heute bei griechischen Inschriften wohl geschieht, als ob nicht aus den 'Schreibfehlern', welche im Text ausgemerzt und unterdrückt werden, bald Wichtiges für Laut- und Sprachgeschichte resultiren könne, durch idiotische Aussprache 3, 12 ἀλλόττριος statt des einfachen τ (halb ähnlich die oskische und afrikanischlateinische Schreibweise *alltrei frattre*), doppeltes ν in τὰννήμιναν 2, 49 und συννῆι 10, 41, welches letztere nach meiner Meinung nicht mit der äolischen Doppelung oder Silbendehnung in σὺν ὀλίγωι (Theokrit 28, 25) zusammengebracht werden darf, vgl. συνεσσάξαι.

Aus der Declination sei erwähnt, dass 3, 38 ϝῆμα Kleid (ϝέσμα εἷμα) als Neutr. Sing. steht regelrecht, dagegen 5, 40 wie von einem α-Femininum Gen. Sing. ϝήμας in Verbindung mit dem auf gleiche Weise gebildeten und flectirten Gen. ἀμφιδέμας oder vielmehr -δήμας (δέμα, διάδημα), wofür ϝήματος zu erwarten war; bekanntlich sind die entsprechenden Neutra im Altlatein durchweg als Feminina auf α flectirt worden, *schema schemae schemam*. Wir kommen ohne solche Annahme aus bei πέρας Ziel, Loc. Dat. S. πέραι in der schadhaften Stelle 9, 43. 44; bei Kratinos nämlich las das Alterthum μὴ πέραι προβῆις als Adverb ἀπὸ δοτικῆς zum Accus. πέραν ϝέριν (Johannes Alex. p. 29, 29 Dind.), und dieselbe Schreibung gewähren die Phaethon-Hs. des Euripides, die florentiner des Aeschylus und Sophokles. Bei den ι-Stämmen Sing. Gen. διαρήσιος, Dat. πόλι wofür kretisch später auch πόλει. Sing. Nom. ϝοικεύς Gen. ϝοικέος Acc. ϝοικέα, Plur. N. δρομέες G. δρομέων A. δρομέανς. Sohn heisst υἱύς wie in Sparta und unklassisch in Athen, 12, 15 υἱυίς?, Acc. S. υἱύν, Pl. υἱύνς, Gen. S. υἱέος, Nom. Pl. υἱέες (υἱέεδ δέ), Dat. Pl. υἱάσι. Wir lesen πλίον πλίονος, dazu Plur. in der gewöhnlichen Beugungsform πλίονα 4, 51, aber in kürzerer πλία 10, 17, hierzu Dat. S. πλίυι 11, 5; Nom. Pl. Masc. πλίες 7, 18, Acc. πλίανς 5, 54 oder πλίαδ δέ 7, 29 wie homerisch πλέες und πλέας; Superlativ πλεῖστον. Von Comparativformen seien πρείγονα (att. πρεσβυτέραν) und καρτόνανς (att. κρείττονας) hier beigefügt. Stein im Gen. nicht λᾶος, sondern λάω 10, 36, wie bei Sophokles OC. 196 nach Herodian (in den Scholien) und unseren Hss., wodurch die legendarische Gleichung von Steinen und Leuten bis auf den Accent vollkommen wird. Vom Dual ist wie bei den Aeolern und nach Alexander fast überall keine Spur, Gen. δυῶν, Dat. δυοῖς. Nom. τρέες drei 9, 48, Acc. τρίυς 5, 54 wie umbr. *trif* lat. *tris*. ἰῶι einem, ἕνα 9, 50, wo der Acc. freilich verkehrt ist, Denk- oder Schreibfehler für Nom. ἕνς, aber Femininum nicht wie äol. ἴαν, sondern μίαν 4, 43. Am Schluss δυωδεκαϝέτια att. δωδεκέτη.

Von Pronominalformen nenne ich ϝίν sibi Sing. wie bei den anderen Personen dor. ἐμίν τίν, ϝόν suum, τὰ ϝὰ αὐτᾶς sua ipsius. Das Neutrum von αὐτός ist adjektivisch flectirt, αὐτόν z. B. 3, 4 oder 12. Ob als Relativum Neutr. Pl. τά 3, 29? wo ich aber des Sinnes wegen Bedenken habe, und ἅ steht 4, 36. Zu ὅ τι gehört N. Plur. ἅ τι, Masc. Nom. Pl. οἵ τινες, aber Dat. Sing. ὅτιμι, wonach ich die Hesych-Glosse τιμᾶσι τισίν in τιμᾶσι corrigire, vgl. ἀνδρί ἀνδράσι, Fem. Dat. Sing. ὁτείαι 4, 52 und Nom. ὁτεία 5, 1, welche Ableitung den ionischen und äolischen Masculinformen ὅτεοι ὁτέοισιν und τίω τίοισιν entspricht; die Hesych-Glosse τεῖον ποῖον Κρῆτες will nicht anders verstanden sein als wenn derselbe τίσι durch ποίοις erklärt. Um die Pronominaladverbien anzuschliessen, relativisch ᾱι wie (zum

Theil in zeitlicher Vergleichung, *ut* mit Uebergang in die Bedeutung 'nachdem') und indefinit ὁπᾶι, ebenso ἀλλᾶι in anderer Art; relat. ἧ wo und indefinit ὀπῇ, welche Formen anderwärts εἶ ὀπεῖ lauten, auf Kreta selber später theils ὀπεῖ theils ὀπῆι, und der Casus ist doch wohl kein anderer im Adv. διπλεῖ oder διπλῆι; indefinit ὅπυι wohin. Relativisch ὦ woher, die folgende Composition des Verbums ἀπαγορεύοντι 10, 36 spricht die Richtung von dem Ort her noch deutlicher aus, indefinit ὀπῶ κ' ἦι für ὁπόθεν 5, 23 und 10, 33, wie bei den ozol. Lokrern, wie πώ für πόθεν. ἇς für att. ἕως. ὅκα ist bloss ὅτε (5, 5), nicht auch ὅταν statt ὅκα κα, ὅκκα (1, 39). αὖτιν abermals 4, 4 kann zwar bei der Aehnlichkeit der Zeichen für ν und σ leicht verlesen oder verschrieben sein für αὖτις, da es aber genug Analogien hat (in den Ohren klingt mir äol. ὀππὀσσάκιν ἐννέα, auch lakonisch ἑπτάκιν), fehlt ein Zwang für diese Annahme.

Zur Conjugation: die Verbalstämme weichen mehrfach von den uns geläufigen, den attischen ab, ἐπαριόμενον wie ion. ἀρέεσθαι, nicht ἀρᾶσθαι, ἠβίων nicht ἠβάων, μοιχίων att. μοιχεύων, τέλλεμ att. τελεῖν, ὀφήλων (ὀπελον) att. ὀφείλων u. a. Soweit dabei lexikalische Schwierigkeiten sind und nicht bloss Differenzen, wie sie fast im ganzen Bereich der Wortbildung und -bedeutung sich wiederholen (z. B. ἐπάναγκον att. auch kret. ἐπάναγκες, ἅ ἐπαβολά wie ἐπάβολος, κοσμεῖν nicht schmücken sondern Kosmos sein), welche als solche in die Augen springen und das Verständniss der Urkunde nicht behindern, kann ich auf das kleine Wortregister verweisen. Conjunctiv Präs. νύναται und νύνανται statt δύνηται δύνωνται vom Stamme δυνα-, wie zu Dreros ὅτι κα δύναμαι, Conj. Perf. πέπαται (Aor. πάσηται). Befremdlich und künstlich Opt. Präs. ὀρείαι 4, 16 (irrthümlich statt ὀρέι, da αἱ folgt, oder für ὀρείοι?), wozu dort ein Analogon gerade aus Kreta angeführt ist. Die Bildung des Perfects ist regelmässig, πεπαμένος νενικαμένος Conj. τετέχνωται, δεδαμναμέναν Afterbildung vom Präsensstamm δαμνα- nicht besser als δεδαμασμένην statt der alten δεδμαμέναν, nur bei anlautender Doppelconsonanz statt der Reduplication ἔγρατται, τὰ ἐγραμμένα oder vielmehr ἠγ-, wie der Bundeseid der Hierapytnier und Lyttier ἠγραμμέναν schreibt; bei vokalischem Anlaut ἀταμένος Part. Perf. von ἀτᾶσθαι (wäre att. ἠτημένος), ἀδικήκηι att. ἠδ-; endlich καταϝελιμένων, dessen Thema und Analyse, ob κατ-αϝ oder κατα-ϝ, nicht ganz sicher steht. Aber ein Präsens wie ἀϝέλλω wäre eine Fiction welche durch abgeleitete Bildungen wie homer. ἀολλίζω ion. ἁλισμένων nicht begründet werden kann, auch der oben angemerkten Regel für das Digamma in Gortyn zuwider läuft. Das Wort scheint vielmehr vom Stamme ϝελ homer. ἐελμένος zu sein, den Begriff der Volksversammlung bestimmt die Einpferchung der Bürger in der Agora, die Form steht für καταϝεϝελμένος mit Synkope oder Verlust der Reduplication wie jene ionischen ἀπεργμένος u. a., denn der Charakter als Perfectum ist nicht zweifelhaft. Das vereinzelte κατισταστεῖ 1, 50 wird, da sonst καταστασεῖ geschrieben ist, wohl mehr zu den Schreibfehlern zu zählen sein, deren Zahl übrigens für ein so langes Schriftstück auffällig klein bleibt, wenngleich der Uebertritt von ἰστα- in die gemeine Conjugation (ἰστασεῖ Fut. wie ἰστᾶι Präs.) hoch hinaufgeht und schon aus Herodot angeführt wird.

Einzelne Worte die am ersten einer Erklärung bedürfen: ἀκευόντος καθεστᾶ 2, 17. Hesych hat ἀκεύει τηρεῖ Κύπριοι, und bei oberflächlicher Betrachtung scheint der Fall, wo das Mädchen unter Aufsicht eines Angehörigen steht, hier gemeint zu sein. Sicher verschieden von hom. ἀκέων schweigend, auch nicht zu ἀκή Heilung gehörig. Wohl eins mit ἀκούοντος, 'und es hört es ein Verwandter', da in kretischen Dialekten umgekehrt ου für ευ öfters erscheint wie βωλονομέναις (Ahrens dial. gr. 2 p. 187). Jenes Delict nämlich kommt gewöhnlich durch solche Wahrnehmung an den Tag, nicht ὁρῶντος oder αἱροῦντος. Die Lesung ἀχεύοντος scheint mir verwerflich, eine Deutung gleich ἄκοντος erst recht.

ἀμφιμωλίω τινί, ich streite um etwas z. B. 6, 27, ἀμφίμωλος gerichtlich umstritten 10, 27, s. μωλεῖν.

ἀνδεξάμενος 9, 24: nach gemeinem Griechisch wer sich verbürgte für etwas, eines Andern Schuld oder Verpflichtung auf sich nahm, wie ἀνάδοχος für oder neben ἔγγυος oder μάρτυς steht, Interpreten zu Theophrast char. 12, Lobeck Phrynichos p. 315. Es erscheint hier vor der Schuld aus Urtheil und neben andern Schuldtiteln, unser Aufnehmen läuft auf Schuld aus Borgen, nicht aus Bürgen hinaus, sicher war jenes in Kreta technisches Wort für eine eng begrenzte, juristisch bestimmte Art von Schuld. Der Todte ἀνεδέξατο, seine Gläubiger ἔχουσιν ἄνδοχα oder ἀνδοχάς 9, 34, denn dies das gewöhnliche Substantivum, und das folgende δέ erlaubt auch diese Lesung.

ἄνφανσις Ankündigung, ἀμφανάμενος Adoptivvater, ἀμφαντός Adoptirter 10, 33 ff. Wörtlich ἀναφαίνομαι ich zeige als mein auf (Gegensatz ἀποϝείπασθαι abdicare, ἀπορρηθείς att.

ἀποκηρυχθείς), denn der Rechtsact wird erst was er sein soll durch die Offenbarung calatis comitiis.

ἄπατον se fraude, anderwärts ἄνατον. Die Kreter liebten so die Präposition ἀπό zu brauchen, nannten ἀπομνύσους τοὺς ἀμνύσους, ἀπαγέλους die noch den ἀγέλαι fern standen, vgl. die folgenden Composita. ἄτα Schaden, besonders der gerichtlich declarirte, bald mehr hierhin bald mehr ins Allgemeine schielend wie auch ϑωιά und ζημία bei den übrigen Griechen, ἀταϑείς gebüsst att. ὄφλων.

ἀπέταιρος wer nicht zu einer ἑταιρεία (10, 38) gehört, kein Vollbürger ist; über die kretischen Hetaerien Schömann gr. Alt. I 309, Lyttos und andere Städte hatten solche wenigstens bis gegen 200 v. Chr., Dosiadas bei Athenäus 4 p. 143, drerischer Bundeseid (Cauer del. inscr. [1] 38 C 38).

ἀπόδρομος wer noch nicht den Dromos, das dorische Wort schlechthin für Gymnasion, besucht; diese Zucht in Renn- und anderen öffentlichen Uebungen begann mit dem 17. Jahre. Gegensatz δρομεύς wer an der Rennbahn Theil hat, wie ἀγελᾶος und ἀπάγελος. Aristophanes Byz. hatte in seinem Buch über die Benennung der Altersstufen die kretischen ἀπόδρομοι behandelt und dabei auch jene kretische Vorliebe für diese Art der Composition (Nauck Aristoph. p. 88, Fresenius lexeon Aristoph. et Suet. exc. Byz. p. 84). Hesychs Glosse ἐπαποδρόμιον ἡ ἱερεία (so zu betonen) παρὰ Κρησίν entspricht wohl der mit dem römischen Priesterthum als Zugabe verbundenen vacatio militiae.

ἀπομολίω ich streite ab, bestreite, μὴ εἶναι, dass etwas sei, s. μολεῖν.

διαβαλόμενος 9, 26 mit διαβολά 9, 35 als Schuldverhältniss, durch Nichtbefriedigung der Gläubiger, Unordnungen (entgegen διαϑέμενος) und 'Verschlagenheit' im Bezahlen? Der Scholiast von Aristophanes Plut. 373, welcher im Thesaurus l. gr. citirt ist, erläutert des Dichters Wort 'berauben' dahin, wenn man von Jemanden ein Pfand erhalten habe und εἰς διαβολήν schreite, ihm nicht geben wolle was man empfing, setzt also διαβολή gleich Vorenthaltung oder Unterschlagung, vgl. zu 9, 26.

δρομεύς Renner, Besucher des Dromos vom 17. Jahre ab, s. ἀπόδρομος.

ἐνδοϑιδία δώλα Hausklavin im Innern eines Stadthauses 2, 11, vgl. 3, 27, wo der Frau ein gewisser Theil gegeben wird des Ertrags τῶ ἔνδοϑεν, d. h. mit Ausschluss der Ländereien u. s. w. Gegensatz οἰκεύς οἰκία männlicher oder weiblicher an seiner

Stelle sesshafter Leibeigener, Köthner und Köthnerin (4, 34). Bildung wie προσθίδιος ἐντοσθίδιος ἐνοικίδιος u. s. w. Fabricius theilt ἔνδοθ' ἰδίαν, nicht wahrscheinlich wegen des zwiefachen so vorangestellten Begriffs, weil ϝιδίαν zu erwarten wäre und weil dies Wort dem Gesetz fremd, durch ϝὰν αὐτῶ gegeben wird.

ἐπιμωλῖσαι den Rechtsstreit gegen Jemand anstrengen 9, 28, s. μωλεῖν, Inf. Aor. der geringe, in dessen Endung das ι keine Gewähr hat; wahrscheinlich stand Inf. Präs. -μωλὲν τό da, die Analogie empfiehlt mindestens -ῆσαι.

ἐπελεῦσαι zugehen lassen 3, 45 ff., Activum zu ἐλεύσομαι ich werde gehen, absichtlich vager Ausdruck. Hesych ἐλευσίω οἴσω.

ἡμίνα Hälfte (ἡμίσαν 8, 4 muss für ein Versehen gelten, Verwechslung der ähnlichen Buchstaben). Diese Wortform hatten auch griechisch-italische Dialekte und nahmen dorther die Römer an als Namen eines Masses, der Hälfte ihres Sextarius (Athenäus 11 p. 479a). Hesych aus Rhinthon oder Sophron ἱνιμίνα ἓν ἥμισυ, so zu lesen und als ἓν ἱμίνα zu deuten, *sescuplum*.

κόμιστρα was ein Ehegatte dem andern gibt, Kleidung oder Sachen oder Geld bis zu 12 Stateren 3, 37. Von κομίζειν, bringen beschaffen besorgen, der Lohn dafür. Da die Begriffssphäre des Verbums sehr ausgedehnt ist bis zum Pflegen und Warten hin, so ist eine zutreffende Uebersetzung auch des Nomen erschwert. Die Tragiker sagen κόμιστρα ψυχῆς, Lohn für die Zurückbringung des lebenden Gatten, κυνός für das Holen des Kerberos, wie Frachtgeld. Hier für das ἐκκομίζειν des Begräbnisses? wenn so, dann jenes äschyleische Wort Agam. 932 besonders spitz.

λαγάσαι los lassen, frei geben 1, 5 ff., gegensätzlich zu ἄγειν, parallel der Rückgabe eines Mancipium in die Manus des Herrn. Hesych λαγάσαι ἀφεῖναι. Verwandt mit λαγαρός *laxus* u. s. w. factitiv zu λήγειν ablassen.

μωλίω ich streite, vom Rechtsstreit durch gerichtliche Klage. Wegen μῶλος und weil μωλεῖ μάχεται, μωλήσεται μαχήσεται erklärt wird, ist man versucht überall μωλ- zu schreiben, wie Comparetti thut, obgleich in den Ableitungen, welche die Alten anführen, ἀντιμωλία δίκῃ und ἑτερομώλιος δίκῃ, sie selber gewöhnlich ο, nicht ω schreiben. Dies halte ich für das Richtigere und den Stamm μολ-, los gehen auf etwas, kommen auch für den Ausgangspunkt jener Worte mit ω. Nicht nur Analogien wie ἀμφισβητεῖν *arbiter*, sondern noch der Gebrauch in unserer Urkunde selbst (6, 29 μολεῖν ὀπῇ ᾗ gehen klagen dort wo, vor dem Richter) spricht dafür, ferner der Sinn von ἑτερομόλιος δ.

denn Streit führen zwei Parteien und nic bloss éine, aber vor Gericht erscheinen kann leicht nur éine, und dies ward durch jenes Wort ausgedrückt, endlich das lat. *promellere* (litem promovere Paulus und Festus), welches wie alle gleichgeformten Verba (*pellere tollere sallere* u. s. w.) den Vokal der Stammsilbe kurz hat; vgl. Rhein. Mus. 40 p. 479. Dies der Ursprung der italischen *molta multa*, worüber so viel gegrübelt ist. Aber unsern Einfall, dass auch germ. *mallus, mallare* verwandt sein könne, wiesen die Sprachkenner mit gutem Grund ab. $Μῶλος$ tritt als kretischer Heros auf, Sohn oder Halbbruder oder was sonst des Minos (Ilias, Diodor 5, 79, Heyne zu Apollodor 3, 3, 1). $ὁ ἀντίμολος$ der gerichtliche Gegner ($ἀντί$ zunächst *ante*, $ἀντὶ μαιτύρων$ vor Zeugen gemein gr. $ἐναντίον μαρτύρων$, ausserhalb unsres Gesetzes $ἀντιμολία$ d. wo beide Parteien sich vor dem Richter stellen). $ἀμφίμολος$ ein Sklave um den Streit ist, gebildet wie $ἀμφίλογος$ $ἀμφίβολος$. Verbum $μολέω$ wie $φόρος$ $φορέω$: $μολιομένας$ $τᾶδ$ $δίκας$ während das Betreffende gerichtlich strittig ist, während des Processes, $ἀμφιμολεῖν$ mit Dativ um etwas Streit führen, $ἐπιμολεῖν$ gegen Jemand mit Gen., $νίκας$ aus einem Urtheil zu meinen Gunsten ($ἐπιμολῖσαι$ wäre solchen Process beginnen), $ἀπομολεῖν$ mit $μή$ und Inf. gerichtlich abstreiten.

$ναεύηι$ wenn der Sklave sich im Tempel aufhält Asylie und Schutz suchend 1, 39. Von $ναός$ wie $ἀγορεύω$ $ἱερεύω$ $πορεύω$ u. s. w. durch ein denkbares Medium $ναεύς$ wie $ϝοικεύς$; vgl. $ναίειν$ $ἱκετεύειν$ $παρὰ$ $τὸ$ $ἐπὶ$ $τὴν$ $ἑστίαν$ (genauer $εἰς$ $τὸν$ $ναόν$) $καταφεύγειν$ $τοὺς$ $ἱκέτας$ und ähnliche Glossen $ναίω$ $ἕναιε$ $ναοί$ (im Alphabet am Platze von $ναυσί$) bei Hesych, welche auf $ναάειν$ zurückgehen.

$οἰώτανς$ $ὀφείλων$ 9, 26, Gen. $οἰωτᾶν$ schlechthin in dem Sinne von derartigen Schulden 9, 35, mir das dunkelste Wort der Inschrift. Das *o* lässt, je nachdem es kurz oder lang, mehrere Ableitungen zu (kret. $ὤια$ $πέτρας$ Felsenvorsprung, Zacke); eine von *oi- ὄϝις* wie $οἰωτός$ mit dem Sinne von *pecunia* ist formal wenig wahrscheinlich; vorläufig setze ich eine Bildung von $οἶος$ (kyprisch $οἶϝος$) nach $δημότης$ $μονώτης$. Einzeler heisst in Frankfurt ein Fuhrmann für geringere Lasten, der eigentlich mit éinem Pferde fahren sollte (Weigand, Deutsches Wörterb.), Masse des Bodens benennen die Völker nach ähnlichen Vorgängen (iugerum Morgen), *singula* altrömisch die halbe Libella, bei Edelsteinen Solitär, Goldmünzen werden meist als Einzelwesen vorgestellt (Philippus, Louisd'or). Vermuthlich ist förmlichere und verbindlichere Schuld gemeint als das Gesetz weiterhin in ἄργυρον, ἀργύριον ὀφείλειν ausdrückt, aber vielleicht doch Geld, altväterliches localeigenthümliches wie zu Sparta und πέλεκυς das prähistorische Beil für 12 Minen grade bei den Kretern. Die Unterscheidung der οἰοτᾶν von Silbergeld hätte dann keine andere Bedeutung als zu Rom die *aeris* und *nummum*. Nissen erinnert an das ägyptische ten, nach Chabas outen, Gewicht von 90,959 Gramm.

πάστας (wohl mit diesem Accent als zweisilbiges Wort wie νάστης καύστης und nicht wie δικαστάς) Besitzer, Herr von dem hier und sonst häufigen, den Dorern trauten πάσασθαι (att. κτήσασθαι), πεπαμένος wer etwas sich erworben hat und besitzt, u. s. w. Noch in christlicher Zeit nannte man an der Loire einen Vermögenden *patum* von demselben Stamm (Rh. Mus. 39 p. 418). Es ist hier ständige Bezeichnung des δεσπότης bei Sklaven.

σταρτός ursprünglich στρατός, *exercitus*: 5, 5 als ὁ Αἰθαλεὺσταρτός ἐκόσμιον οἱ σὺν Κύλλωι, also für das Verbum werden ex pari eingeführt die ganze Mannschaft und das engere Collegium der Kosmoi, folgt dass dies Amt und die Berufung in dasselbe nach σταρτοί wechselte (gemäss dem Zeugniss des Aristoteles damals durch Wahl ἔκ τινων γενῶν). Der Eid von Dreros (Cauer del. 38) ist datirt ἐπὶ τῶν Αἰθαλέων κοσμιόντων τὼν σὺγ Κυίαι. Hesych στάρτοι (so mit zurückgezogenem Accent ganz glaubhaft zur Scheidung des politischen Begriffs vom militärischen, Arcadius p. 78, 24 Barker) αἱ τάξεις τοῦ πλήθους, woraus man freilich für Charakter und Umfang dieser Bürgerbataillone wenig lernt. Der Kosmos hat eben die Führung im Krieg (Aristoteles pol. 2, 7 p. 1272a 10), wird bei Hesych definirt als στρατηγὸς κεκοσμημένος. Der Eigenname kehrt in vielen mythischen und topischen Wörtern wieder und eignet sich politisch, wenn einer, für vornehmen Stand, *inlustres* oder *ordo splendidissimus*, Adelungen.

συνεσσάκσαι, συνεσσάδδηι 3, 13 und 16 bei der Ehescheidung und Gütertrennung, mit einpacken oder mit ausräumen? Das Verbum gehört zu σάγη Bagage, ist att. σάττειν wie πράδδεσθαι att. πράττεσθαι, bedeutet zurüsten stopfen packen, deutet an ein ἄγειν καὶ φέρειν in grossem Maassstab, wozu man Lastthiere u. dergl. gebraucht. Hesych ὄκκα σάζει ὅταν τύχηι schrieb vielleicht τεύχηι, nach der Glosse τεύχωνται σάττωνται. Zweifel kann nur sein über die zweite Präposition, ob ἐκ (vgl. ἐς τῶν) oder ἐν (ἐδ δικαστήριον für ἐς), da ἐνσάττειν einpacken die natürlich nähere Vorstellung und ein gebräuchliches Wort ist; dann würde freilich im Verbum selber jeder Bezug auf das Vergehen *rerum amotarum* fehlen, auch die Lautänderung hier gegen ἐνσείῃ 5, 36 und gegen die kret. Regel sein. Also ausziehen helfen. τὰ τρίτρα *tria tanta*, das Dreifache bei Einforderung der Geldbusse 1, 36 von τρι- nnd dem für Mittel und Kosten üblichen Comparativsuffix, vgl. θρέπτρα κόμιστρα u. s. w.

I Ὅς κ' ἐλευθέροι ἒ δόλοι μέλλει ἀν-
πιμολὲν, πρὸ δίκας μὲ ἄγεν. αἰ δ-
έ κ' ἄγει, καταδικακσάτο τῶ ἐλευθέρ-
ο δέκα στατέρανς, τῶ δόλο πέντ-
5 ε ὅτι ἄγει, καὶ δικακσάτο λαγάσαι
ἐν ταῖς τρισὶ ἀμέραις. αἰ [δέ] κα
μὲ [λαγ]άσει, καταδικαδδέτο τὸ μὲν
ἐλευθέρο στατέρα, τῶ δόλο [δα]ρκν-
ὰν τ[ᾶς] ἀμέρας ϝεκάστας, πρίν κα λα-
10 γάσει· τὸ δὲ κρόνο τὸν δι[κα]στ-
ὰν ὀ[μ]νύντα κρίνεν. αἰ δ' ἀννίοιτο
μὲ ἄγεν, τὸν δικαστὰν ὀμνύντ-
α κρ[ί]νεν, αἰ μὲ ἀποπονίοι μαῖτυς.
αἰ δέ κα μολὲι ὁ μὲν ἐλεύθ[ερ]ον
15 ὁ δ[ὲ δ]ῶλον, καρτόνανς ἔμεν
ὅττο]ι κ' ἐλεύθερον ἀποπονίοντι. αἰ δέ κ' ἀνπὶ δόλοι μολίοντι
πονίοντες ϝὸν ϝεκάτερος ἔμεν, αἰ μέν κα μαῖτυς ἀποπονὲι, κ-
20 ατὰ τὸν μαίτυρα δικάδδεν, αἰ
δέ κ' ἒ ἀνποτέροις ἀποπονίοντι

Wer um einen Freien oder 1
Sklaven processiren | will, soll
vor dem Rechtsstreit nicht
wegführen. Wenn er aber |
wegführt, soll er verurtheilen
wegen des Freien | zu 10 Stateren, des Sklaven zu 5, || weil 5
er wegführt, und soll urtheilen dass er frei gebe | binnen
3 Tagen. Wenn er aber | nicht
frei gibt, so soll er verurtheilen wegen des | Freien in 1
Stater, des Sklaven in 1
Drachme | für jeden Tag, bis
er frei gibt. ||. Wegen der Zeit 10
aber soll der Richter | schwörend entscheiden. Falls er
aber leugnet | die Wegführung, so soll der Richter
schwörend | entscheiden, falls
nicht aussagt ein Zeuge. |
Wenn aber processirt der
Eine dass frei, der Andre dass 15
Sklave, so sollen kräftiger
sein, |(wie viele) aussagen dass
frei |. Wenn sie aber um einen
Sklaven processiren, | sagend
jedweder dass er sein sei, | so
soll er, wenn ein Zeuge aussagt, || gemäss dem Zeugen 20
urtheilen; wenn | aber entweder Beiden sie aussagen |

5 ὤτι ἄγῃ Fabricius, ἄγηι auch Comparetti.
8 nach dem vorgegangenen μέν sollte man erwarten τῶ δὲ δώλω; ebenso μέν ohne δέ im Gegensatz 4, 12. 13.
16 Lücke von 3, höchstens 4 Buchstaben. πόττοι Fabr. zweifelnd, ὄττοι Compar. ὀπότεροι ist viel zu gross, οἳ zu klein für den Raum. Ist ὄττοι richtig, so wird gemeint sein dass ein Zeugen-Mehr auf der andern Seite kein Gewicht habe. Aber es konnte der Sinn vielleicht auch so ausgedrückt werden ὀπᾶι, den Vorzug haben Zeugen nach d Seite hin dass sie —

ἒ μεδατέροι, τὸν δικαστὰν ὀ-
μνύντα κρίνεν. ἒ δέ κα νικαθὲι ὁ
ἔχον, [τ]ὸμ μὲν ἐλεύθερον λαγ-
25 άσαι τὰν πέ[ν]τ' ἀμερᾶν, τὸν δὲ δō-
λ[ον] ἐς κέρανς ἀποδόμεν. αἰ δέ
χα μὲ λαγάσει ἒ μὲ ἀποδōι, δικαχ-
σάτο νικε̄ν τō μὲν ἐλευθέρο
πεντέκοντα στατέρανς καὶ σ-
30 τατε̄ρα τᾶς ἀμέρας ϝεκάστας, πρίν κα λαγάσει, τō δὲ δόλο
δέκα στατέρανς καὶ δαρχνὰν
τᾶς ἀμέρας ϝεκάστας, πρίν κ' ἀ-
ποδōι ἐς κέρανς. ἒ δέ κα καταδι-
35 κάκσει ὁ δικαστάς, ἐνιαυτōι π-
ράδδεθθαι τὰ τρίτρα ἒ μεῖον,
πλίον δὲ μέ· τō δὲ κρόνο τὸν δικαστὰν ὀμνύντα κρίνεν. αἰ δέ
χα ναεύει ὁ δō̄λος, ō̄ κα νικαθε̄-
40 ι, καλίον ἀντὶ μαιτύρον δυō̄ν δ-
ρομέον ἐλευθέρον ἀποδεικσάτ-
ο ἐπὶ τō̄ι ναō̄ι ὀπε̄ κα ναεύει, ϝ̅ α-
ὐτὸς ἒ ἄλος πρὸ τούτο· αἰ δέ
χα μὲ καλε̄ι ἒ μὲ δείκσει, κατισ-
45 τάτ]ο τὰ ἐ[γρα]μένα. αἰ δέ χα μεδ'
αὐτὸν ἀποδō̄ι ἐν τō̄ι ἐνιαυτō̄ι,
τὰνς ἀπλόονς τ[ι]μὰνς ἐπικαταστασεῖ. αἰ δέ κ' ἀποθάνει μ-
ολιομένας τᾶδ δί[κα]ς, τὰν ἀπλ-
50 όον τιμὰν κατιστασεῖ. αἰ δ-
έ κα κο[σμ]ίον ἄγει ἒ κοσμίοντο-
ς ἄλλος, ἒ κ' ἀποστᾶι, μολε̄ν, καί κ-
α νικαθε̄ι, κατιστάμεν ἀπ' [ἆ]ς

oder Keinem von beiden, so soll der Richter | schwörend entscheiden. Wenn aber besiegt wird der | welcher hat, so soll er den Freien frei || 25 geben im Lauf von 5 Tagen, den Sklaven | aber in die Hände zurückgeben. Wenn er aber verurtheilt | nicht frei gibt oder nicht zurückgibt, so soll er | urtheilen, er ersiege wegen des Freien | 50 Stateren und 1 || Stater für jeden Tag | bis 30 er frei gibt, wegen des Sklaven aber | 10 Stateren und 1 Drachme | für jeden Tag bis er zurück gibt | in die Hände. Wenn aber verurtheilt || der 35 Richter, sollen in Jahresfrist | eingetrieben werden die Dreifachen oder weniger, | mehr aber nicht. Wegen der Zeit aber soll der | Richter schwörend entscheiden. Wenn aber | tempelt der Sklave, deswegen er besiegt wird, || so soll er 40 durch Ladung vor 2 Zeugen, | Rennern, Freien nachweisen | beim Tempel, wo er tempelt, entweder er | selbst oder ein Anderer für diesen. Wenn er aber | nicht lädt oder nicht weist, so soll er || erlegen 45 was geschrieben steht. Wenn er aber auch ihn | selbst nicht zurückgibt in dem Jahre, | so wird er die einfachen Werthe dazu | erlegen. Wenn er aber stirbt während | des Processes, so wird er den einfachen || 50 Werth erlegen. Wenn aber | ein als Kosmos Regierender weggeführt oder auf eines Kosmos Anordnung | ein Andrer, so soll er, wenn er abtritt, processiren, und wenn | er besiegt wird, so soll er erlegen von

---

39 ὄκα Fabr. und Compar. für ὄκκα.
42 zwischen ναō̄ι und ὀπῆ, 43 zwischen πρ und ὀ Lücke von je 1 Buchstaben. 'Vielleicht war hier der Stein schon im Alterthum versehrt, so dass der Steinmetz die Stelle frei liess; in Z. 42 glaubte ich beim Abschreiben, es fehle ein Buchstabe' Fabricius. Daher gibt die Zeichnung 42 den Rest eines Buchstabens, eine horizontale Linie oben; ἦ ergänzt Compar., was sachlich bedenklich schien.
53 AC.M, das C unsicher, Lücke von 1 oder 2 Buchstaben.

ἀμέρα]ς ἄγαγε τὰ ἐγραμένα.
55 τὸ]ν δὲ νενικαμένο κα[ὶ τὸν κα-
II ταχείμενον ἄγοντι ἄπατον
ἔμεν. αἴ κα τὸν ἐλεύθερον ἒ
τὰν ἐλευθέραν κάρτει οἴπει, ἑκατὸν στατέρανς καταστασεῖ, ἀ-
5 ὶ δέ κ' ἀπεταίρο, δέκα, αἰ δέ κ' ὁ δῶλο-
ς τὸν ἐλεύθερον ἒ τὰν ἐλευθέρα-
ν, διπλεῖ καταστασεῖ, αἰ δέ κ' ἐλε-
ύθερος ϝοικέα ἒ ϝοικέαν, πέντε
δαρκνάνς, αἰ δέ κα ϝ[ο]ικεὺς ϝοικέα
10 ἒ ϝοικέαν, π[έν]τε στατέρανς.
ἐνδοθιδίαν δόλαν αἰ κάρτει δαμ-
άσαιτο, δύο στατέρανς καταστασεῖ, αἰ δέ κα δεδαμναμέναν πε-
δ' ἀμέραν, [ὀ]δελόν, αἰ δέ κ' ἐν νυτ-
15 τί, δύ' ὀδελόνς, ὁρκιοτέραν δ' ἔ-
μεν τὰν δόλαν. αἴ κα τὰν ἐ-
λευθέραν ἐπιπέρεται οἴπεν ἀκεύοντος καδεστᾶ, δέκα στατέρανς καταστασεῖ, αἰ ἀποπονίο-
20 ι μαῖτυς. αἴ κα τὰν ἐλευθέραν
μοικίον αἱλεθεῖ ἐν πατρὸς ἒ ἐν ἀ-

[dem | Tage ab wo] er weg-
führte, was geschrieben steht.|| 55
[Wer aber den] eines Besieg-
ten und den verpfändeten || 2
wegführt, dem sei es | busselos.
Wenn er den Freien oder |
die Freiin mit Gewalt be-
gattet, so wird er | 100 Sta-
teren erlegen, wenn || aber 5
von einem Genosslosen, 10;
wenn aber der Sklave | den
Freien oder die Froiin |, so
wird er doppelt erlegen; wenn
aber ein | Freier einen Häusler
oder eine Häuslerin, 5 | Drach-
men, wenn aber ein Häus-
ler einen Häusler || oder eine 10
Häuslerin, 5 Stateren. | Eine
drinnen (lebende)Sklavin, falls
er sie mit Gewalt | bezwingt,
wird er 2 Stateren | erlegen,
wenn aber eine bezwungene
unter | Tags, 1 Obolen, wenn
aber bei Nacht, || 2 Obolen. 15
Eidlicher aber sei | die Skla-
vin. Wenn er die | Freiin ver-
führt zur Begattung, indem
(es) | hört ein Verwandter, so
wird er 10 Stateren | erlegen,
falls aussagt || ein Zeuge. 20
Wenn er mit der Freiin |
ehebrechend gefasst wird in
Vaters oder in | Bruders oder

---

54 ˉΜΛΛΛΕ die Zeichnung, ˉΜΑΝΛΛ glaubte Fabr. zu erkennen, bei ΝΑ zweifelnd. τάδε τὰ derselbe im Text mit Fragezeichen. ἆ ὦτας νικαθές, ἅλα δὲ Compar. ἀπ' ἇς ἀμέρας ἄγαγε unsre Ergänzung.

55 Anfang .. ΝΑΕ Fabr., der ergänzt αἴ κα ἢ νενικαμένων (mit Conj. ἄγωντι), aber richtig interpungirt. Compar. schlägt zum Vorigen τῶνδε νεν-. Hinter νενικαμένω in der Zeichnung zwar etwas Spatium, aber kein Rest von Ν.

1 über der Columne ΒΑ.

8 οἰκεύς für οἰκέτης auch bei Homer und Sophokles, wie im att. Gesetz bei Lysias 10, 19 (οἰκῆος καὶ δούλης); dieser erklärt es durch θεράπων, Hesych durch ὑπόχρεως οἰκέτης; es gehört zu οἰκία familia 5, 26, während στέγα domus ist.

11 ἔνδοθ' ἰδίαν Fabr. vgl. oben das Wortregister.

14 ἔν' ὀδελόν Fabr. in der Lücke, die aber durch ο ausgefüllt wird und nicht 2 Buchstaben mehr fasst.

17 ἐπιφέρηται medial, wenn er sich zubringen oder nachkommen lässt, mit sich führt, nicht passivisch wenn er anfällt, welche Erklärung sachlich und wegen des voranstehenden Accusativs anstössig wäre. Heraus guckt bona conciliatrix, der Kuppelpelz.

δελπιō ε̄ ἐν τō ἀνδρός, ἑκατὸν
στατέρανς καταστασεῖ, αἰ δέ κ' ἐ-
ν ἄλο, [π]εντέκοντα, αἰ δέ κα τὰν
25 τō ἀπεταίρο, δέκα, αἰ δέ κ' ὁ δō̄λος [τὰ-
ν ἐλευθέραν, διπλε͂ι καταστασε-
ῖ], αἰ δέ κα δō̄λος δό̄λο, πέντε. προϝειπάτο δὲ ἀντὶ μαιτύρον τριō̄ν τοῖς καδεσταῖ-
30 ς τō ἐναιλεθέντος ἀλλύεθ-
θαι ἐν ταῖς πέντ' ἀμέραις,
τō δὲ δό̄λο τō̄ι πάσται ἀντὶ
μαιτύρων δυō̄ν. αἰ δέ κα μ-
ὲ ἀλλύσεται, ἐπὶ τοῖς ἑλόν-
35 σι ἔμεν κρε͂θθαι ὁπᾶι κα λείωντι. αἰ δέ κα πονε͂ι δολό-
σαθθαι, ὀμόσαι τὸν ἑλό-
ντα τō πεντεκονταστατέ-
ρο καὶ πλίονος πέντον αὐ-
40 τόν, ϝὶν αὐτō̄ι ϝέκαστον ἐπαριόμενον, τō̄ δ' ἀπεταίρο
τρίτον αὐτόν, τō̄ δὲ ϝοικέος τὸν πάσταν ἄτερον αὐτ-
όν, μοικίοντ' ἐλε͂ν, δολόσαθ-
45 θαι δὲ μέ. αἴ κ' ἀνέρ [κα]ὶ [γυ-
νὰ διακρ[ί]νον[τ]αι, τὰ ϝὰ α-
ὐτᾶς ἔκεν ἄτι ἔκονσ' ε͂ιε π-
ὰρ τὸν ἄνδρα, καὶ τō καρπō̄ τ-

in des Mannes Haus, so wird er 100 | Stateren erlegen, wenn aber in | eines Andern, 50, wenn aber mit der || des Ge- 25 nosslosen, 10; wenn aber der Sklave mit der | Freiin, so wird er doppelt erlegen |, wenn aber ein Sklave mit einer eines Sklaven, 5. | Er soll aber vorher ankündigen vor 3 | Zeugen den Verwandten || des darin Gefass- 30 ten, (ihn) sich auszulösen | binnen 5 Tagen, | beim Sklaven aber dem Herrn vor | 2 Zeugen. Wenn er aber (ihn) sich | nicht auslöst, soll er bei denen, welche fassten, || 35 stehen, mit ihm zu verfahren wie sie | wollen. Wenn er aber sagt, er habe ihn | geknechtet, so schwöre der, welcher | fasste, im Fall der 50 Stateren | und mehr selb || 40 fünft, auf sich jeder göttliche Strafe | herabrufend, im Fall des Genosslosen aber | selbdritt, im Fall des Häuslers | aber der Herr selbander |, er habe ihn ehebrechend gefasst, geknechtet || aber nicht. 45 Wenn Mann und Weib | sich scheiden, so soll sie | das Ihrige haben, was habend sie kam zu | dem Manne, und von der Frucht die |

---

24 den Fall ἐν ἄλλω (vgl. Zeile 38) hat Aelian var. h. 12, 12 im Auge: in Gortyn ward wer als Ehebrecher gefasst war, vor die Behörden geführt, wie ein Weibsen mit Wolle gekränzt καὶ εἰςεπράσσετο (so Perizonius: ἐπιπράσκετο die Hss.) δημοσίᾳ εἰς στατῆρας πεντήκοντα, und ging aller bürgerlichen Rechte verlustig. Für die Aelian-Kritik ist unsre Stelle von Belang; Hercher bietet in der pariser Ausgabe die Worte wie vorstehend, in der leipziger 1865 bloss ἐπιπράσκετο δημοσίᾳ mit Tilgung der 50 Stateren nach dem Vaticanus (vgl. die erstere Ausgabe p. VII); die vermeintliche Interpolation erweist sich als ächte Tradition. Freilich woher Aelian die Notiz hat, ob sie auf Ephoros zurückgeht, ist nicht ermittelt.

36 κ' ἀποφωνῆ der Text von Fabr. durch Versehen. δουλώσασθαι ist zu verstehen, bei δολώσασθαι wäre das Medium ungewöhnlich.

40 Ende in der Fuge EO die Zeichnung statt EC (ἐθ- Fabr.).

47 EKONN die Zeichnung für EKONM, ἔκονσ' ἤιε Compar.

ἀνν ἐμίναν, αἴ κ' ἐι ἐς τὸν ͱο-
50 ν αὐτᾶς κρεμάτον, κὄτι
κ'] ἐνυπάνει τὰν [ἐμίνα]ν ἄτι
κ' ἔι, καὶ πέντε στατέρανς, αἴ κ' ὁ ἀ-
νὲρ αἴτιος ἔι τᾶς [κ]ε[ρ]εύσι-
ος· α[ἰ δ]ὲ πονίοι ὁ [ἀν]ὲρ [αἴτιος μὲ
55 ἔμ]εν, τὸν δικα[σ]τὰν
III ὀμνύντα κρίνεν. αἰ δέ τι ἄλλ-
ο πέροι τῶ ἀνδρός, πέντε στατέρανς καταστασεῖ, κὄτι
κα πέρει αὐτόν, κὄτι κα παρ-
5 έλει ἀποδότο αὐτόν· ὂν δέ κ'
ἐχσαννέσεται, δικάκσαι τ-
ὰν γυναῖκ' ἀπομόσαι τὰν Ἄρτεμιν πὰρ Ἀμυκλαῖον πὰρ τὰν
τοχσίαν. ὄτι δέ τίς κ' ἀπομο-
10 σάνσαι παρέλει, πέντε στατέρανς καταστασεῖ καὶ τὸ κρέος αὐτόν. αἰ δέ κ' ἀλλόττριος συνεσάδδει, δέκα στ[ατ]έ-
ρανς καταστασεῖ, τὸ δὲ κρε-
15 ῖος διπλεῖ, ὄτι κ' ὁ δικαστὰς
ὀμίσει συνεσσάκσαι.

Hälfte, wenn sie ist aus ihrem || Vermögen, und was 50 sie | einwob, die Hälfte, was | es ist, und 5 Stateren, wenn der | Mann schuld ist an der Wittwenschaft. | Falls aber der Mann sagt, dass er nicht schuld || sei, so soll der Rich- 55 ter || schwörend entscheiden. 3 Falls sie aber etwas Andres | wegträgt vom Manne, so wird sie 5 | Stateren erlegen, und was sie | wegträgt, selbst und was sie auf Seite || schafft, 5 das selbst soll sie zurückgeben. Wovon sie aber | leugnet und weigert, soll er urtheilen, das | Weib solle abschwören bei der | Artemis neben dem Amyklaios neben der | mit dem Bogen. Was aber Einer ihr, nachdem sie || abgeschworen, auf Seite 10 schafft, 5 Stateren | wird er erlegen und die | Sache selbst. Wenn aber ein Fremder | mit ausräumt, 10 | Stateren wird er erlegen, die Sache || aber 15 doppelt, wovon der Richter | schwört dass er es mit ausgeräumt. |

53 χηρεύσιος] ΓΕ.ΕV· die Zeichnung, FE.EV Anmerkung von Fabr. (τελεύσιος Compar.)
1 über der Columne ΓΑ.
8 ein Pythion zu Gortyn wird sonst erwähnt (Bursian 2 S. 565), hier der amykläische Apoll (Welcker gr. Mythol. 1 S. 473), entweder er selbst im Bild — dies wegen der Präposition wahrscheinlicher — vom Nom. Ἀμυκλαῖος oder ein Heiligthum desselben (Nom. Ἀμυκλαῖον oder Ἀμύκλαιον vgl. Lentz Herodian 1 p. 370, 14). Auch eine Stadt auf Kreta des Namens Amyklaion erwähnt Stephanus Byz. ἀ τοξία das Bild der Artemis mit dem Bogen, wie τοξίας oder τόξιος z. B. in Sikyon Apollon hiess. Von Gortyner Münzen habe ich analoge Darstellungen nicht verzeichnet gefunden, aber vgl. die Münzen des κοινὸν Κρητῶν aus der römischen Kaiserzeit, wo Artemis mit vorgestrecktem Bogen schreitet und Diktynna in der Linken ein Kind haltend mit entblössten Brüsten sitzt (Spanheim zu Kallimachos h. Dian. 205). Aber nicht von zwei Bildern ist hier eine Andeutung (Rh. Mus. 40 S. 476), das Weib leistet an dem Bild mit dem Bogen den Eid bei der Göttin, Eurip. Hippol. 1451 τὴν τοξόδαμνον Ἄρτεμιν μαρτύρομαι. Der Bogen Symbol der Kreterin APal. 7, 423. 12 AS statt AS.

αἰ ἀνὲρ ἀποθάνοι τέκνα καταλιπόν, αἴ κα λῆι ἁ γυνά, τὰ ϝὰ
αὐτᾶς ἔκονσαν ὀπυίεθθα-
20 ι κάτι κ' ὁ ἀνὲδ δόι κατὰ τὰ ἐγραμμένα ἀντὶ μαιτύρον τρ-
ιōν δρομέον ἐλευθέρον· αἰ
δέ τι τὸν τέκνον πέροι, ἔνδικον ἔμεν. αἰ δέ κα ἄτεκνον
25 καταλίπει, τά τε ϝὰ αὐτᾶς ἔκε-
ν κότ[ι] κ' ἐ[νυ]πά[νει τ]ὰν ἐμί[ί]ν-
αν κα[ὶ τ]ō καρπ[ō τ]ō ἐνδ[ο]θεν π-
εδὰ τὸν ἐπιβαλλόντ[ον] μοῖρα-
ν ταχ[τὰν] καἴ τί κ' ὁ ἀνὲδ δόι ἁι ἐγ-
30 ραττται· αἰ δέ τι ἄλλο πέροι, ἔνδικον ἔμεν. αἰ δὲ γυνὰ ἄτεκ-
νος ἀποθάνοι, τά τε ϝὰ
αὐτᾶς τοῖς ἐπιβάλλονσι ἀποδόμεν κότι ἐνύπανε τὰν ἐ-
35 μίναν καὶ τō καρπō, αἴ κ' ἔι ἐς
τōν ϝōν αὐτᾶς, τὰν ἐμίνα-
ν. ' κόμιστρα αἴ κα λῆι δόμεν
ἀνὲρ ἒ γυνά, ἒ ϝēμα ἒ δυόδεκ-
α στατέρανς ἒ δυόδεκα στατ-
40 έρον κρέος, πλίον δὲ μέ. αἴ κ-
α ϝοικέος ϝοικέα κριθēι δοō
ἒ ἀποθανόντος, τὰ ϝὰ αὐτᾶ-
ς ἔκεν· ἄλλο δ' αἴ τι πέροι, ἔνδικον ἔμεν. αἰ τέκοι γυνὰ κ-
45 ε[ρ]ε[ύο]νσα, ἐπελεῦσαι τōι ἀ-
νδρὶ ἐπὶ στέγαν ἀντὶ μαιτύρον τριōν. αἰ δὲ μὲ δέκσαι-

Falls ein Mann stirbt mit Hinterlassung | von Kindern, so soll, wenn das Weib will, sie das Ihrige | habend verehelicht werden || und 20 was der Mann gibt gemäss dem was | geschrieben steht, vor 3 Zeugen, | Rennern, Freien. Falls | sie aber etwas von den Kindern wegträgt, so soll Rechts|anspruch sein. Wenn er sie aber kinderlos || hinterlässt, so soll 25 sie sowohl das Ihrige haben |, als auch was sie einwob, die Hälfte, | und von der Frucht drinnen | mit den Angehörigen einen | Theil nach Verhältniss, und wenn etwas der Mann gibt, wie || geschrieben 30 steht. Falls sie aber etwas Andres wegträgt, | so soll Rechtsanspruch sein. Falls aber ein Weib | kinderlos stirbt, so soll sie sowohl das | Ihrige den Angehörigen zurück|geben als auch was sie einwob, die || Hälfte und von 35 der Frucht, wenn sie ist aus |˙ dem Ihrigen, die Hälfte |. Bringelohn gebe wenn will | Mann oder Weib, entweder Kleidung oder 12 | Stateren oder eine Sache von 12 || 40 Stateren, mehr aber nicht. Wenn | von einem Häusler eine Häuslerin geschieden wird bei dessen Leben | oder Tod, so soll sie das Ihrige | haben. Falls aber Anderes sie etwas wegträgt, so soll | Rechtsanspruch sein.

Falls gebärt ein Weib im || 45 Wittwenstande, so soll sie (es) zugehen lassen dem | Mann ans Haus vor 3 | Zeugen. Falls er aber nicht an-

---

29 ταχτὰν unsre Vermuthung: TAKE. die Zeichnung, das E im Anfang der Lücke, die ausser diesem Buchstaben nur noch éineu zu fassen scheint, ταχε .. Fabr. τά κ' ἠι Compar.

30 ἄλλο Neutrum, nicht ἄλλῳ, was vielleicht Einer glauben möchte wegen der Stellung in Z. 43.

32 zwischen ἀποθάνοι und τά Raum von 2 Buchst. freigelassen.

37 die Stellung sollte sein κόμιστρα (funeraticia, S. 14) δόμην, αἴ κα λῆι ἀνὴρ ἢ γυνά oder bei jener Stellung die befehlende Form δότω.

το, ἐπὶ τᾶι ματρὶ ἔμεν τὸ τέκνον ἒ τράπεν ἒ ἀποθέμεν, ὀρκ-
50 ιοτέροδ δ' ἔμεν τὸς καθεστ-
ἀνς καὶ τὸς μαιτύρανς, αἰ
ἐπέλευσαν. αἰ δὲ ϝοικέα τέκοι κερευόνσα, ἐπελεῦσαι
τῦι πάσται τὸ ἀνδρός, ὃς ὄ-
55 πυιε, ἀντὶ μαιτύρον [δυ]ῶν.
IV αἰ δέ κα μὲ δέκσεται, ἐπὶ τῶι
πάσται ἔμεν τὸ τέκνον τῶι τ-
ᾶς ϝοικέας. αἰ δὲ τῶι αὐτῶι αὐ-
τιν ὀπυίοι τὸ πρότο ἐνιαυτ-
5 ῶ, τὸ παιδίον ἐπὶ τῶι πάσται
ἔμεν τῶι τὸ ϝοικέος. κόρκιό-
τερον ἔμεν τὸν ἐπελεύσαν-
τα καὶ τὸς μαιτύρανς. γ-
υνὰ κερεύονσ' αἰ ἀποβάλοι
10 παιδίον πρὶν ἐπελεῦσαι κα[τ-
ὰ τὰ ἐγραμμένα, ἐλευθέρο μ-
ὲν καταστασεῖ πεντέκοντα
στατέρανς, δόλο πέντε καὶ ϝ-
ίκατι, αἴ κα νικαθῆι. ὀι δέ κα μ-
15 έ[τ]ι[ς ἒ]ι στέγα ὄπυι ἐπελευσε-
ῖ, ἒ αὐτὸν μὲ ὀρείαι, αἰ ἀποθ-

nimmt, | so soll bei der Mutter stehen das Kind |, es entweder aufzuziehen oder auszusetzen. Eidlicher || aber 50 seien die Verwandten | und die Zeugen, ob | sie zugehen liessen. Falls aber eine Häuslerin gebärt | im Wittwenstande, so soll er zugehen lassen | dem Herrn des Mannes, der sie || ehelichte, vor 2 Zeu- 55 gen. || Wenn er aber nicht 4 annimmt, so soll bei dem | Herrn stehen das Kind, dem der | Häuslerin. Falls aber demselben abermals | er sie ehelicht im Lauf des ersten Jahrs, || so soll das Junge 5 bei dem Herrn | stehen des Häuslers. Und eidlicher | sei der welcher zugehen liess | und die Zeugen. Ein | Weib im Wittwenstande, falls sie verwirft || ein Junges, ehe sie 10 zugehen liess gemäss | dem was geschrieben steht, wird wegen eines freien | erlegen 50 | Stateren, eines Sklaven 25, | wenn sie besiegt wird. Wem aber || kein 15 Haus ist, wohin sie zugehen lassen | wird, falls sie ihn nicht gewahrt, falls sie aus-|

---

55 τριῶν ergänzt Fabr.
1 über der Columne ΔA.   3 αὐτις corrigirt Compar.
10 ἐπελεῦσαι Optativ wie ἀποβάλοι, Infinitiv weniger wahrscheinlich.
15 μή .. [ἢ]ι Fabr. ergänzt von Compar.
16 ἢ Fabr. Text, während es fehlt in seiner Zeichnung, nicht in der italienischen. Es scheint die Conditionalpartikel ἤ, αἰ zu verstehen, nicht die Disjunctivpartikel (mit Präs. Conj.), wo ἄν im zweiten Relativglied durch αὐτόν aufgenommen würde noch einer bekannten Freiheit beider alten Sprachen. Die Endung ὀρείαι ist neu und seltsam; vom Stamm ὀρε- war zu erwarten Indic. ὀρεῖ Conj. ὀρῆι Opt. ὀρείοι, noch weniger liegt att. ὁρα- zu Grunde, sondern das volle Thema ὀρεια-, wohl lediglich flexiv für den Optativ verwandt. So kret. παρίσχαιεν (Cauer del. 48, 31) für -οιεν, 'Analogiebildung' nach G. Meyer griech. Gramm. § 590 Anm. 1. Dass αι durch Irrthum doppelt gesetzt oder verschrieben sei, glaubt man bei einem in den Dialekten schwankenden Verbum und Flexionssystem (ὀρῶμι ὀρώην, λύσαι λύσειε) nicht gern, vgl. Curtius gr. Verbum 2² S. 98. 104. Der normale Modus nach ἤ ist eben der Optativ, der Indicativ steht 6, 1 und wohl 8, 17 (αἰ ἔδωκε 12, 18, anders natürlich 3, 51).

εἴε τὸ παιδίον, ἄπατον ἔμεν.
αἰ κύσαιτο καὶ τέκοι ϝοικέα μὲ ὀπυιομένα, ἐπὶ τοῖ τ[ὸ
20 πατρὸς πάσται ἔμεν τὸ τ-
έκνον· αἰ δ' ὁ πατὲρ μὲ δόοι, ἐ-
πὶ τοῖς τὸν ἀδελπιὸν πάσ-
ταις ἔμεν. τὸν πατέρα τὸν
τέκνον καὶ τὸν κρεμάτον κ-
25 αρτερὸν ἔμεν τᾶδ δαίσιος
καὶ τὰν ματέρα τὸν ϝο[ν] αὐτᾶς κρεμάτον. ᾶς κα δόοντι,
μὲ ἐπάνανκον ἔμεν δατε͂-
θθαι· αἰ δέ τις ἀταθείς, ἀποδ-
30 άτταθθαι τοῖ ἀταμένοι ἆ-
ι ἔγρατται. ἒ δέ κ' ἀποθάνει τιστέγανς μὲν τὰνς ἐν πόλι κάτι κ' ἐν ταῖστέγαις ἐνε͂ι, αἶ-
ς κα μὲ ϝοικεὺς ἐνϝοικε͂ι ἐπ-
35 ὶ κόραι ϝοικίον, καὶ τὰ πρόβατα κα-
ὶ καρτα[ί]ποδα, ἅ κα μὲ ϝοικέος ἐ͂ι,
ἐπὶ τοῖς υἱάσι ἔμεν, τὰ δ' ἄλλα κρέματα πάντα δατε͂θθα-
ι καλο͂ς, καὶ λανκάνεν τὸς μ-
40 ὲν υἰὺνς ὀπόττοι κ' ἴοντι δύ-
ο μοίρανς ϝέκαστον, τὰδ δ-
ὲ θυγατέρανς ὀπότται κ' ἴοντι μίαν μοῖραν ϝεκά[σ]τα[ν. δ-
ατε͂[θθ]αι δὲ καὶ τὰ ματρ[ο͂]ια, ἔ
45 κ' ἀπ[ο]θά[νε]ι, ἄιπε[ρ] τὰ [πατρο͂ι'
ἔ]γραττ]αι. αἰ δὲ κρέματα μὲ εἴ-
ε, στέγα δέ, λακε͂ν τὰθ θ[υγ]ατέ-

sotzt das Junge, so sei es
busselos. | Falls schwanger
wird und gebärt eine | Häus-
lerin ohne Ehelichung, so
soll bei dem || Herrn des 20
Vaters stehen das | Kind;
falls aber der Vater nicht
lebt, soll es | bei den Herren
der Brüder | stehen.
Der Vater soll über die |
Kinder und über das Vermö- 25
gen || Macht haben über die
Theilung | und die Mutter
über ihr | eigenes Vermögen.
So lange sie leben, | soll nicht
nothwendig sein zu | theilen.
Falls aber Einer gebüsst wird,
so soll er || abtheilen dem 30
Gebüssten, wie | geschrieben
steht.Wenn aber Einer stirbt, |
sollen die Häuser in der Stadt
und was | in den Häusern
drin ist, denen | kein Häusler
inwohnt der auf || der Stelle 35
baust, und das Triftvieh
und | starkfüssige, was nicht
eines Häuslers ist, | bei den
Söhnen stehen; das andre |
Vermögen aber all sollen
sie theilen | schön, und sollen
bekommen die || Söhne, so 40
viele sind, zwei | Theile
jeder, die Töchter | aber,
so viele sind, | Einen Theil
jede. Theilen | aber sol-
len sie auch das Mütter-
liche, wenn || sie stirbt, wie 45
[vom Väterlichen | geschrie-
ben steht]. Falls aber Ver-
mögen nicht da | ist, aber
ein Haus, so sollen bekommen

---

28 ἐπάναγκον (sonst, auch kretisch, ἐπάναγκες) auf der Inschrift aus Pergamon von ungefähr 300 v. Chr. CIG. 3562, 17 (Savelsberg JJ. 1869 S. 682).

36 das S von καρταίποδα (in der Fuge der Quadern) hat Fabr. nicht gesehen: τὸ καρταίπος wiederholt in andrem Gesetz von Gortyn, Bezeichnung für gross Vieh wie Stiere, Zugthiere auch in Delphi und in griechischer Dichtung.

38 richtig so Fabr. χρήματ' ἄπαντα hier und sonst Compar. vgl. z. B. 8, 27; 10, 40.

43 ff. der mehre Theil erst von Compar. ergänzt.

ρας ἇι ἔγρατται. αἰ δέ κα λ̃ε-
ι ὁ πατὲρ δοὸς ἰὸν δόμεν τᾶ-
50 ι ὀπυιομέναι, δότο κατὰ τ-
ὰ ἐγραμμένα, πλίονα δὲ μέ.
ὀτείαι δὲ πρόϑϑ' ἔδοκε ε̃ ἐπέσπενσε, ταῦτ' ἔχεν, ἄλλα δὲ μὲ̀

V ἀπολαν[κάν]εν. γυνὰ ὅ[τ]εία κ-
ρέματα μὲ ἔχει ε̃ [πα]τρὸδ δόντος ε̃ [ἀδ]ελπιὸ ε̃ ἐπισπέν-
σαντος ε̃ ἀπολα[κ]όνσα, α-
5 ἰ ὅκ' ὁ αἰϑ[α]λεὐσταρτὸς ἐκόσμιον οἱ σὺν Κυ[λ]λοι, ταύτας μὲν [ἀπ]ολανκάνεν, ταῖ-
δ δὲ πρόϑϑα μὲ ἐ[ν]δικον ἔμι-
εν. ἔ κ' ἀπ[ο]ϑάνει ἀνὲρ ε̃ γυν-
10 ά, αἰ μέν κ' ε̃ι τέ[κν]α ε̃ ἐς τέκνον τέκ[να] ε̃ ἐς τοῦτον τέκνα, τούτος ἔκ[εν] τὰ κρέμα-
τα· αἰ δέ κ[α] μέτις ε̃ι τούτο-
ν, ἀαδελπιοὶ δὲ τõ ἀποϑανόν-
15 τος κὲκς ἀδε[λ]πιõν τέκν-
α ε̃ ἐς τοῦτον τέκνα, τούτος ἔκεν τὰ κρέματα· αἰ δέ κα
μέτις ε̃ι τούτον, ἀδευπιαὶ δ-

die | Töchter, wie geschrie-
ben steht. Will aber | der
Vater bei seiner Lebzeit ge-
ben der || welche verehelicht 50
wird, so soll er geben ge-
mäss dem | was geschrieben
steht, mehr aber nicht. |
Welcher er aber früher gab
oder | zusicherte, das soll sie
haben, Andres aber nicht !! ab- 5
bekommen. Ein Weib, wel-
ches (jetzt) Vermögen | nicht
hat, entweder durch Vaters
Gabe | oder Bruders oder
durch | Zusicherung oder
durch Abbekommen, (nem-
lich) || die als die Aithaleis- 5
Mannen regierten, die | Kos-
men mit Kyllos, diese | sollen
abbekommen, den | früheren
aber kein Rechtsanspruch
sein. |
Stirbt Mann oder Weib, || 10
wenn Kinder da sind oder
von | Kindern Kinder oder
von diesen | Kinder, so sollen
diese haben das Vermögen. |
Wenn aber keiner da ist von |
diesen, Brüder oder des Ver-
storbenen || und von Brüdern 15
Kinder | oder von diesen Kin-
der, so sollen | diese haben
das Vermögen. Wenn aber |
keiner da ist von diesen,

---

52 die Form ὀτείαι, 5, 1 ὀτεία war verkannt, in ὅτ' ἢ αἰ und ἇ
zerlegt worden (ὅ τ' εἴαι und ὡκ κ' ἦι ἇ Compar.) ἐπέσπενσε heilig zusicherte, *spopondit*, weil einst mit σπονδή, wie schon Verrius erklärte.
53 hiernach folgt noch eine absichtlich aber nicht vollständig
weggeschliffene Zeile; nach den Resten in der Zeichnung waren es nicht
die in Columne V folgenden Buchstaben, welche ja doch die richtige
Fortsetzung bilden. 1 rechts über der Columne EA.
4 αἰ ὅκ' Fabr. und jedesfalls hat der Satz die Geltung einer Bedingung. αἰ oder αἴ wird durch die präsentische Aussageform ἧτις μὴ
ἔχει vorher und durch das correlate ταύτας, auch ταῖδ empfohlen (nämlich αἰ χρήματα μὴ ἔχουσαι oder εἶχον). ἇι, wie Compar. schreibt, kann
schwerer zu einem befriedigenden Sinn führen. Das Nächste ergänzt von
Compar., der aber ein Komma vor ἐκόσμιον setzt.
14 das doppelte A in ἀδελφιοί Schreibfehler.
18 ἀδευπιαί klar mit V, nicht Λ. Diese Affection des λ vor folgendem Consonant ist gerade kretisch (Ahrens 2 p. 111) z. B. αὐκάν für
ἀλκάν, εὐϑεῖν für ἐλϑεῖν. Daher obgleich das Denkmal sonst ἀδελφ-
regelmässig schreibt, die Spur jenes Idiotismus nicht verwischt werden darf.

ἐ τᾶ ἀποθανόντος κὲς ταυτ-
20 ἂν τέκνα ἒ ἐς τὸν τέκνον τέκνα, τούτος ἔκεν τὰ κρέμα-
τα· αἰ δέ κα μέτις ἔι τούτον,
οἷς κ' ἐπιβάλλει ὀπῶ κ' ἒι τὰ κρέματα, τούτος ἀναιλέθθα-
25 ι· αἰ δὲ μὲ εἶεν ἐπιβάλλοντε-
ς, τᾶς ϝοικίας οἵτινές κ'
ἴοντι ὁ κλᾶρος, τούτονς ἔ-
κεν τὰ κρέματα. αἰ δέ κ' οἰ
ἐπιβάλλοντες οἰ μὲν λεί-
30 οντι δατέθθαι τὰ κρέματ-
α, οἰ δὲ μέ, δικάκσαι τὸν δικαστὰν ἐπὶ τοῖλ λείονσι δ-
ατέθθαι ἔμεν τὰ κρέματα π-
άντα, πρίν κα δάττονται.
35 αἰ δέ κα δικάκσαντος τῶ δ-
ικαστᾶ κάρτει ἐνσείει ἒ ἄ-
γει ἒ πέρει, δέκα στατέραν-
ς καταστασεῖ καὶ τὸ κρεῖ-
ος διπλεῖ. τνατὸν δὲ καὶ καρ-
40 πῶ καὶ ϝέμας κἀνπιδέμας κ-
ἐπιπολαίον κρεμάτον, αἴ κα μι-

Schwestern aber | des Verstorbenen und von diesen || 20 Kinder oder von den Kindern Kinder, | so sollen diese haben das Vermögen. | Wenn aber keiner da ist von diesen, | so sollen die welchen angehört woher es sei, das | Vermögen, diese es übernehmen. || 25 Falls aber nicht da sind Angehörige, | so sollen vom Hause welche | sein Erbloos sind, diese das | Vermögen haben. Wenn aber die | Angehörigen die einen || theilen wollen 30 das Vermögen, | die andern nicht, so soll urtheilen der | Richter, bei denen die theilen | wollen, stehe das ganze | Vermögen, bis sie theilen. || Wenn aber nach- 35 dem der Richter | geurtheilt, er mit Gewalt eingreift oder | wegführt oder wegträgt, so wird er 10 Stateron | erlegen und die Sache | doppelt. Ueber Vergängliches aber und Frucht || und Klei- 40 dung und Umbindsel und | oberflächliches Vermögen, wenn | nicht wollen theilen

23 ὀπώχει Fabr. ὀπόκ' ᾖ Comper.
26 man kann τᾶς ϝοικίας auch zu ἐπιβάλλοντες ziehen, das geradezu mit dem Genetiv verbunden wird 11, 9; für den Sinn verschlägt dies nichts, ἐπιβ. sind hier selbstverständlich Familienangehörige nach dem Vorigen.

36 σείειν in Bezug auf Geld und Vermögen ist alt und üblich (σεισάχθεια), ἐνσείειν begegnet bei Sophokles, wird aber erst in hellenistischer Zeit gäng und gäbe, theils intransitiv, ungefähr inruere, theils transitiv und zwar sowohl ἐνσείω τινά τινι oder εἴς τι, ich lasse Jemand in etwas einbrechen, als ἐνσείω τι, ich bringe etwas ins Wackeln, zu Falle (komisch ἐνσεσεισμένη für Vettel, lat. impulsae res Vitellii). Hier das Erste am passendsten.

40 ἀμφιδήμας (Gen. Fem.) identisch mit ἀμφίδημα Gen. -δήματος bisher unbekannt, gebildet wie περίδημα. Im Gebrauch ist ἀμφιδέα oder ἀμφίδεον besonders für Armbänder und ähnlichen Schmuck gewesen.

41 ἐπιπόλαια mobilia, leichte Habe, att. ἔπιπλα (bei Herodot 1, 94 ἔπιπλοα richtig?) was Pollux erklärt τὰ ἐπιπολῆς ὄντα τῶν κτημάτων, Harpokration τὴν οἷον ἐπιπόλαιον κτῆσιν καὶ μετακομίζεσθαι δυναμένην.

ἐ λείοντι δατε̃[θθαι] ...., τ[ὸ-
ν δικαστ]ὰν ὀμνύντα κρῖνα-
ι πορτὶ τὰ μολιόμενα. [α]ἰ [δ-
45 έ κα κρέματα δατιόμενοι
μὲ συνγιγνόσκοντι ἀν-
πὶ τὰν δαῖσιν, ὀνε̃ν τὰ κρέματα, κο̃ς κα πλεῖστον διδ-
ο̃ι, ἀποδόμενοι τᾶν τιμᾶν
50 δια[λ]ακόντον τ[ὰ]ν ἐπαβο-
λὰν ϝέκαστος. δατιομέ-
νοιδ δὲ κρέματα μαιτύρα-
νς παρέμεν δρομέανς ἐλε-
υθέρονς τρίινς ἒ πλίανς.
VI θυγατρὶ ἐ διδοῖ, κατὰ τὰ αὐτ-
ά. ἆς κ' ὁ πατὲδ δόει, το̃ν το̃ π-
ατρὸς κρεμάτον πὰρ υἱέος
μὲ ὀνε̃θθαι μεδὲ καταθίθ-
5 εθθαι· ἄτι δέ κ' αὐτὸς πάσετ-
αι ἒ ἀπολάκει, ἀποδιδόθθο,
αἴ κα λε̃ι. μεδὲ τὸν πατέρα τὰ το̃-
ν τέκνον, ἄτι κ' αὐτοὶ πάσον-
ται ἒ ἀπολάκοντι, μεδὲ τὰ τ-
10 ᾶς γυναικὸς τὸν ἄνδρα ἀπο-
δόθαι μεδ' ἐπισπένσαι, μεδ'
υἱὺν τὰ τᾶς ματρός. αἰ δ-
έ τις πρίαιτο ἒ κατάθειτο ἒ ἐ-
πισπένσαιτο, ἀλλᾶι δ' ἔγρατ-
15 ται, ἆι τάδε τὰ γράμματα ἔγ-
ραττται, τὰ] μ[ὲ]ν
κρέματα ἐπὶ τᾶι ματρὶ ἔμ-
εν κἐπὶ τᾶι γυναικί, ὁ δ' ἀποδόμενος ἒ καταθὲνς ἒ ἐπι-

[einige], soll der | Richter schwörend entscheiden | auf die Processpunkte hin. Wenn sie || aber Vermögen thei- 45 lend | nicht Eines Sinnes werden betreffs | der Theilung, so bieten sie feil das Vermögen, | und wer am meisten gibt, | dem verkaufend sollen von den Werthen sie || 50 gesondert bekommen sein Anbehör | ein jeder. Bei der Theilung | von Vermögen aber sollen Zeugen | zugegen sein, Renner, | Freie 3 oder mehr. || Wenn er einer Toch- 6 ter (jetzt) gibt, gemäss denselben (Bestimmungen). |
So lange der Vater lebt, soll von dem | Vermögen des Vaters seitens eines Sohnes | nicht feil geboten und nicht vorpfändet || werden. Was 5 er aber selbst erwirbt | oder abbekommt, soll er verkaufen, | wenn er will. Auch soll nicht der Vater das der | Kinder, was sie selbst erwerben | oder abbekommen, auch nicht das || des Weibs 10 der Mann verkaufen | und nicht zusichern, auch nicht | ein Sohn das der Mutter. Falls aber | Einer kauft oder sich verpfänden oder | sich zusichern lässt, und es steht anders || geschrieben wie diese 15 Schrift geschrieben | steht, so soll das | Vermögen bei der Mutter stehen | und bei dem Weibe, der aber welcher | verkaufte oder ver-

---

42 fehlt ein Wort von 4 Buchstaben oder 5, denn δατῆθαι konnte mit einem θ geschrieben sein. αὐτά ist überflüssig, τινά Compar., καλῶς wie 4, 39 oder τινές?

49 so besser als τὰν τιμάν, wo der folgende Accusativ opexegetisch zu fassen wäre.

1 darüber ϚA. δὲ διδοῖ will Fabr. ergänzen; wegen des Präsens Ind. vgl. die genauere Formulirung der analogen Bestimmung 12, 18.

16 'wohl nur die halbe Zeile war beschrieben' Fabr., gegen die andern Zeilen fehlen 10 Buchstaben nach μέν.

20 σπένσανς τῶι πριαμένοι
ἒ καταϑεμένοι ἒ ἐπισπεν-
σαμένοι διπλεῖ καταστα-
σεῖ καί τί κ' ἀλλ' ἄτας ἐι τὸ
ἁπλόον· τὸν δὲ πρόϑϑα μὲ ἔν-
25 δικον ἔμεν. αἰ δέ κ' ὁ ἀντίμολος ἀπομολῆι ἀντὶ τὸ κρ-
έος ὀι κ' ἀνπιμολίοντι, μ-
ὲ ἔμεν τᾶς ματ[ρ]ὸς ἒ τᾶ-
ς γυναικός, μολὲν ὀπῆ κ' ἐπ-
30 ιβάλλει, πὰρ τῶι δι[κ]ασταῖ,
ἒ ϝεκάστο ἔγρατται. αἰ δέ κ' ἀ-
ποϑάνει μάτερ τέκνα καταλιπό-
νσα, τὸν πατέρα καρτερὸν ἔμεν
τῶν ματρόιον, ἀποδόϑαι δὲ μέ,
35 μεδὲ καταϑέμεν, αἴ κα μὲ τὰ τέκνα ἐπαινέσει δρομέες ἰόντε[ς.
α]ἰ δέ τις ἀλλᾶι πρίαιτο ἒ κατά-
ϑειτο, τὰ μὲν κρέματα ἐπὶ τοῖ-
ς τέκνοις ἔμεν, τῶι δὲ πριαμ-
40 ένοι ἒ καταϑεμένοι τὸν ἀποδ-
όμενον ἒ τὸν καταϑέντα τὰν
διπλείαν καταστᾶσαι τᾶς τ-
ιμᾶς καί τί κ' ἀλλ' ἄτας ἐι τὸ ἀ-
πλόον. αἰ δέ κ' ἄλλαν ὀπυίει, τὰ τ-
45 έκνα [τὸ]ν [μα]τρόιον καρτερὸν-
ς ἔμεν. αἴ κ' ἐδ δυ........ πε-

pfändete oder ‖ zusicherte, 20
wird dem welcher kaufte |
oder sich verpfänden oder
sich zusichern | liess, doppelt
erlegen, | und wenn etwas
sonst Schadens ist, das | Ein-
fache; wegen des Früheren
aber sei kein ‖ Rechtsan- 25
spruch. Wenn aber der | Geg-
ner abstreitet betreffs der
Sache | um welche sie pro-
cessiren, sie | sei nicht der
Mutter oder des | Weibes,
so sollen sie processiren, wo
es ‖ hingehört, bei dem Rich- 30
ter, | wo von jedem geschrie-
ben steht. Wenn aber | stirbt
eine Mutter mit Hinterlas-
sung von Kindern, | so soll
der Vater Macht haben über |
das Mütterliche, verkaufen
aber nicht, ‖ und nicht ver- 35
pfänden, wenn nicht die Kin-
der | beistimmen die Renner
sind. | Falls aber Einer an-
ders käuft oder sich | verpfän-
den lässt, so soll das Vermö-
gen bei den | Kindern stehen,
dem aber welcher kaufte ‖ 40
oder sich verpfänden liess, soll
der welcher | verkaufte oder
welcher verpfändete, das |
Doppelte erlegen des | Thei-
thes, und wenn etwas sonst
Schadens ist, das | Einfache.
Wenn er aber eine Andere
ehelicht, so sollen die ‖ Kin- 45
der über das Mütterliche
Macht | haben.
Wenn in F[eindesland] drü-

---

31 so nimmt die Sache ohne Rücksicht auf die Frau weiterhin
den Gang wie in jedem andern Falle. ϝεκάστω 'betreffs jedes Stückes',
mag man dieses mit Ergänzung von μολὲν verstehen wollen (wo jedes
einzuklagen und zu richten geschrieben, verordnet ist) oder daraus die
Formel ableiten, dass alte Sitte mit der Richtstätte die betroffende
Rechtstafel verband. Dann war freilich ϝέκαστον treffender, vgl. die
Ohme τὸνς ἠγραμμένονς 12, 28 u. a.

41 der Artikel ist ungenau wiederholt, da er bei καταϑεμένοι
fehlt, vgl. Z. 19.

42 Ende zwischen τᾶ und ς Raum für 1 Buchstaben, 'vielleicht
τᾶςς zu lesen' Fabr. Vielleicht dass der Steinmetz zur Correctur die
Stelle ausradirte.

46 der erste Buchstabe Ν statt Μ verschrieben. ἐδ δυσμενίων
περάσηι oder vielmehr πεπεράκηι? wie εἰς πολεμίαν. Denn ἐδ δ- für

ϱ..... ἐϰς ἀλλοπολίας ὑπ' ἀν-
άνκας ἐϰόμενος ϰέλο[μ]ένο τι-
ς λύσεται, ἐπὶ τῶι ἀλλυσαμέν-
50 οι ἔμεν, πρίν ϰ' ἀποδῶι τὸ ἐπιβάλλον. αἰ δέ ϰα μὲ ὁμολογίοντ-
ι ἀμπὶ τὰν πλεϑύν, ἒ μὲ ἑλομέ-
ν]ο αὐτὸ [λ]ύσαϑϑαι, τὸν διϰασ-
τὰν ὀμνύντα ϰρίνεν πορτὶ τὰ
55 μ]ολιόμε[να]. ὁ ἐϰειϑεροτον
α[ἴ ϰ'
VII ἐπὶ τὰν ἐλευϑέραν ἐλϑὸν ὀπυίει,
ἐλεύϑερ' ἔμεν τὰ τέϰνα, αἰ δέ ϰ'
ἁ ἐλευϑέρα ἐπὶ τὸν δῶλον, δῶλ' ἔμεν τὰ τέϰνα. αἰ δέ ϰ' ἐς τᾶς αὐτ-
5 ᾶς ματρὸς ἐλεύϑερα ϰαὶ δῶλα
τέϰνα γένεται, ἒ ϰ' ἀποϑάνει ἁ

ben | [ist] ein durch staat-
liche Verschiedenheit unter |
Zwang Festgehaltener und
nach dessen Wahl Einer |
ihn sich löst, so soll er bei
dem welcher ihn sich || aus- 50
löste, stehen, bis er zurück-
gibt das | Angehörige. Wenn
sie aber nicht einig sind |
betreffs der Menge oder weil
er nicht wählte | die Lösung,
so soll der Richter | schwö-
rend entscheiden auf die || 55
Processpunkte hin.
Der..... | [wenn] || er zur 7
Freiin geht und sie ehelicht, |
sollen frei sein die Kinder;
wenn aber | die Freiin zum
Sklaven, sollen Sklaven | sein
die Kinder. Wenn aber von
derselben || Mutter freie und 5
Sklaven - | Kinder geboren
werden, so sollen, stirbt die |

ἰϰα ἰσσ zu nehmen ist recht bedenklich. Auf δυ- scheint ein Buchstabe
wie σ, auf περ- einer wie α gefolgt zu sein. ἰδ δυσμενίᾳ γᾶν περᾶι
τις Compar.

47 ἀλλοπολία fehlt in Stephanus' Thesaurus; die Phrase ὑπ' ἀναγ-
ϰαίης ἐχόμενος mehrmals bei Herodot.

52 'zwischen μὴ und ἑλ- kann ein schmaler Buchst. fehlen' Fabr.

55 so die Tafel; nur das τ hat Fabr. als unsicher notirt. Er
edirt αἰ δέ ϰ' ὁ ἐλεύϑερος, Compar. ὁ ἐλευϑερωτός αἴ ϰ'. Nämlich unter
Z. 55 waren noch einige Buchstaben halb eingehauen, die Tafel zeigt
hier die oberen Enden eines Λ oder Δ und wie von E oder F. Die Lösung des Räthsels ist noch nicht gewiss, es handelt sich wahrscheinlich um den Unfreien, aber ϝοιϰεύς und δῶλος scheinen durch einen
idiotischen Ausdruck ersetzt. Zwar kann man auflösen ὁ ἐϰεῖϑ' ἐρωτῶν,
nach dem vorgehenden Abschnitt und sonstigem Sprachgebrauch (Soph.
Trach. 315) ὁ ἐϰεῖϑεν als Hostis oder Peregrinus verstehen, ἐρωτῶν
auf die Frage des Brautwerbers beziehen wie lat. procans, poscens
uxorem, zumal die Alten in der Verknüpfung des Worts mit ἔρως ἔρω-
τος Recht haben werden und in der Logik ἐρωτᾶν gegenüber steht dem
λαμβάνειν oder ὡς ὁμολογουμένωι χρῆσϑαι, man kann also den Freier
aus anderm Staat hinein interpretiren, aber wir verhehlen nicht dass
ἐϰεῖϑεν seitens des Dialekts unrecht, entlehnt wäre (dor. ϰεῖνος oder ϰῆ-
νος, schlecht bezeugt ἐϰῆνος, kret. ϰηροῦει bei Hesych) und dass für diesen Gebrauch von ἐρωτῶν (wie μνώμενος) verwandt dem von αἰτίων unten,
gerade kein Beispiel präsent ist. Die Lösung war uns daher fraglich.

1 darüber links ZA.
2 ϰα ἐλευϑέρα Compar.
3 F statt des zweiten E in ἐλευϑέρα.

μάτερ, αἴ κ' ἔι κρέματα, τὸνς ἐλευθέρονς ἔκεν· αἰ δ' ἐλεύθεροι μὲ ἐκσεῖεν, τὸνςς ἐπιβαλλόν-
10 τανς ἀναιλἔθαι. α[ἴ] κ' ἐκς ἀγορᾶς πρ[ιά]μενος δõλον μὲ περαιόσει, τᾶν ϝεκσέκοντ' ἀμερᾶν, αἴ τινά κα πρόθ' ἀδικέκει ἒ ὕστερον, τõι πεπαμέν-
15 οι ἔνδικον ἔμεν. τὰμ πατ]ροι[õ]κον ὀπυίεθαι ἀδελπιõι τõ πατρὸς τõν ιόντον τõι πρειγ[ί]στοι· αἰ δέ κα πλίες πατροιõκοι ἴοντι κἀδελπι[ο]ὶ τõ πα-
20 τρό[ς, τ]õι ἐπιπρειγίστοι ὀπυίεθαι· αἰ δέ κα μὲ ἴοντι ἀδελπιοὶ τõ πατρός, υἱέεδ δὲ ἐκς ἀδελπιõν, ὀπυίεθαι ἰõι τõι [ἐ]ς τõ πρειγίστο· αἰ δέ κα πλίες ἴοντ-
25 ι πατροιõκοι κυίεες ἐκς ἀδελπιõν, ἄλλοι ὀπυίεθαι τõι ἐπὶ τõι ἐς [τ]õ πρει[γί]στο. μίαν δ' ἔκεν πατροι[õ]κον τὸν ἐπιβάλλοντα, πλίαδ δὲ [μ]έ. ἀδ δέ κ' ἄν-
30 ορος ἔι ὁ ἐπι[β]άλλον ὀπυίεν ἒ

Mutter, wenn da ist Vermögen, die Freien | es hababen; falls aber Freie | nicht von ihr sind, sollen die Angehörigen || es übernehmen. 10
Wenn vom Markt | einen Sklaven kaufend er nicht | Ziel setzen lässt, im Lauf von 60 | Tagen, wenn er Einem früher Unrecht gethan | hat oder später, soll dem welcher ihn erworben hat |‖ Rechts- 15 anspruch sein.
Die Erb|tochter werde verehelicht einem Bruder | des Vaters, von denen die da sind, dem | ältesten. Wenn aber mehre Erb|töchter da sind und Brüder des ‖ Vaters, so 20 werde dem nächst ältesten verehelicht|. Wenn aber nicht da sind Brüder | des Vaters, aber Söhne von Brüdern, | so werde sie verehelicht Einem, dem welcher stammt von dem | ältesten. Wenn aber in Mehrzahl da sind ‖ Erbtöchter 25 und Söhne von Brüdern, | so werde einem Andern verehelicht, dem welcher folgt auf | den (der stammt) von dem ältesten. Eine Erbtochter | aber habe der Angehörige, | mehre aber nicht. So lange aber unreif ‖ ist der 30 welchem sie zu ehelichen angehört (der Eheberechtigte)

---

11 bei der sachlichen Schwierigkeit gibt die Interpunction und Uebersetzung die Satzglieder so wie sie zerlegt werden können. μὴ περαιώσηι 'nicht übersetzt', welches Verbum auch im Deutschen Ueberschreiten einer Zahl im Ansatz bedeutet, aber das griechische transitiv. Davon kann der folgende Genetiv auch abhängen, jedesfalls ist er das Ziel, welches beim Begriff des Uebersetzens vorschwebt, mag dies nach vorn oder hinten geschehen, mehr oder weniger als *intra dies LX* sein.

13 ἄδικ' ἴκηι Compar. Da τινά steht und nicht τί, ist dies Object von einer Person zu verstehen, als Subject der Sklave oder vielmehr sein Herr, Verkäufer.

14 ἢ ὕστερον kann von πρόθα nicht wohl abgelöst werden. Ohne das wäre die Rückbeziehung auf die 60 Tage, die Verbindung mit jenem Kolon möglich.

20 ἐπιπρείγιστος (so als ein Wort Fabr.) heisst kurz ὁ ἐπὶ τῶι πρειγίστωι.

27 M für das 5strichige μ in μίαν die Zeichnung.

ά πατροιōκος, [σ]τέγαν μὲν αἴ
κ' ἒι ἔκεν τὰν πατροιōκον, τᾶδ
δ' ἐπικαρπίας παντὸς τὰν ἐμίναν ἀπολανκάνεν τὸν ἐπιβ-
35 άλλοντα ὀπυίεν. αἰ δέ κ' ἀπόδρομος ἰὸν ὁ ἐπιβάλλον ὀπυίεν ἐβίον ἐβίονσαν μὲ λễι ὀπυίεν, ἐπὶ τᾶι πατροιόκοι ἔμε-
ν τὰ κρέματα πάντα καὶ τὸν κ-
40 αρπόν, πρείν κ' ὀπυίει. αἰ δέ κα
δρομεὺς ἰὸν ὁ ἐπιβάλλον ἐ-
βίονσαν λείονσαν ὀπυίε-
σθαι μὲ λễι ὀπυίεν, μολễν τὸς
καδεστὰνς τὸς τᾶς πατροι-
45 όκο, ὁ δὲ [δ]ικα[σ]τ[ὰς] δικ[αδδέ-
το ὀπυίεν ἐν τοῖ[ς] δ[υ]οῖς με-
νσί· αἰ δέ κα μὲ ὀπυίει, ᾶι ἔγραται, τὰ κρέματα πάντ' ἔκονσα-
ν, αἴ κ' ἒι ἄλλος, τōι ἐπιβάλλοντ-
50 ι,   αἰ δ' ἐπιβάλλον μὲ εἶε, τᾶς
πυλᾶς τōν αἰτιόντον ὄτιμ-
ί κα λễι ὀπυίεσθαι. αἰ δέ κα τō-
ι ἐπιβάλλοντι ἐβίονσα μὲ λễ-
ι ὀπυίεσθαι, ἒ ἄνορος ἒι ὁ ἐπιβ-
55 ἀλ[λ]ον [κα]ὶ μ[ὲ λễι μέν]εν
VIII ἁ πατροιōκος, στέγαμ μὲν
αἴ κ' ἒι ἐν πόλι τὰμ πατροιōκο-
ν ἔκεν κᾶτι κ' ἐνễι ἐν τᾶι στέγ-
αι, τὸν δ' ἄλλον τὰν ἐμίναν δ-
5 ιαλακόνσαν ἄλλοι ὀπυίεσθαι τᾶς πυλᾶς τōν αἰτιόντον

oder | die Erbtochter, soll
das Haus, wenn | es da ist,
haben die Erbtochter, von
der | Fruchtnutzung aber von
Allem die Hälfte | abbekom-
men der Ehe| berechtigte. 35
Wenn aber | der Rennbahn
untheilhaftig der Eheb e-
rechtigte | erwachsen die
erwachsene nicht will ehe-
lichen, | so soll bei der Erb-
tochter stehen | das ganze
Vermögen und die || Frucht, 40
bis er ehelicht. Wenn aber |
Renner ist der Berechtigte und
er die erwachsene, die gehe-
licht | werden will, nicht ehe-
lichen will, so sollen processi-
ren die | Verwandten der Erb-
tochter, || der Richter aber 45
soll urtheilen, | dass er ehe-
liche binnen 2 Monaten. |
Wenn er aber nicht ehelicht,
wie geschrieben steht, | so
soll sie habend das ganze
Vermögen, | wenn da ist ein
Andrer, dem Berechtigten, || 50
falls aber ein Berechtigter
nicht da ist, aus der | Phyle
von denen die es verlangen,
wem | sie will verehelicht
werden. Wenn aber dem |
Berechtigten sie erwachsen
nicht will | verehelicht wer-
den, oder unreif ist der || 55
Berechtigte [und nicht war-
ten will] || die Erbtochter, 8
so soll das Haus, | wenn es
da ist, in der Stadt die Erb-
tochter | haben und was drin
ist im Hause, | vom Andern
aber die Hälfte || gesondert 5
bekommend sie einem An-
dern verehelicht | werden aus
der Phyle von denen die es

---

33 schwerlich πάντως.
45 δικαξάτω Fabr. wie 1, 5; aber häufiger ist das Präsens, vgl.
9, 30. 38. 50; so Compar.
55 μὴ λῇ ὀπυίεν ἢ ἁ Fabr. zweifelnd, derselbe merkt an dass nach
εν in der Zeile nichts mehr zu sehen. Die Ergänzung unsicher, man
könnte fortfahren [ὡρ]ίμ[α δέ, müsste dann aber statt des herrschenden
ὀπυίεσθαι einen andern Infin. hereintragen. ὀπόκα ἔτ' ἥβησεν Compar.
1 darüber HA.
4 ἡμίσαν die Zeichnung, wieder M statt N.

ὅτιμί κα λε͂ι. ἀποδατε͂θαι ὀ-
ὲ το͂ν κρεμάτον ἰο͂ι. αἰ δὲ μὲ
ἔ͂εν ἐπιβάλλοντες ταῖ π-
10 ατροιόκοι, ἅ[ι ἐ͂]γραττοι, τὰ κρέματα πάντ' ἐ͂κ[ον]σαν τὰς πυ-
λᾶς ὀπυίεθ[α]ι ὅτιμί κα λε͂ι.
αἰ δὲ τᾶς πυλ[ᾶ]ς μέτις λείοι ὀ[π]υίεν, τὸς καδεστὰνς
15 τὸς τᾶς πατροι[ό]κο [ϝ]εῖ[π]αι κ-
ατὰ [τὰν πυλ]άν, ὅτι οὐ [λε͂ι ὀ]πυ-
ίεν τις, καὶ μέν τις [ὀ]πυίει, ἐ-
ν ταῖς τριάκοντα, ἔ κα ϝείπον-
τι, αἰ δὲ μ(έ), ἄλλοι ὀπυίεθαι ὅτι-
20 μί κα νύναται. αἰ δέ κα πατρὸ-
ς δόντος ἒ ἀδελπιο͂ πατροιό-
κος γένεται, αἰ λείοντος ὀπυίεν δι ἔδοκαν, μὲ λείοι ὀπυίεθαι, αἴ κ' ἐϝετέκνοται, δια-
25 λακόνσαν το͂ν κρεμάτον, ἅι ἐ͂-
γ̣ραττοι, [ἄλλ]οι ὀπυίε[θαι τᾶ]ς π-
υ[λ]ᾶ[ς], αἰ δὲ τέκνα μὲ εἴε, πάντ'
ἐ͂[κ]ον[σ]αν τόι ἐπιβάλλον[τ]ι ὀπυίεθαι, αἴ κ' ε͂ι, αἰ δὲ μέ, ἅ[ι] ἔγραττ-
30 αι. ἀνὲρ αἰ ἀποθάνοι πατροιόκοι τέκνα καταλιπόν, αἴ κα [λ]ε͂ι,

verlangen, | wem sie will;
abtheilen aber | soll sie von
dem Vermögen Einem. Falls
aber nicht | da sind Berech-
tigte an die || Erbtochter, wie 10
geschrieben steht, so soll sie
habend | das ganze Vermögen
aus der Phyle | verehelicht
werden, wem sie will. | Falls
aber aus der Phyle keiner |
will ehelichen, so sollen die
Verwandten ‖ der Erbtochter 15
verkündigen | in der [Phyle],
es [will] nicht ehelichen | ir-
gend Einer, und wenn Einer
(jetzt) sie ehelicht, | so soll
sie binnen 30 Tagen wenn sie
verkündigten, | wenn aber
nicht, einem Andern verehelicht werden, wem ‖ sie kann. 20
Wenn aber durch Vaters | Ga-
be oder Bruders eine Erbtoch-
ter | wird, falls beim Willen
dessen zu ehelichen, welchem
sie gaben, sie nicht will ver-
ehelicht | werden, so soll sie,
wenn sie Kinder von sich
hat, gesondert ‖ bekommend 25
von dem Vermögen, wie |
geschrieben steht, einem
Andern verehelicht werden
aus der | Phyle. Falls aber
Kinder nicht da sind, soll sie
das ganze | habend dem Be-
rechtigten verehelicht | wer-
den, wenn er da ist, wenn
aber nicht, wie geschrieben ‖ 30
steht. Ein Mann, falls er
stirbt einer Erbtochter | Kin-
der hinterlassend, so soll sie,

---

9 f. ταιπαιπ|ατροιοκοι der Stein durch irrige Wiederholung dreier Zeichen.

15 ϝεῖπαι Compar., der auch das Nächste ergänzte; EESKAI las Fabr. bei -ειϰ- zweifelnd.

16 οτι Fabr. Text, der von den Zeichen seiner Tafel OIS das letzte unsicher nennt; auf der italienischen ist das mittlere Zeichen T. Compar. nimmt οὐ — τις; als Frage und ὅτι als pleonastische Einführung derselben.

17 κ' ὀπυίηι Compar., aber für κ' kein Platz nach der Tafel, also Präs. Indicativi, das Ganze mit unmerklichem Uebergang aus der directen Rede in die Gesetzessprache.

18 ἠ κα Fabr.

19 μαλλοι ohne ε der Stein, vgl. att. μᾶλλά.

ὀπυιέϑο τᾶς πυλᾶς ὅτιμί κα ν-
ίναται, ἀνάνκαι δὲ μέ· αἰ δέ τέκνα μὲ καταλίποι ὁ ἀποϑανόν,
35 ὀπυίεϑαι τῶι ἐπιβάλλοντι, ἄ-
ι ἔγρατται. αἰ δ' ὁ ἐπιβάλλον τ-
ὰν πατροιῶκον ὀπυίεν μὲ ἐπ-
ίδαμος εἴε, ἁ δὲ πατροιῶκος
ὁρίμα εἴε, τῶι ἐπιβάλλοντι ὀ-
40 πυίεϑαι, ἆι ἔγρατται. πατροιῶκον δ' ἔμεν, αἴ κα πατὲρ μὲ ἔι ἒ ἀ-
δελπιὸς ἐς τὸ αὐ[τῶ] πατρός. τὸν
δὲ κρεμάτο[ν κα]ρτερὸνς ἔμεν τ-
ᾶς ϝερ[γ]α[σ]ία[ς τὸς] πατρόανς
45 καὶ τᾶς ἐπικαρπ]ίας δι[αλ]α[νκά]ν-
εν [τ]ὰν ἐμίναν, ἆς κ' [ἄν]ο[ρη]ς ἔι.
αἰ δ' ἀν[ό]ροι ἰάτται μὲ εἴε ἐπιβάλλον, τὰν πατροιῶκον καρ-
τερὰν ἔ[μ]εν τὸν τε κρεμάτον κ-
50 αἰ τῶ καρπῶ, κᾶς κ' ἄν[ο]ρης ἔι, τ-
ράπεϑαι [πὰ]ρ τᾶι ματρί. αἰ δὲ μ-
άτερ μὲ [εἴε, πὰρ τ]οῖ[ς μ]άτροσι
τράπεϑ[αι]. αἰ δέ τις ὀπυίοι τὰ-
ν πατροιῶκον, ἀλλᾶι δ' [ἔγ]ρατται,
55 ιε.οε.....τικης
IX τὸνς ἐπιβα[λλόντανς αἴ κα
πα]τροιῶκον κα-

wenn sie will, | verehelicht werden aus der Phyle, wem sie | kann, mit Zwang aber nicht. Falls aber Kinder | nicht hinterlässt der Verstorbene, ‖ so werde sie ver- 35 ehelicht dem Berechtigten, wie | geschrieben steht. Falls aber der welcher berechtigt ist | die Erbtochter zu ehelichen, nicht im Land | ist, die Erbtochter aber | reif ist, so werde sie dem Berechtigten ‖ verehelicht, wie 40 geschrieben steht. Erbtochter | aber soll sein, wenn ein Vater nicht ist oder | Bruder aus demselben Vater. Ueber das | Vermögen aber sollen Macht haben über | die Bewirthschaftung die Vatersbrüder ‖ und von der Fruchtnutzung gesondert bekommen 45 die Hälfte, so lange sie unreif ist. | Falls aber sie unreif und kein Berechtigter | da ist, so soll die Erbtochter Macht | haben über das Vermögen sowohl ‖ als auch die Frucht, und 50 so lange sie unreif ist, | erzogen werden bei der Mutter; falls aber eine | Mutter nicht da ist, soll sie bei den Muttersbrüdern | erzogen werden. Falls aber Einer ehelicht die | Erbtochter, und es steht anders geschrieben, ‖ 55
. . . . ‖ Die Berech- 9
tigten sollen, [wenn | er eine unreife] Erbtochter | hinter-

---

41 ἔι κα Compar.

52 für οι in τοῖς gibt die Zeichnung CS (ἐπὶ μάτρωσι Fabr.).

55 halb erhaltene Buchstaben, die oberen Reste, der Anfang könnte auch πενϑι gelesen werden. ἴετω (für ἴτω) ἔναντι κόσμω Compar. Gar nicht unwahrscheinlich dass das folgende τὸνς ἐπιβαλλόντανς noch zu diesem Sätzchen gehört (z. B. ἔχειν τὰ χρήματα oder der Heirathende finde sich ab mit jenen).

Von Col. IX das obere Quaderstück bis Z. 10 halb weggebrochen. Der Sinn im Ganzen, eine Möglichkeit aus vielen, ergibt sich aus der Uebersetzung, Griechisches ist, weil nicht einmal der Sinn verbürgt werden kann, nur was sicher war eingesetzt: 1. 2 πατήρ ἢ ἀδελφιός setzt Compar. zu (die Früheren ἀποϑανών τις) und weiter ἢ αὐτῶν μὴ ἰόντων τοὺς πατρώανς καὶ τοὺς μ. καταϑέμεν ἢ ἀποδόσϑαι τὰ χρήματ' αἴ κ' ἠι

ταλίπει, ἒ αὐ[τ
  τὸ]νς ματρόαν-
5 ς καταθέμεν
   δικαίαν ἔμεν τ-
ὰν ὀνὰν καὶ τὰν κα[τάθεσιν· αἰ δ'
ἀλλᾶι πρί]αιτό τις κρέματα ἒ
κατάθειτο τῶν τᾶς πα[τροιόκο, τ-
10 ὰ [μ]ὲν [κρέ]ματα ἐπὶ τᾶι πατροιόκοι ἔμεν, ὁ δ' ἀποδόμενος ἒ καταθὲνς τῶι πριαμένοι ἒ καταθε-
μένοι, αἴ κα νικαθεῖ, διπλεῖ καταστασεῖ, καί τί κ' ἀλλ' ἄτας ἔι τ-
15 ὸ ἀπλόον ἐπικαταστασεῖ, ἆ-
ι [τά]δε τὰ γ[ράμμ]ατ[' ἐγρατται· τ-
ὅ[ν δ]ὲ πρόθα [μὲ ἐν]δικον ἔμεν.
αἰ δ' ὁ ἀντίμολος ἀπομ[ολ]ίο-
ι ἀ[νπ]ὶ τὸ κρέος, οἴ κ' ἀνπιμολί-
20 οντι, μὲ τᾶς πατροιόκο [ἔμ]εν,
ὁ δ[ικ]αστὰς ὀμνὺς κρινέτο· αἰ
δὲ νικάσαι μὲ τᾶς πατρ[οι]όκ-
ο ἔ[με]ν, μολὲν ὀπε͂ κ' ἐπιβάλλει, ἒ
ϝεκάστο ἔγρατται. αἰ ἀ[νδ]εκσ-
25 άμ[ε]νος ἒ νενικαμένο[ς ἒ
οἰότανς ὀπέλο[ν] ἒ διαβαλύ[μ]ε-
νος ἒ διαϝειπάμενος ἀπο[θ]ά-
νοι, ἒ τούτοι ἄλλος, ἐπιμολ-

läßt, entweder selbst [oder mit ihrer | Zustimmung] die Muttersbrüder || verpfänden 5 [oder verkaufen vom | Vermögen, und] soll recht sein der | Verkauf und die Ver[pfändung. Falls aber | anders] einer kauft Vermögen oder | sich verpfänden läßt von dem der Erbtochter, || so soll das 10 Vermögen bei der Erbtochter | stehen, der aber welcher verkaufte oder | verpfändete, wird dem welcher kaufte oder sich verpfänden ließ, | wenn er besiegt wird, doppelt | erlegen, und wenn etwas sonst Schadens ist, || das Einfache 15 wird er dazu erlegen, wie | diese Schrift [geschrieben steht]; wegen | des Früheren aber sei kein Rechtsanspruch.| Wenn aber der Gegner abstreitet | betreffs der Sache, um welche sie || processiren, 20 sie sei nicht der Erbtochter, | so soll der Richter schwörend entscheiden. Falls er | aber siegt, dass sie nicht der Erbtochter | sei, so sollen sie processiren, wo es hingehört, da wo | von jedem geschrieben steht.
Falls einer der aufnahm || 25 oder besiegt ist [oder] | Einzeler schuldet oder sich vor wickelte | oder sich verabredete, stirbt, | oder diesem ein Anderer, so strenge er den Process an | im Lauf des er-

---

καὶ δικαίαν. Der Früheren Supplement πὰρ τὸνς ματρώανς καταθέμεν und was daran hängt, ist durch die falsche Deutung, welche sie dem Verbum gaben, hinfällig. An sich zulässig ἢ καί τι κ' ἀποδῶνται ἢ καταθῶντι, δικαίαν.

17 τοῖς δὲ Compar.

24 über ἀνδεξάμενος und das Nächste s. oben Wortregister.

25 hinter ἢ am Ende ist noch Raum für 2 Buchstaben.

26 διαβάλλεσθαι falliren, wie ich meine, conturbare von dem welcher betrüglich zum Verlust der Gläubiger nicht zahlt, διαβολή in diesem Sinne auch sonst, s. oben Wortregister, διαβάλλεσθαι beschwindeln, chikaniren ionisch und altattisch.

28 nach αλλο vor ς leere Stelle, Rasur oder Bruch.

ἐν τ]ὸ πρότο ἐνιαυτō. ὁ δὲ δικα-
30 στὰς δικαδδέτο πορτὶ τὰ [ἀ]ποπ-
ονιόμενα· αἰ μέν κα νίκας ἐπι-
μολēι, ὁ δικαστὰς κὸ μνάμον,
αἴ κα δόει καὶ πολιατεύει, οἱ δὲ μ-
αίτυρες οἱ ἐπιβάλλοντες, ἀνδοκ-
35 ἀδ' ἔκεν κοἰοτᾶν καὶ διαβολᾶς κ-
αὶ διρέσιος μαίτυρες οἱ ἐπιβάλλοντες ἀποπονιόντον. ἐ δέ κ' ἀ-
ποϝείποντι, δικαδδέτο ὀμόσαντα
αὐτὸν καὶ τὸνς μαιτύρ-
40 ανς νικēν τὸ ἀπλόον. υἱὺς α-
ἴ κ' ἀνδέκσεται ἆς κ' ὁ πατὲδόει,
αὐτὸν ἄγεθαι καὶ τὰ κρέματα
ἄτι κα πέπαται. αἴ τίς κα πέρα-
ι συ[ναλ]λ[άκσα]ντι ἒ ἐςπ[έ]ρ[ας] ἐπι-
45 θέντι μὲ ἀποδιδōι, αἰ μέν κ' ἀ-

sten Jahres. Der Richter
aber soll urtheilen auf die
Aussagen | hin. Wenn er we-
gen Sieges processirt |, sollen
der Richter und der Merker |
wenn er lebt und bürgerliche
Stellung hat, (als) die Zeugen|
aber die Angehörigen, dass
sie aber Aufgenommenes||ha-
ben und wegen Einzeler und
Verwickelung und | Zwie-
sprache (als) Zeugen die An-
gehörigen | aussagen. Wenn
sie aber ver|sagen, soll er ur-
theilen dass schwöre|or selbst
und die Zeugen || und ersiege
das Einfache.
Ein Sohn, wenn | er auf-
nimmt, so lange der Vater
lebt, | soll selber weggeführt
werden und das Vermögen, |
welches er erworben hat.
Wenn Einer einem der
mit Ziel | Contract oder auf
Ziel Auflage || machte, nicht
zurückgibt, wenn | aussagen

---

29 Anfang ἴσαι (τ)ῶ Fabr. und ungefähr so die Tafel, nur von τ
keine Spur und kein Platz; wohl Ε /ΝΤ herzustellen, denn τᾶ hat Fabr.
richtig geschrieben, das andre Compar.

35 ἀνδοχάδ δ' gab Fabr. das δ doppelnd, wie Z. 41, im Anschluss
an den gemeinen Wortgebrauch; ἄνδοκα δ' Compar., und neben ἀνάδοχος — sagen wir Bürge — τὸ ἀνάδοχον mit demselben Schwanken zwischen abstractem und concretem Begriff, welches unsre Bürgschaft aufweist, verstösst nicht gegen den Sprachgeist.

36 διρήσιος so und nicht, wie man nach διαϝειπάμενος erwartet,
wie die grammatische Regel fordert, διαϝ-, wohl Schreibfehler.

38 ὀμόσαντα schrieben wir: Μ für Ν die Zeichnung; ὀμόσας (kret.
ὀμόσανς) τὰ αὐτῶν Fabr.

42 ΑΙ unklar statt ΑΛ in ἄγεθαι (ἀλῆθαι Fabr.).

43 zwischen πέπαται und αἰ das Zeichen Ι im Text, welches in
andern griech. Alphabeten ε und ξ bedeutet.

44 Ende ἐπι von Fabr. gelesen, das Uebrige von Compar. aber
συναλλάκηηι und πήραι, πήραν. Die Zeichen in der Mitte unsicher, daher
in Fabr. Text übergangen; man könnte auch συναλλάξανς darin finden.
Bei πέραι mag Einem Zweifel kommen, ob es ein sonst unbekanntes
Nomen, πέραι durch Verkauf, ἐς πέρας in Folge Handels, das Stamm-
wort von ἐπέρασσεν πέρνημι πιπράσκω, und nicht wie πέρας und oben
περαιώσηι bedeutet mit Fixum der Frist, für einen Termin. Beide
Worte hängen etymologisch zusammen, und es scheint sich um Geldge-
schäfte constituto, ad constitutum (Cicero) zu handeln.

ποπονίοντι μαίτυρες ἐβίοντ-
ες, τὸ ἑκατονστατέρο καὶ πλίονος τρέες, τὸ μείονος μέττ' ἐ-
ς τὸ δεκαστάτερον δ[ύ]ο, τὸ μεί-
50 ονο[ς ἔ]να, δικαδδέτο πορ[τ]ὶ τὰ
ἀποπο[ν]ιόμενα· αἰ δὲ μαί[τ]ιρε-
ς]μὲ[ἀπ]ο[π]ονίοιεν, ἔ'χ' ἐ[πι]θεῖ ὁ συν-
ναλλάκσα[ν]ς,(ὀπ)ότερόν[κα]ἔλε[ται]ὀ
μενπό[μ]ενος, ἒ ἀπομόσαι ἒ συν-

erwachsene Zeugen, | im Fall von 100 Stateren und mehr | 3, beim Minderen bis zum | 10 Stateren-Fall 2, beim Minderen || Einer, so soll er ur- 50 theilen auf die | Aussagen hin. Falls aber Zeugen | nicht aussagen, wenn Auflage machte der Con|trahent, so soll, was von Beiden wählt der | Beschuldigende, er entweder abschwören oder con- || [tractlich 10

X

11 κρέος
               ἀ]ποδόν-
τανς το
          ματρὶ
15 δ' υἰὺ[ν ἒ ἄνδρα γυναικὶ δόμεν ἑ-
κατὸν στα[τ]έρα[νς ἒ μ]εῖον, π-
λίον δὲ μέ· αἰ δὲ πλία δοίε, αἴ-
κα λείοντ' οἱ ἐπιβάλλοντες, τ-
ὸν ἄργυρον ἀποδόντες τὰ κρ-
20 έματ' ἐκόντον. αἰ δέ τις ὀπέλον ἄργυρον ἒ ἀταμένος ἒ μ-
ολιομένας δίκας δοίε, αἰ
μὲ εἴε τὰ λοιπὰ ἄκσια τᾶς ἄ-
τας, μεδέν ἐς κρέος ἔμεν τὰν
25 δόσιν. ἄντρο[π]ον μὲ ὀνεθα-
ι] καταχείμενον, πρίν κ' ἀρτύσ-

| Sache . . . . | . . . . . zu- 11
rück|gebend. . . | . . . Einer
Mutter || aber soll ein Sohn 15
[oder Mann dem Weib geben] |
100 Stateren oder weniger, mehr | aber nicht. Falls er aber mehr gibt, so sollen, wenn | wollen, die Angehörigen das |Silber zurückgebend das Vermögen || haben. Falls 20 aber einer Silber schuldend | oder gebüsst oder während eines | Processes gibt, falls | nicht ist der Rest im Werth der | Busse, so soll nichts zur Sache sein die || Gabe. 25
  Einen Menschen soll man nicht sich verkaufen | lassen, der verpfändet ist, bis sich bereitet | der welcher ihn ver-

---

50 in ἕνα das A klar und sicher nach der Zeichnung, nöthig der Nom. ἕνς. μείονο(δ) δ' ἔνς Compar., aber das vorausgehende δ ist wohl der Theil von σ.
52 ἐ[λ]θη Fabr. zweifelnd. Wir ergänzten aus 44, vgl. 24 mit 31. 34.
53 οτερον Zeichnung und Copie ohne Platz für ὀπ-, aber auf Grund dieser lückenhaften Stelle wird man die Gräcität nicht mit einem ὅτερον bereichern dürfen. ὤτερον μὴ λῆ αι ὁ μ- Compar. ἀν]ελί[θαι ergänzte Fabr.
Col. X die ersten 10 Zeilen ganz weggebrochen (in 10 Ende der zweitletzte Buchstabe N noch erhalten), sieh S. 40 am Schluss.
14 Spatium vor ματρί, also Absatz.
15 von Fabr. ergänzt, vgl. 12, 15.
26 die 4 letzten Buchst. oben in der Fuge schadhaft (καττύν- Fabr.).

εται ὁ καταθένς, μεδ᾽ ἀμπίμο-
λον, μεδὲ δέκσαϑαι μεδ᾽ ἐπισ-
πένσαϑαι μεδὲ καταϑέϑαι· αἰ
30 δέ τις τούτον τι ϝέρκσαι, μεδ-
ὲν ἐς κρέος ἔμεν, αἰ ἀποπονίο-
ιεν δύο μαίτυρες.
ἄνπανσιν ἔμεν ὀπῦ κα τιλ
λῆι. ἀμπαίνεϑαι δὲ κατ᾽ ἀγορὰν
35 καταϝελμένον τὸμ πολιατᾶ-
ν ἀπὸ τῶ λάο, ὂ ἀπαγορεύοντι.
ὁ δ᾽ ἀμπανάμενος δότο τᾶ-
ι ἑταιρείαι τᾶι ϝᾶι αὐτῶ ἰαρεῖον καὶ πρόκοον ϝοίνο. καὶ
40 μέν κ᾽ ἀνέλεται πάντα τὰ κρέματα καὶ μὲ συννῆι γνέσια τ-
έκνα, τέλλεμ μὲν τὰ ϑῖνα καὶ
τὰ ἀντρόπινα τὰ τῶ ἀνπαναμέ-
νο κἀναιλῆϑαι, ἆιπερ τοῖς γ-
45 νεσίοις ἔγ[ρ]ατται· αἰ [δ]έ κ[α μ]ὲ
λῆι τέλλεν, ἆι ἔγρατται, τὰ κ[ρ]έ-
ματα τὸνς ἐπιβαλλόντανς ἔκε-
ν. αἰ δέ κ᾽ ἐι γνέσ[ι]α τέκνα τῶι ἀν-
παναμένοι, πεδὰ μὲν τὸν ἐρσ-
50 ένον τὸν ἀμπαντόν, ἆιπερ αἰ ϑ-
έ[λε]αι ἀπὸ τὸν ἀδελπιὸν λανκά-
νοντι, αἰ δέ κ᾽ ἔρσενες μὲ ἴοντι, ϑέλειαι δέ, [ϝ]ισϝόμοιρον ἔ-
XI μεν τ]ὸν ἀνπαντόν, καὶ μὲ ἐ-
πάνανκον ἔμεν τέλλεν τ[ὰ τ-
ῶ ἀν]παναμένο καὶ τὰ κρέμα-

pfändete, und nicht einen um den Process ist, | und nicht annehmen und nicht sich | zusichern und nicht sich verpfänden lassen. Falls ‖ aber 30 Einer von diesem Eins thut, so soll es nichts | zur Sache sein, falls aussagen | 2 Zeugen. |
 Darstellung (Adoption) sei von wo Einer | will. Darstellen aber soll er auf dem Markt ‖ nach Versammlung 35 der Bürger | von dem Stein, von dem man zum Volk spricht. | Der Darstellende aber soll geben der | Genossenschaft, der seinigen, ein Opfer-| thier und eine Kanne Weins. Und wenn ‖ er übernimmt 40 das ganze Ver|mögen und nicht zugleich sind eheliche Kin|der, so soll er leisten die göttlichen und | die menschlichen (Pflichten) des Darstellen|den und übernehmen, für die ‖ ehelichen geschrieben 45 steht. Wenn er aber nicht | will leisten, wie geschrieben steht, so sollen das Ver|mögen die Angehörigen haben. |
 Wenn aber sind eheliche Kinder dem Dar|stellenden, so soll mit den männlichen ‖ der 50 Dargestellte so, wie die weib-| lichen von den Brüdern bekommen, | wenn aber männliche nicht sind, | aber weibliche, so soll gleichbetheiligt ‖ 11 sein der Dargestellte, und es soll nicht nothwendig | sein zu leisten die (Pflichten) | des Darstellenden und das Vermö-

---

32 in μαίτυρες der letzte Buchstabe wieder N statt M.

33 ὄπω κα Fabr., doch wohl im Sinne den wir annehmen, von *unde*, aus welchem Hause oder Stamme, lat. adoptare alqm ab aliquo. ὀπόκα Compar. der sich auf 11, 10 berufen kann; aber jenes steht nicht auch für ὀπόταν wie ὅκα nicht für ὅταν 1, 39.

36 ἀπαγορεύοντι in örtlichem Sinn, nicht im gewöhnlichen von verbieten (was übrigens einst auch so viel als entbieten, gebieten war). Durch ἀπ- wird ὤ präcisirt, ohne dass Abtrennung der Präposition und Anastrophe ὤ ἀπ᾽ zu setzen ist. Hesych erklärt ἀπαγορεύει auch durch ἀποφαίνεται.

1 ἔχεν ergänzt Fabr.

τα ἀναιλῖθαι, ἄτι κα κατα[λίπ-
ει ὁ ἀν]πανάμενος, πλίνι δὲ τὸν
ἀνπαντόμ μὲ ἐπιχορῆν. [αἰ δ'
ἀπο]θάνοι ὁ ἀνπαντὸς γνέσια
τέχνα μὲ καταλιπόν, πὰρ τὸ[νς τ-
ō ἀν]παναμένο ἐπιβαλλόνταν-
ς ἀνκορὲν τὰ κρέματα, αἰ δ[έ κα
λε̄ι] ὁ ἀνπανάμενος ἀπο϶ειπ-
άθθο κατ' ἀγορὰν ἀπὸ τō λά[ο, ὁ
ἀπα]γορεύοντι, κατα϶ελμέν-
ον τὸν πολιατᾶν. ἀνθέμε[ν δὲ
.... σ]τατέρανς ἐδ δικαστ-
έριον, ἁ δὲ μνάμον π[ρ]ὸ κσεν-
ίο ἀποδότο τōι ἀπορρεθέντι.
γυνὰ δὲ μὲ ἀμπαινέθθο μεδ'
ἄνεβος. κρὲθαι δὲ τοῖδδε, ἄ-
ι τάδε τὰ γράμματ' ἔγρανσε,
τὸν δὲ πρόθθα, ὁπᾶι τις ἔχει ἒ ἀ-
μπαντῦι ἒ πὰρ ἀμπαντō, μὲ ἔτ' ἔ-
νδικον ἔμεν.
Ἄντροπον ὅς κ' ἄγει πρὸ δίκας,
αἰεὶ ἐπιδέκεθαι.
τὸν δικαστάν, ὅτι μὲν κατὰ
μαιτύρανς ἔγρατται δικάδδεν ἒ ἀπόμοτον, δικάδδεν ἆι ἔ-
γραττοι, τōν δ' ἄλλον ὀμνίντ-
α κρίνεν πορτὶ τὰ μολιόμεν-
α. αἴ κ' ἀποθάνει ἄργυρον
ὀπέλον ἒ νενικαμένος, αἰ μέ-
ν κα λείοντι, οἶς κ' ἐπιβάλλει

gen | zu übernehmen, welches
hinterlässt || der Darstellen-
de, zu mehr aber soll der |
Dargestellte nicht zugehen.
Falls aber | stirbt der Dar-
gestellte eheliche | Kinder
nicht hinterlassend, so soll
an die | Angehörigen des Dar-
stellenden || zurückgehen das
Vermögen. Wenn aber |(will)
der Darstellende, so soll er sich
los | sagen, auf dem Markt von
dem Stein, von dem | man zum
Volk spricht, nach Versamm-|
lung der Bürger. Hinlegen
aber soll er ||(2)Stateren ins Ge-
richtshaus, | der Merker aber
soll als Gastge|schenk sie zu-
rückgeben dem Losgesagten.|
Ein Weib aber soll nicht dar-
stellen, und nicht | ein Uner-
wachsener. Verfahren aber
soll man mit diesen, wie ||
diese Schrift schrieb, | wegen
des Früheren aber, wie Einer
(jetzt) hat entweder einen |
Dargestellten oder seitens
eines Dargestellten, soll ferner
kein | Rechtsanspruch sein. |
Einen Menschen, wer ihn
wegführt vor dem Rechts-
streit, || nehme man immer an
sich. | Der Richter soll, was
gemäss | Zeugen geschrieben
steht zu urtheilen | oder abge-
schworen, urtheilen wie ge-|
schrieben steht, wegen des
Andern aber schwörend || ent-
scheiden auf die Process-
punkte | hin. Wenn er stirbt
Silber | schuldend oder be-
siegt, wenn | wollen die, wel-
chen angehört zu | überneh-

---

4 ἀναιλήθαι corrigirt Compar.
6 ἐπιχωρῆν im ursprünglichen Sinn, zu mehr komme er nicht,
werde nicht zugelassen, vgl. ἀνχωρῆν 10, Xen. hell. 2, 4, 34.
14 ἀνθέμεν dasselbe Verbum, welches für Weihung, fromme Stif-
tung gebraucht wird.
15 δύο wohl eher als ϝέχς oder δέχα, wenn auch für 4 Buchstaben Raum zu sein scheint. Martial verkauft seine sämmtlichen Xe-
nia für 4 Nummi: *quattuor est nimium? poterit constare duobus*; die
homerischen freilich sind kostbar genug.
22. also μηχέτ' (in unserm Homer und überall) hier noch nicht.
24 κα λῆι Compar.   25 αἰ ἧι Fabr.

ἀναιλἔϑαι τὰ κρέματα, ιὰν ἄ-
35 ταν ὑπερκατιστάμεν καὶ τὸ
ἀργύριον οἷς κ' ὀπέλει, ἐκόντι-
ον τὰ κρέματα· αἰ δέ κα μὲ λείοντι, τὰ μὲν κρέματα ἐπὶ τοῖ-
ς νικάσανσι ἔμεν ἒ οἷς κ' ὀ-
40 πέλει τὸ ἀργύριον, ἄλλαν δὲ
μεδεμίαν ἄταν ἔμεν τοῖ-
ς ἐπιβάλλονσι. ἄ[γ]εϑαι δὲ ὑ-
πὲρ μ[ὲ]ν τὸ [πα]τρὸς τὰ πατρῶ-
ια, ὑπὲδὲ τᾶς ματρὸς τὰ μα-
45 τρῶια.
γυνὰ ἀνδρὸς ἅ κα κρίνεται,
ὁ δικαστὰς ὄρκον αἴ κα δικάκ-
σει, ἐν ταῖς ϝίκατι ἀμέραις ἀ-
πομοσάτο παριόντος τῶ δικα-
50 στᾶ, ὄτι κ' ἐπικαλεῖ, πρoϝ[ε]ιπάτ-
ο [τὸ ὑπ]άρχον τἀδίκας τᾶι γυναικὶ καὶ τῶι δικαστᾶι καὶ [τ]ῶι
μνάμ]ονι προτέταρτον ἀντὶ μ-
XII αιτύρων]

men das Vermögen, die Busse || 35
für ihn erlegen und das | Geld
welchen er es schuldet, so sol-
len sie ha|ben das Vermögen.
Wenn sie aber nicht wol|len,
so soll das Vermögen bei de-
nen, | welche siegten, stehen,
oder welchen er || schuldet 40
das Geld, sonstiger Schaden |
aber soll keiner sein den |
Angehörigen. Woggeführt
aber werde | für den Vater
das Väterli|che, für die Mutter
aber das Müt||terliche. | 45
Ein Weib eines Mannes das
geschieden wird, | wenn der
Richter auf Eid urtheilt. |
soll binnen 20 Tagen ab-
schwören in Gegenwart des
Richters ||. Was er zur Last 50
legt, soll er vorher ankün-
digen |, die Grundlage des
Rechtsstreits, dem | Weib
und dem Richter und dem |
Merker vorher am vierten
Tage vor Z||[eugen 12

15 ματρὶ υἱυὺς ἒ ἀ[ν]ὲρ γυναικὶ
κρέματα αἰ ἔδοκε, αἰ ἔγραττο πρὸ τὸνδε τὸν γραμμάτον,
μὲ ἔνδικον ἔμεν, τὸ δ' ὕστερον διδόμεν, ἆι ἔγραττα.

|| Einer Mutter ein Sohn oder 15
Mann dem Weib, | wenn er
Vermögen gab, wie ge-
schrieben | stand vor dieser
Schrift, | so sei kein Rechts-
anspruch, späterhin |aber gebe
er wie geschrieben steht. || 20

---

36 ϝ mehr als Λ (γ) und 40 Α statt Λ in ἀργύριον. Als allge-
gemeiner Ausdruck ohne Artikel steht ἄργυρος vorher und 10, 19. 21,
von der einzelnen Geldsumme ἀργύριον.
42 πλῆϑαι Fabr.
51 ὁ κατάρχων τᾶ(δ) δίκης Fabr. Letzteres probabel, minder gut
wäre τὰ ὑπάρχοντα δίκας. Compar. beginnt ein neues Sätzchen, τὸν δ'
ἄρχοντα δ.
53 προτέταρτον, wie πρότριτα und πρόπεμπτα, zur Bezeichnung
der προϑεσμία.
15 Herodian führte den Nom. υἱς (Gen. υἱός) als Properispomenon
auf, über dies und ὕις s. Bergk zu Simonides Nr. 249. υἱυς müsste man
wohl erklären nach πῦρ πύϝρ pir. Aber nach Halbherr, dem Gewährs-
mann für·diese Col. ist υἱυς durchaus nicht sicher, möglicherweise sein
Versehen.

20 ταῖς πατροιόκοις, αἰ κα μὲ
ἴοντι ὀρπανοδικασταί, ἆ-
ς κ' ἄνοροι ἴοντι, κρε͂θαι κατὰ
τὰ ἐγραμμένα. ὄπε.. δέ κα
πατρ[οι]ο͂κος μὲ ἰόντος ἐπι-
25 βάλλοντος μεδ' ὀρπανοδικ-
αστᾶν πὰρ τᾶι ματρὶ τράπεται, τὸν πάτροα καὶ τὸμ μάτ-
ροα τὸνς ἐγραμμένονς τ-
ὰ κρέματα καὶ τὰν ἐπικαρπί-
30 αν ἀρτύεν ὀπᾶι κα (νύ)ναντια κάλλιστα, πρίν κ' ὀπυίεται. ὀπυίεθαι δὲ δυοδεκαϝέτια ἒ πρείγονα.

Mit den Erbtöchtern soll man, wenn nicht | da sind Waisenrichter, so | lange sie unreif sind, verfahren gemäss | dem was geschrieben steht. Wo aber | eine Erbtochter, indem nicht da ist ein An-|| gehöriger und nicht Waisenrichter |, bei der Mutter erzogen | wird, sollen der Vatersbruder und der Mutters-| bruder, von denen geschrieben steht, das | Vermögen und die Fruchtnutzung || bereiten wie sie können aufs | Schönste, bis sie verehelicht wird. Verehe|licht aber werde sie zwölfjährig oder äl|ter.

22 τὰ von κατὰ über den Rand der Columne hinaus zugesetzt (wahrscheinlich erst bloss κα τα εγρ-).

23 zwischen ὀπε und δέ fehlen 2 Buchstaben wie 24 an gleicher Stelle οι: eine längere Pronominalform die passte, kenne ich nicht. ὀτεία ist nach der Zeichnung allerdings unstatthaft, für den Sinn aber viel besser als ὀπῆ wo. Bei jeder nicht adjektivischen Form ist dann δέ κ' ἁ vorzuziehen.

30 νύναντια Fabr. νυ auf dem Stein ausgelassen wie es scheint.

In die Lücke Col. X oder Col. XII zu Anfang, vielleicht Col. X gehört noch ein winziges von Halbherr im Mühlbach gefundenes Fragment mit Resten von 5 Zeilen: -ιβ?-| [π]λία δ-| -ιον- | [κ]α λει? | -ν? δ-

Juristische Erläuterungen.

Erster Theil: Allgemeine Erörterungen.

I. Kap. Das Gesetz im Ganzen.

1. Das Gortyner Zwölftafelgesetz ist ein geschlossenes Ganzes, kein Bruchstück. Alte, wennschon mit dem Gesetz selbst nicht gleichalte Zahlzeichen nennen die erste Tafel als erste; dass der Schluss vorliegt, beweist die Inschrift selbst: nach der letzten Zeile ist freier Raum; auf vorangehende uns nicht erhaltene Bestimmungen des Gesetzes lässt nichts in dem Gesetz selbst schliessen.

Seine einzelnen Sätze verbindet das Gesetz, wenn sie zusammengehören, durch καί oder δέ; fehlen diese Worte, so ist das im Sinn des Gesetzgebers — was mehrfach für die Erklärung von Wichtigkeit ist — so gut wie ein Paragraphenzeichen[1]. Diese Abtheilungen stimmen auch im Allgemeinen mit den sachlichen Abschnitten.

In der Anordnung seiner einzelnen Materien befolgt das

---

[1] Wegen der zwei grossen Lücken lässt sich nicht genau zählen. Nehmen wir jede nur als einen Absatz, so ergeben sich 37 §§. Die einzelnen Absätze beginnen: 1) I 1. 2) II 2. 3) II 11. 4) II 16. 5) II 20. 6) II 45. 7) III 17. 8) III 37. 9) III 40. 10) III 44. 11) IV 8. 12) IV 18. 13) IV 23. 14) IV 27. 15) V 1. 16) V 9. 17) VI 1. 18) VI 2. 19) VI 46. 20) VI 55 (56?). 21) VII 10. 22) VII 15. 23) VIII 30. 24) IX 1. 25) IX 24. 26) IX 40. 27) IX 43. 28) Lücke. 29) X 25. 30) X 33. 31) XI 24. 32) XI 26. 33) XI 31. 34) XI 46. 35) XI 50. 36) Lücke. 37) XII 20.

Gesetz keine feste Disposition. Vielfach schreitet es von einem Gegenstande zum andern ganz sichtlich nach zufälligen Gedankenassociationen fort. Die Hauptabschnitte sind:

1. Zunächst wird von dem Prozess über Sklaverei und Freiheit gehandelt, I 1—II 2; dabei wird eigenmächtige Besitzergreifung an dem Sklaven vor dem Prozess verboten.

2. Diesem Gewaltverbot folgt ein anderes: das Verbot der Nothzucht, daran anschliessend der Unzucht und des Ehebruchs, II 2—45.

3. Der Ehebruch führt auf die Scheidung, diese auf das eheliche Güterrecht bei der Ehetrennung überhaupt, II 45—III 44; daran schliesst sich

4. die Frage, wie es mit den nach der Scheidung geborenen, III 44—IV 17, ja wie es mit den unehelichen Kindern überhaupt stehe, IV 18—23.

5. Und damit ist das Gesetz bei dem Verhältniss zwischen Eltern und Kindern: es folgt das Erbrecht der Kinder, IV 23—V 9, und sonstigen Berechtigten, bis VI 2,

6. endlich die Frage nach Verwaltung und Niessbrauch des Vermögens der einzelnen Familienmitglieder, bis VI 46. Hier reisst der Faden ab. Es folgen drei eingesprengte Bemerkungen:

7. über das dem Sklavenrecht ähnliche Retentionsrecht an freien Menschen, VI 46—55,

8. über Status und Erbrecht der Kinder aus Ehen zwischen Freien und Unfreien, VI 55—VII 10,

9. über Haftung beim Sklavenkauf, VII 10—15.

10. Dann wird ausführlich das Recht der Erbtöchter behandelt, VII 15—IX 24. Es folgen kurze obligationenrechtliche Bestimmungen

11. über Schuldklagen nach dem Tode der Partei, IX 24—40,

12. über Schuldhaftung der Söhne, IX 40—43,

13. über synallagmatische Schuldgeschäfte, IX 43—IX z. E. Dann eine Lücke.

14. Dann folgt das Verbot übergrosser Familienschenkungen (wie ich glaube mortis causa), bis X 20, und anschliessend

15. der Schenkungen in fraudem creditorum, bis X 25, wiederum anschliessend

16. das Verbot bestimmter auf einen Sklaven bezüglicher Geschäfte, bis X 32.

17. X 33—XI 23 behandelt die Adoption.

Dann folgen bis zum Schluss 7 einzelne, vom Steinhauer sogar zum Theil alinea eingehauene Nachträge:
1) XI 24—25 zu Nro. 1.
2) XI 26—31 über die richterliche Thätigkeit, auf das ganze Gesetz bezüglich.
3) XI 31—45 über Schuldhaftung der Erben.
4) und 5) XI 46—50 und XI 50—XII 1 ff. zum Scheidungsrecht (oben Nro. 3).
6) XII 15—19 zu Nro. 14.
7) XII 20—33 zu Nro. 10.

Die Disposition verdient, wie man sieht, wenig Lob; Alles steht bunt durcheinander. Auch dass die Nachträge — die man aus vielen Gründen als zeitlich in unmittelbarem Anschluss an das Hauptgesetz entstanden zu denken hat[2] — in das Gesetz selbst nicht eingearbeitet sind, zeugt von geringer Sorgfalt. Selbst innerhalb der einzelnen Materien ist die Anordnung mehrfach unklar und verworren, ich verweise z. B. auf die Lehre von den Erbtöchtern. Indess wiegen diese Vorwürfe nicht zu schwer; denn 'eine solche Unordnung ist nichts dem Alterthum Fremdartiges. Die Ordnung z. B. in der Lex Ursonensis ist um nichts besser, und in der Lex Iulia municipalis sind zwar immer einige zusammen gehörende Kapitel zusammengestellt, aber im übrigen ist die Ordnung auch so bunt, dass man sie ja früher oft gar nicht als ein zusammengehöriges Gesetz hat anerkennen wollen'[3].

II. Es entsteht zunächst die Frage, was das Gesetz als Ganzes seinem Inhalte nach ist.

Vor Allem: der Inhalt ist rein privatrechtlich. Keine einzige Bestimmung gehört dem ius publicum oder sacrum an; das Strafrecht ist sorgfältig ferngehalten — wobei ich unter Strafrecht freilich nur das öffentliche Strafrecht verstehe: wo eine Handlung mit Privatstrafe, d. h. mit einer an den Verletzten zu zahlenden Busse bedroht ist, da liegt ein Satz des Privatrechts

---

[2] Schon ihr Inhalt erlaubt kaum sie als Resultate erneuter Gesetzgebung aufzufassen. Besonders beweisend der 6. Nachtrag XII 15—19: diese Anwendungsbestimmung kann nicht später als das Hauptgesetz gegeben sein. Auch wird ebenda das Hauptgesetz ausdrücklich als 'dieses' jetzt geschriebene Gesetz dem früher geschriebenen (abgeänderten) Gesetz gegenübergestellt.

[3] Worte von Bruns über das Syrisch-Römische Rechtsbuch, in seiner und Sachaus Ausgabe S. 335.

vor. Nun sind in unserem Gesetz mehrfach Bussen [4] normirt [5]: für widerrechtliches Festhalten von freien Personen oder Sklaven, für Nothzucht, Unzucht, Ehebruch, Kinderaussetzung, schuldhafte Ehescheidung, eigenmächtiges Fortnehmen von fremden oder in fremder Retention befindlichen Sachen, unberechtigten Abschluss von Rechtsgeschäften über fremde Sachen. Ist hier nun Privatbusse oder öffentliche Strafe gemeint? In mehreren dieser Fälle könnte man zweifeln: das Gesetz nennt seiner Weise gemäss den Empfänger nicht. Der Zweifel ist um so berechtigter, als gerade das Attische Recht in mehreren dieser Fälle zweifellos öffentliche Strafen verlangt. Dennoch bin ich der Meinung, dass unser Gesetz einen rein privatrechtlichen Inhalt hat: alle seine Bussen sind an den Verletzten oder seinen Vertreter zu zahlen, und alle sind sie zugleich, was besonders wichtig ist, Strafe und Schadensersatz, wobei allerdings an Ersatz nicht blos eines pecuniären sondern auch eines ideellen Schadens, an Genugthuung gedacht ist. Gerade um jene Doppelfunction zu bezeichnen, wurde das Wort Busse in der Uebersetzung gewählt. Schon diese Schadensersatzfunction der Busse beweist ihre Eigenschaft als Privatbusse. Einen vollen Beweis aber erbringt, wie mir scheint, folgendes. Der Ehemann darf den ertappten Ehebrecher tödten, falls die Verwandten diesen nicht durch Bezahlung einer Geldbusse auslösen: der Ehemann hat sie zu dieser Auslösung in solenner Weise aufzufordern [6]. Daraus geht aber hervor, dass diese Busse an den Ehemann gezahlt wird: sein Recht zu tödten muss ihm gegenüber abgelöst werden.

Sehr wohl können für einige der genannten Fälle neben den Privatbussen auch öffentliche Strafen bestanden haben. Gerade beim Ehebruch war das der Fall, wofür uns ein Zufall den Beweis in die Hand gibt. Die Busse des nichtqualificirten Ehebruchs, begangen zwischen zwei Freien, ist nach unserem Gesetz 50 Stateren. Nun berichtet Aelian [7] gerade von Gortyn noch diese selbe Busse [8] für den Ehebruch, ausserdem aber noch, dass

---

[4] καθιστάναι mit der Angabe der Summe u. s. w.; auch ἄτα, doch ist diess Wort mehrdeutig, s. 1. Th., V. Kap. in N. 1.
[5] Die Höhe der Bussen geht von einem Obolus (= $1/_{12}$ Stater) bis zu 200 Stateren.
[6] S. unten 2. Theil, II. Kap.
[7] Var. hist. XII 12; die Angabe der 50 Stat. fehlt in den neueren Ausgaben.
[8] Die 50 Stat. werden nach Aelian δημοσίᾳ eingefordert; entwe-

man den Schuldigen vor die Behörde führte und dort zum Schimpf — um ihn als weibischen Menschen zu kennzeichnen — mit Wolle bekränzte, ferner, dass ihn die Atimie und die Ausschliessung von allen öffentlichen Aemtern traf. Jene seltsame Sitte des Bekränzens mit Wolle darf man getrost für einen Rest sehr alter Zeit erklären; dass alle jene weiteren Straffolgen erst nach unserem Gesetz aufgekommen seien, ist unwahrscheinlich; waren sie aber neben ihm noch vorhanden, so beweist das Schweigen des Gesetzes über sie, dass es eben nur von den civilrechtlichen Folgen, nicht auch von der öffentlichen Straffolge reden wollte.

Wie weit aber die im Gesetz behandelten Delicte zugleich als öffentliche aufgefasst sind, lässt sich nicht entscheiden; nach der Höhe der im Gesetz normirten Privatbussen und nach der Analogie dessen, was wir von dem langsamen Hervortreten der öffentlich-rechtlichen Gesichtspunkte bei den gleichen Delicten im römischen und in fremden Rechten wissen, haben wir mit der Annahme nebenhergehender öffentlicher Strafen vorsichtig zu sein. —

Unser Gesetz enthält also nur Privatrecht, aber nicht das gesammte Privatrecht. Nach welchem Princip hat es seine Materien ausgewählt? Man wird leicht darauf kommen diess Princip etwa in der Competenz des Einzelrichters zu suchen, welcher in allen von unserem Gesetz umfassten Fällen zu richten hat, und die meisten der hier zusammen behandelten Gegenstände gehören auch in dem Competenzkreise des attischen Archon zusammen. In der Hauptsache bezieht sich nun freilich unser Gesetz auf das Familienrecht, Erbrecht, Sklavenrecht, und man könnte diese drei Materien in gewissem Sinne, da das Erbrecht noch lediglich Ausfluss des Familienrechts ist, als Personenrecht zusammen fassen. Eine Reihe isolirter Detailbestimmungen lässt sich zur Noth diesen Stichworten noch unterordnen [9]. Andere aber fügen sich diesem Versuche nicht. Was haben Nothzucht, Unzucht, Ehebruch (der mit Rücksicht nur auf den Ehebrecher, nicht die Ehefrau behandelt ist) mit jenen Materien zu thun (oben Nro. 2)? Wie kommt die Bestimmung X 20—25 (Nro. 15) über Schenkungen in fraudem

---

der bedeutet das die öffentliche Eintreibung der Privatstrafe, oder die Privatstrafe ist zu der Zeit, von der er Nachricht hat, bereits öffentliche Strafe geworden.

[9] Familienrecht: Nro. 3. 4. 6. 8. 14. 17, dazu vielleicht 12. Erbrecht: Nro. 5. 10, dazu vielleicht 11. Recht der Freiheit und der Sklaverei: Nro. 1, dazu vielleicht 7. 9. 16.

creditorum, und wie der — freilich nur lückenhaft erhaltene und darum nicht ganz verständliche — Satz Nro. 13 über das Synallagma hier herein? Ich glaube wir müssen uns hier mit einem Nichtwissen bescheiden.

Ja selbst innerhalb der von ihm behandelten Hauptmaterien ist unser Gesetz durchaus keine vollständige Codification — wichtige Punkte werden unberührt gelassen oder nur flüchtig gestreift — und will auch keine sein, denn es verweist selbst mehrfach zur Ergänzung auf das frühere neben ihm noch weiter geltende, uns unbekannte Recht[10], das jedenfalls zum Theil auch geschriebenes Gesetz war[11]. Der Inhalt unseres Gesetzes kann deshalb nur mit Rücksicht auf das frühere Gortyner Recht bestimmt werden. Zum Theil besteht dieses neben dem neuen Gesetz noch weiter, zum Theil wird es durch das neue Gesetz geändert: mehrfach ist diess in unserem Gesetz ausdrücklich gesagt[12]. Wir haben also jedenfalls eine Novelle zu einem älteren Gesetze vor uns. Damit ist noch nicht gesagt, dass unser Gesetz ganz und gar reformatorisch gewesen sei: vielfach kann es auch das geltende Recht entweder nur mit jenen Aenderungen in neuer Redaction wiederholt oder in einigen Materien überhaupt eine erste Aufzeichnung versucht haben. An manchen Stellen ist das sehr wahrscheinlich. Denn das eigene Recht auch ungeändert aufzuzeichnen ist keine geringe Kunst, und gelingt nicht gleich beim ersten Versuch: das Bild, das die ersten Codificationsversuche vom wirklich geltenden Recht geben, ist unvollständig und lückenhaft wie eine kindliche Zeichnung. Auch mag die Aufzeichnung sich zunächst auf die als selbstverständlich geltenden lang eingelebten Dinge nicht beziehen und lässt darum späteren Arbeiten Raum zur Vervollständigung.

Ich komme also zu dem Schluss: unser Gesetz ist eine vielfach reformatorische, nicht ganz vollständige sondern aus dem früheren Recht zu ergänzende Codification des Sklaven-, Familien- und Erbrechts; bei Gelegenheit dieser Codification sind zugleich

---

[10] Diess bedeuten die Worte ᾗ ἔγρατται, κατὰ τὰ ἐγραμμένα mehrmals zweifellos; III 20 fg. III 29 fg. X 44 fg.

[11] Am ausdrücklichsten XII 16—17: ᾇ ἔγρατιο πρὸ τῶνδε τῶν γραμμάτων.

[12] Sicher IV 52—V 1. V 1—9. VI 24 fg. IX 17. XI 19—23. XII 15—19; πρόσθα 'vorher' in diesen Stellen bedeutet die Fälle unter der Herrschaft des früheren Gesetzes; daher ist es wohl auch VII 13 ebenso zu erklären. Gegensatz: ὕστερον XII 18, dazu VII 14.

einzelne auf andere Rechtsmaterien bezügliche Neuerungen oder Feststellungen miteingestreut.

Wird so der Gedanke abgelehnt, dass unser Gesetz überall eine 'Gortyner Reformation' sei, so ergibt sich sofort die Schwierigkeit zu bestimmen, was in ihm alteinheimisches aufgezeichnetes und was durch bewusst nachhelfende Gesetzgebung neu geschaffenes Recht ist. An einigen wenigen Stellen erfahren wir das durch die Worte des Gesetzes selbst, an der Hand dieser zweifellosen Fälle lässt sich vielleicht vorsichtig etwas weiter tasten; aber als einigermassen wahrscheinlich weiss ich doch nur zweierlei anzugeben. Einmal diess, dass als Tendenz des Gesetzes die Eindämmung faustrechtlicher Selbsthilfe hervortritt: sie wird gegen den Sklaven, gegen den ertappten Ehebrecher restringirt. Dieses sichtbare Bestreben ist von rechtsgeschichtlich hohem Interesse. Sodann scheint es, als werde die rechtliche Stellung der Frauen einer bessernden Revision unterworfen: sie erhalten Erbrecht, das sie vordem wohl nicht hatten [13], und weil sie das nun haben, werden die Schenkungen an sie [14] und die Mitgiftsbestellungen [15] beschränkt; sicher wird auch die Disposition über das Vermögen der Frauen zu Gunsten der letzteren gegen Männer, Väter, Söhne, Oheime beschränkt [16], vielleicht wird auch hier erst den Erbtöchtern ein Weg eröffnet, durch eine Geldabfindung des lästigen Heirathszwangs der Verwandten ledig zu werden.

III. Als interessanteste Frage bleibt die nach dem Alter des Gesetzes. Sie ist mit Sicherheit aus dem Inhalt des Gesetzes natürlich nicht zu beantworten, da die sonstigen Nachrichten über das Vorher und Nachher kretischer Zustände äusserst spärlich sind. Das Gesetz selbst erschwert die Antwort ungemein: wir sehen in ein Antlitz, das in seltsamem Gemisch kindisch naive und entwickelte bewusste Züge zeigt. Der vorherrschende Eindruck, den man zuerst von dem Gesetze empfängt, wird, wie ich glaube, der einer verhältnissmässig hohen rechtlichen Entwicklung sein, und man wird sich verleitet fühlen, die nach epigraphischen und sprachlichen Rücksichten denkbar späteste Entstehungszeit anzunehmen. Indess ist diese Annahme nicht vorsichtig. Kreta hat die vielleicht älteste hellenische Kultur; bereits in den

---

[13] V 8 $\pi\varrho\delta\vartheta\alpha$.
[14] XII 17 $\pi\varrho\grave{o}$ $\tau\tilde{\omega}\nu\delta\varepsilon$ $\tau\tilde{\omega}\nu$ $\gamma\varrho\alpha\mu\mu\acute{\alpha}\tau\omega\nu$.
[15] IV 52 ff. $\pi\varrho\delta\vartheta\alpha$.
[16] VI 24. IX 17 $\pi\varrho\delta\vartheta\alpha$.

homerischen Gesängen wird seine hohe Blüthe gerühmt, namentlich aber wird es wegen seiner Gesetze gepriesen, und so viele frühere und spätere Nachrichten stimmen in diesem Lobe überein, dass wir wohl befugt sind, schon für frühe Zeit auf eine hohe Ausbildung der Gesetzgebungskunst zu schliessen. Man kann nicht sagen, dass das, was uns von der Solonischen Gesetzgebung überliefert ist, einen alterthümlicheren Eindruck mache, als unser Gesetz: Solon aber hat Kreta besucht, um dort die Gesetze zu studiren. Vergleicht man, was nahe liegt, das Gortyner Gesetz mit den Fragmenten der römischen zwölf Tafeln, so erscheinen diese freilich viel älter: sie sind wuchtiger, lapidarer, trotziger. Aber die Kultur, deren Recht die zwölf Tafeln für Rom codificiren wollten, lag für Kreta gewiss um mehrere Jahrhunderte früher. Ephoros, der zu Aristoteles' Zeit [17], und Dosiadas, der wohl um 280 schrieb, sind jünger als unser Gesetz. Ephoros weiss von einem erst durch unser Gesetz eingeführten Rechtssatz [18]; Dosiadas kennt die Hetärien in einer, wie ich glaube, viel späteren Entwicklung als unser Gesetz [19]. Doch sind diese Beweise insofern unsicher, als dabei, was unsere Inschrift für Gortyn ausweist, mit dem verglichen wird, was Ephoros für Kreta überhaupt, Dosiadas für die kretische Stadt Lyttos berichtet. Aristoteles' [20] Darstellung der kretischen Verfassung geht zu wenig ins Detail, um eine Vergleichung zuzulassen; bemerkenswerth aber ist, dass die lakonische Verfassung, welche Aristoteles selbst wenigstens für 'nahe verwandt' mit der kretischen hält [21], in wichtigen Punkten eine ungleich jüngere Signatur trägt als das Recht unserer Inschrift.

Fasse ich Alles zusammen, so möchte ich dafür stimmen, in dem Spielraum, den sprachliche und epigraphische Gründe für die Altersbestimmung lassen, hoch hinaufzugehen; im Uebrigen bescheide ich mich hier einiges zusammen zu stellen, was ich in dem Gesetz selbst als für die Entscheidung der Altersfrage in Betracht kommend gefunden habe.

Zunächst der materielle Inhalt der einzelnen Rechtssätze. Das Recht den Ehebrecher auf frischer That zu tödten existirt

---

[17] Aristoteles hat in seiner Politik den Ephoros benutzt; s. Susemihl I S. 27 ff. N. 5.
[18] S. 2. Theil, III. Kap., II 1.
[19] S. 1. Theil, II. Kap.
[20] Politik II 7.
[21] Pol. a. a. O. § 1.

nicht mehr; wird er aber nicht durch ein im Gesetz fixirtes
Sühngeld ausgelöst, so tritt das Tödtungsrecht nachträglich ein.
Die Mutter kann ihr Kind unter Umständen aussetzen, die Strafe
für unbefugte Aussetzung durch sie ist gering. Beide Bestimmungen vertragen sich auch mit der Annahme später Entstehung
des Gesetzes. Wirkliche Testamente kennt das Gesetz noch nicht[22]:
das fordert aber sehr zum Nachdenken auf, denn in Athen hat
spätestens Solon[23], in Sparta Lykurg[24] oder spätestens Epita-
deus[25] die Testamente eingeführt. Namentlich kommt nirgends
eine Verfügung über das Landeigenthum vor, von der Aristoteles[26] für Sparta spricht. Die Adoption erscheint lediglich als
Act unter Lebenden, nicht als Erbeseinsetzung. Das Erbtöchterrecht ist strenger als nach Aristoteles' Bericht in Sparta[27], aber
wie es scheint, in manchen Beziehungen[28] milder, als nach den
Aeusserungen der Redner in Athen; freilich kennen wir von den
Details des attischen Erbtöchterrechts zu wenig, um genauer
vergleichen zu können. Die Stellung der Häuslersklaven ist eine
gute; die Notizen, die Aristoteles in dieser Beziehung gibt,
stimmen mit unserem Gesetz. Das Vermögen erscheint noch in
stark familiengenossenschaftlicher Function, es dient zum Unterhalt der Familie; unser Gesetz versucht die Rechtssphären der
einzelnen Familienglieder gegen einander abzugrenzen, ohne jedoch damit zum Ziel zu kommen. Uebrigens gibt es den Kindern und der Frau eine vermögensrechtlich günstige Stellung.

Der Formalismus jugendlicher Rechte tritt nur wenig hervor. Auch der Prozess zeigt weder Formenfülle noch Formen-
strenge, sondern ist zumeist ungebunden, frei, bequem. Man darf
vielleicht als allgemeines Gesetz der Rechtsentwicklung aus-
sprechen, dass das Recht und zumal das Prozessrecht aus pri-
mitiver Formenfreiheit und Ungebundenheit sich zu strengem
Formalismus entwickelt, in diesem seine Schule durchmacht, um

---

[22] S. unten 2. Th., IV. Kap., I.
[23] S. z. B. Thalheim S. 61 N. 1 und dazu Schulin S. 6.
[24] Arist. Pol. II 6 § 10. Schulin S. 38 ff. Susemihl II Note 299.
[25] Thalheim S. 61 N. 2 'in den ersten Jahrzehnten des IV. Jahrh.
nach Duncker'. Jannet S. 131 ff. 134 ff. Hermann, Staatsalterth. § 48.
[26] Pol. II 6 § 10.
[27] Vgl. Pol. II 6 § 11 mit Kap. V im 2. Theil. Jannet S. 131
Nro. 2. S. 134.
[28] Ablösbarkeit. Kein Recht des volljährigen Sohns auf das Vermögen.

ihn dann schliesslich überwunden zurückzulassen und zu bewusster Freiheit der Form zurückzukehren. Das Prozessrecht unseres Gesetzes zeigt jedenfalls noch das erste, nicht schon das dritte Stadium. Die Stellung des Richters ist der Regel nach noch von einer Freiheit, die an homerische Zeiten mahnt[29]. Das Beweisrecht ist sehr primitiv; von Vertheilung der Beweislast ist keine Rede, Eideszuschiebung fehlt, Zeugen und Eidhelfer sind nicht scharf unterschieden. Besonders hebe ich hervor, dass die Zeugen ihr Zeugniss direct auf das Vorhandensein des Rechts richten, sie bezeugen das Eigenthum des Klägers u. s. w. — das lässt sich nur für naive Zustände begreifen, wo Jeder des Anderen Verhältnisse kennt.

Die Schrift spielt im ganzen Verfahren gar keine Rolle. Die Ladung geschieht mündlich vor Zeugen[30], auf mündliche Anbringung der Klage ist mit Sicherheit zu schliessen[31], das Urtheil wird mündlich gesprochen — denn sonst bedürfte es nicht wie in IX 32 der Auskunft des Richters und des Mnamon. Aristoteles aber nennt gerade Mnamonen als Beamte, bei denen die Klagen schriftlich eingereicht, die Urtheile schriftlich aufbewahrt werden[32].

Ueberhaupt sind alle Rechtsacte mündlich; die Lust und Last des Schreibens im täglichen Rechtsverkehr existirt noch nicht. Mehrfach begegnen solenne aussergerichtliche mündliche Ankündigungen oder Aufforderungen[33] vor Zeugen; die Adoption ist ein mündlicher öffentlicher Act; die Gabe des Mannes an die Frau und die Erbtheilung geschehen vor Zeugen. Der Beweis wird nur durch Zeugen (und Eid) geführt, nirgends durch Urkunden; das lässt — neben anderen Gründen — darauf schliessen, dass auch bei den gewöhnlichen Rechtsgeschäften die Schrift nicht viel im Gebrauch gewesen sei. Dass das Gesetz selbst schriftlich abgefasst ist, spricht nicht für allgemeinen Gebrauch der Schrift. Denn es ist leicht einzusehen, dass diese Niederschrift des Gesetzes nicht den Zweck haben kann, Jedem aus dem Volk die Kenntniss des Gesetzes zu vermitteln. Dazu ist schon die Art der Inschrift und die Fassung des Gesetzes viel zu schwierig

---

[29] Bernhöft, Röm. Königszeit S. 215.
[30] I 40.
[31] Vgl. XI 50 ff.
[32] Unten 1. Th., II. Kap., I.
[33] II 28. III 45. VIII 15.

— diess Mittel würde auf eine Fiction hinauslaufen. Das Volk schöpft vielmehr seine Kenntniss des Gesetzes aus dem, was es hört; die Einmeisselung in den Stein ist nur die feierliche Documentirung des Gesetzesinhalts, auf die dann auch in Zweifelsfällen zurückgegriffen werden kann.

Auch die Technik des Gesetzes zeigt widersprechende Eigenschaften. Der Gortyner Gesetzgeber hat über juristische Dinge bereits eingehend nachgedacht. Die ausdrückliche Anordnung oder Ausschliessung der rückwirkenden Kraft einer neu gegebenen Bestimmung beweist ein nicht geringes Maass gesetzgeberischer Reflexion, findet sich aber auch in der Solonischen Gesetzgebung [84] und spricht daher nicht schlechthin für späte Entstehung des Gesetzes. Wichtiger ist, dass das Gesetz seine Aufgabe streng umgrenzt. Nirgends findet sich die der Kindheit der Völker eigenthümliche Ungeschiedenheit von Recht und Sitte. Jeder der Sätze unseres Gesetzwerks ist ausgesprochener und reiner Rechtssatz; er beschränkt sich auf das auch nach der heutigen Auffassung dem Rechte eigengehörige Gebiet, und greift nirgends, wie es uns von der solonischen, der lykurgischen und von anderen griechischen Gesetzgebungen berichtet wird, auf das Gebiet über, das wir als freien Raum des individuellen Beliebens anzusehen gewöhnt sind [85]. Dass in Gortyn solche Rechtssätze gefehlt haben, ist damit natürlich noch nicht gesagt.

Auch das ist hier erwähnenswerth, was schon oben bemerkt wurde, dass das Gesetz streng privatrechtlich ist: insbesondere findet sich nirgends die bei frühen Gesetzgebungsversuchen [86] gewöhnliche Vermengung von Sätzen des Privatrechts und des öffentlichen Strafrechts.

Der Gesetzgeber begnügt sich nicht mit kurzen principiellen Aufstellungen, geht vielmehr öfter mit peinlicher Sorgfalt und Sauberkeit ins Detail ein (z. B. in der Lehre von den Erbtöchtern). Daneben bleiben dann plötzlich die wichtigsten Fälle und Fragen unerledigt — sei es, dass der Gesetzgeber an sie nicht dachte, sei es, dass er Vollständigkeit nicht für nöthig hielt.

Im Vergleich gerade mit älteren deutschen Quellen fällt die

---

[84] S. z. B. das bei Schulin S. 13 fg. interpretirte Gesetz.

[85] Ich denke an Bestimmungen über Essen und Trinken und vieles Aehnliche; vgl. die kurze Zusammenstellung bei Thalheim S. 29 fg. — Die Bestimmung über die $\kappa \acute{o}\mu\iota\sigma\tau\rho\alpha$ III 37—40 ist doch wohl nicht hierher zu stellen.

[86] Auch in den XII tab.

trockene Geschäftsmässigkeit des Gesetzes auf. An diesem Werke hat die Phantasie nicht mitgearbeitet. Die Freude an der Mannichfaltigkeit in der Form der Rechtsacte fehlt, nur einmal ist ein Symbol verwandt — das Gastgeschenk bei Lösung der Adoption XI 16. Wo eine Form angeordnet ist, da ist sie praktisch, einfach, nüchtern: fast immer nur Erklärung vor Zeugen[37]. Die einzelnen Begriffe sind fast überall ganz abstract ausgearbeitet und ohne jede sinnliche Fülle, ohne poetische Anschaulichkeit[38]. Auch die einzelnen Rechtssätze sind durchaus abstract gefasst. Nirgends[39] begegnet jenes Stammeln, das den fehlenden abstracten Begriff oder Satz durch einzelne concrete Anwendungsfälle zu bezeichnen sucht. Daher sind Begriffe und Sätze auch meist präcis und juristisch brauchbar. Wo Distinctionen und Subdistinctionen gemacht werden, sind die einzelnen Fälle klar und correct unterschieden[40]. Doch überrascht hie und da auch wieder eine Sorglosigkeit der Begriffe, die nur aus primitiven Verhältnissen erklärt werden kann; so verwendet z. B. IV 33 den Begriff 'das Haus und was drin ist' — dieser Begriff ist ohne Schärfe; so stellt IV 46 fg. den Satz auf, dass 'wenn ausser einem Hause kein Vermögen da ist', eine andere Erbtheilung eintreten solle, wobei natürlich nicht gemeint sein kann, dass schon ein paar geringwerthige Sachen 'Vermögen' seien: der Begriff ist nicht juristisch sondern social gemeint.

Die Terminologie ist verhältnissmässig gut ausgebildet und streng durchgeführt, darum auch sehr einförmig. — Der Ausdruck ist nirgends elegant, vielfach schwerfällig und ungelenk[41]: der Gedanke ringt noch mit der Sprache. Die Satzform ist von erschreckender Eintönigkeit — nur Condicionalsätze; ein 'wenn...'[42]. gefolgt von einem Infinitiv, seltener von einem Imperativ[43] oder

---

[37] Dazu einmal das Opfer bei der Adoption X 88 fg.
[38] Erwähnenswerth wäre höchstens: das 'Einweben' II 51. III 26. 84, das 'Mitausräumen' III 13, das 'Gewahren' des Mannes IV 16, das 'starkfüssige' Vieh IV 36.
[39] Höchstens V 39—41.
[40] Z. B. IV 18 (2. Theil, III. Kap., I); ferner das $\mu\eta - \eta\ \mu\eta$ in I 44, unten 2. Theil, I. Kap., IV.
[41] Recht sehr z. B. IV 23—25. IV 84—85. V 1 ff.
[42] al oder η, seltener ein Relativpronomen.
[43] Etwa 140 Mal Infinitiv, 25 Mal Imperativ. Beide bedeuten übrigens nicht blos Befehl sondern auch Erlaubniss, z. B. $\dot{\alpha}\pi o\delta\iota\delta\delta\sigma\vartheta\omega$, er soll verkaufen dürfen VI 6.

Futurum[44]; nirgends oder fast nirgends ein bedingungsloses Gebot oder Verbot, wie in den zehn Geboten und auch in den zwölf Tafeln[45]. Das Gesetz ist sparsam mit Worten: selten steht eines zu viel[46], manches muss hinzugedacht werden. So wird das Subject, welchem geboten, verboten, erlaubt wird, sehr selten genannt; gerade das gibt zu manchen Zweifeln bei der Erklärung Anlass. Meist aber ist auch der karge und schwerfällige Ausdruck correct und geht gerades Wegs auf die Sache selbst zu.

IV. Der Ursprung der einzelnen Rechtssätze ist rein indogermanisch. Orientalische Einflüsse lassen sich wenn überhaupt so doch nur ganz vereinzelt annehmen. Parallelen mit dem attischen Recht finden sich fast überall; für die Kenntniss des griechischen Rechts wird unser Gesetz eine Quelle ersten Ranges sein. Auch für das römische Recht ist es, wennschon es selbstverständlich die Kenntniss desselben nicht bereichert, doch nicht ohne Interesse. Wir finden die Calatcomitien, den römischen Freiheitsprozess, das Recht des redemptus ex hostibus u. A. wieder. Auffällig und anmuthend ist es, namentlich im Prozessrecht und in den Abstufungen der Bussgelder Verwandtschaften mit den germanischen Rechten zu begegnen.

Manche der Verwandtschaften mit den genannten Rechten erklären sich gewiss aus der gemeinsamen arischen Abstammung. So wird das Recht der Erbtöchter, das wir auch in Indien finden, altes Stammeserbgut sein. Andere Aehnlichkeiten mögen so zu sagen spontaner Art sein und auf allgemeinen sociologischen Gründen beruhen. Gewiss wird die vergleichende ethnologische Jurisprudenz, welche in den letzten Jahren einen so erfreulichen Aufschwung genommen hat, nicht ohne reiche Ausbeute an unserem Gesetz vorübergehen.

Jedenfalls ist es von höchstem culturhistorischem Interesse, mit unserem Gesetz einen Einblick in die Werkstatt der juristischen Gedanken einer weit entlegenen Kulturepoche zu erhalten, für die wir bei anderen Völkern auf die lückenhafteste und unsicherste Ueberlieferung angewiesen oder gar gänzlich im Dunkeln gelassen sind.

---

[44] 16 Mal, und nur bei καταστασεί, er wird erlegen.
[45] Z. B. XII tab. I 4. III 1. 6. 7. VII 7. X 1. 4 u. s. w. Vgl. auch Binding, Normen I § 10.
[46] So kehrt die Formel αἴ κα νικαϑῇ einige Male wieder, wo sie fehlen könnte (z. B. IV 14).

II. Kap. Staatsrechtliches.

Staatsrechtliches erfahren wir fast nichts.

I. *Beamte.* Zweimal begegnen die bekannten[1] Kosmen[2]; dabei in einem bestimmten Falle der Satz, dass der Kosmos erst nach Niederlegung seines Amtes belangt werden könne. Doch wird diese Niederlegung nicht als sicher eintretendes Ereigniss ('sobald er abtritt') sondern als Bedingung ('wenn er abtritt') angeführt[3].

Vom Richter ist beim Prozess zu sprechen. Zweimal neben ihm, einmal allein tritt ein Mnamon, 'Merker', auf: bei der Klage auf Urtheilserfüllung nach dem Tode des Gläubigers oder Schuldners hat er nebst dem Richter 'auszusagen' IX 32; bei der Rückgängigmachung der Adoption hat er das in das Gerichtshaus deponirte Geschenk dem Adoptirten zu geben XI 16; bei der Scheidung hat der Mann den Scheidungsgrund (oder den vermögensrechtlichen Gegenstand seiner Klage?) wie der Frau so auch ihm und dem Richter vorher anzusagen IX 53. Schwerlich hat er priesterliche Functionen; vielmehr ist er öffentlicher Beamter (πολιτεύῃ in IX 33), und zwar vielleicht Gerichtsbeamter, welcher als lebendiges Archiv und zugleich als Schatzmeister des Gerichts fungirt. In ähnlicher Stellung kommen Mnamonen einmal in Aristoteles' Politik[4] und öfter auf Inschriften[5] vor.

---

[1] S. Hoeck III 46 ff.; auch Neumann, Rer. Cretic. Spec. S. 74—76.
[2] I 51. V 5. Vertreter oder Diener der Kosmen: ἄλλος I 52. Κύλλος in V 6 ist der κόσμος ἐπώνυμος, s. Hoeck III S. 50. Der σταρτός in V 5 deutet wohl auf den Oberbefehl, den die Kosmen im Kriege führen: Aristot. Polit. II 7 § 8 a. E. Hesych s. v. κόσμος.
[3] I 52; s. 2. Th., I. Kap., V 1. Vgl. auch die Notizen: Aristot. Pol. II 7 § 5ᵇ und 7. Hoeck III S. 48 fg., und s. αἴ κα ἀποστᾶντι in der Drerischen Inschrift C 18—19 (bei Cauer, Delectus 1. Aufl. Nro. 38).
[4] VII 5 § 4ᶜ (Susemihl): 'eine Behörde, bei welcher die Privatcontracte und die Entscheidungen der Gerichte (Dikasterien) schriftlich (zur Aufbewahrung) niedergelegt werden müssen, und bei ebenderselben sind auch die Klagen schriftlich einzureichen, und sie hat auf Grund derselben die ersten Schritte zur Einleitung der Prozesse zu thun'.
[5] Bücheler: In verschiedenen Staaten, als μνάμονες, προμνάμονες, συμμνάμονες u. s. w., fast überall unserem Secretär entsprechend, bald erster Staatssecretär, bald niederer. Vgl. z. B. Dittenberger, Sylloge Inscr. Index S. 764 fg.

II. Die Bevölkerung.

Die Bevölkerung zerfällt in Freie und Unfreie. Die Freien sind vollberechtigt als 'Bürger'[6]. Die Volksversammlung auf dem Markt[7], der Stein, auf dem zu stehen hat, wer zum Volk spricht, wird erwähnt.

Die Bürgerschaft zerfällt in Phylen und Hetärien. Die Phyle[8] kommt nur in dem Satz vor, dass die Erbtochter, wenn kein näheres Recht eines Verwandten existirt, innerhalb der Phyle verheirathet werden muss. Die Phyle ist eine Eintheilung der πόλις, und zwar die höchste und letzte, wie wohl daraus zu schliessen ist, dass, wenn Niemand aus der Phyle die Erbtochter heirathen will, sie 'irgend Jemanden' heirathen soll. Dass die Phylen Versammlungen haben oder locale Vereinigungen bilden, liesse sich vielleicht aus VIII 15—16 schliessen (?). Die Hetärie kommt als Sacralgenossenschaft bei dem Ritual der Adoption genau in der Function vor, die in Athen der Phratrie zusteht[9]. Es ist daher nicht zu gewagt, diese Hetärien mit den attischen Phratrien zu identificiren und als Unterabtheilungen der Phyle aufzufassen[10]: wir haben dann auch für Gortyn wieder die altarische Grundorganisation: (Geschlecht), Phratrie, Phyle (genus, curia, tribus); die mehreren Phylen haben sich zur πόλις (civitas) zusammengeschlossen[11].

Wenn Dosiadas die Hetärien als kleinere Speisegenossenschaften erwähnt[12], so kann das m. E. nur eine spätere Umbildung der altarischen Institution sein[13] — was für die Altersbestimmung des Gesetzes von Interesse ist.

---

[6] πολιαταί X 35. XI 14. Hoeck III S. 59.

[7] ἀγορά X 34. XI 12. Hoeck III S. 77 ff.

[8] VII 51. VIII 6. 11. 26. 32. Wir wissen sonst über kretische Phylen nichts. S. höchstens Hesych s. v. Ὕλεες.

[9] X 38. S. 2. Theil, VI. Kap.

[10] Warum freilich beim Erbtöchterrecht die Phyle, nicht die Phratrie auftritt, bleibt unerklärt. In dem Decret im C. Inscr. Att. II 564 schützen ebenfalls die Phylengenossen die Erbtochter gegen Unrecht (s. Thalheim S. 58 vor N. 1).

[11] Darüber neuestens die schönen Untersuchungen von Leist Buch I Abschnitt 3, z. B. S. 103 ff. 106. 110 fg. u. s. w.

[12] Gleichbedeutend mit den von ihm bei Strabo a. a. O. erwähnten ἀνδρεῖα. Hoeck III S. 126. Auch in oben N. 4 cit. Drerischen Inschrift kommen Hetärien vor (die Strafgelder werden an sie gezahlt) C 38. D 8. Aber Näheres lässt sich über sie dort wohl kaum erschliessen. S. hierzu Hermann-Stark, Griech. Staatsalterth. § 22 N. 5.

[13] S. oben S. 48. Mit Recht hat Hoeck a. a. O. bereits darauf

Neben den Vollbürgern stehen andere Freie: unser Gesetz bezeichnet sie als solche, die zu keiner Hetärie gehören, ἀφέ-ταιρος[14]. Der Name mag damit zusammen hängen, dass einer Aufnahme des Kindes in die Bürgerschaft auch in Gortyn eine Aufnahme in die Hetärie vorangehen musste, wie es in Athen der Fall war[15]. Wir erfahren nur diess von ihnen: bei Ehebruch und Nothzucht gegen sie wird der Thäter nur mit einem Zehntel dessen gebüsst, was er gegen den Vollbürger, aber mit dem Vierfachen dessen, was er gegen einen Sklaven verwirkt[16]. Ihr Stand ist also zwischen dem des Vollbürgers und des Sklaven. Wir fassen sie, entsprechend den lakonischen Periöken, als freie 'Unterthanen' auf, als die ὑπήκοοι, welche Dosiadas und Sosikrates für Kreta erwähnen[17]. Ueber die wirklichen Unfreien wird das IV. Kap. unter III sprechen.

III. Kap. Allgemeines Vermögensrecht.

Das Gesetz behandelt nur das Familien-Vermögensrecht und das Erbrecht in einiger Vollständigkeit; vom sonstigen Vermögensrecht kommen bloss Einzelnheiten vor, die im Schlusskapitel des zweiten Theiles zusammengestellt sind. Hier erwähne ich nur das, was an verschiedenen Stellen des Gesetzes von Wichtigkeit ist.

Der Begriff des Vermögens[1] als einer Einheit ist vorhanden, denn das Vermögen als solches ist Object rechtlicher Schicksale: der Succession von Todeswegen[2], der Cession an die Gläubiger[3], der Besitzeinweisung[4]. Freilich wird gerade bei der

---

hingewiesen, dass 'dieser Eintheilung wahrscheinlich eine frühere uns unbekannt gebliebene Stammeintheilung und ein Geschlechter-Unterschied zum Grunde lag'.

[14] II 5. 25. 41.
[15] Gilbert, Staatsalterth. S. 181. 184. Aufsicht der Phratrie über den Civilstand ihrer Mitglieder: Leist S. 161—163.
[16] S. 2. Theil, II. Kap., I.
[17] S. Hoeck III S. 23 fg. Doch ist seine Darstellung dadurch getrübt, dass er, was Aristoteles über die kretischen Periöken sagt, unrichtiger Weise hierher zieht. S. unten IV. Kap. N. 36.
[1] χρήματα, doch ist χρήματα oft auch = Sachen, z. B. V 41. Sache ist sonst χρέος oder χρεῖος, z. B. IX 19. III 14. V 38.
[2] S. 2. Theil, IV. Kap.
[3] XI 38 ff.; auch IX 42?   [4] V 32 fg.

Erbfolge die Einheit des Vermögens nicht consequent durchgeführt. Dass die Schulden zum Vermögen gehören, wird ausdrücklich gesagt[5].

Die rechtliche Zuständigkeit der Sachen und des ganzen Vermögens wird durch den Genetiv des Berechtigten zu εἶναι[6] oder zu dem Rechtsobject[7] ausgedrückt. Von dem Eigenthum ist der Besitz als geschütztes Verhältniss unterschieden[8]. Das Eigenthum ist wie im römischen Recht auch gegen den dritten gutgläubigen Erwerber verfolgbar[9].

In der verschiedenartigsten Weise kehren zwei Wendungen wieder, die rechtliches Dürfen und Können bezeichnen: ἤμην (= εἶναι) ἐπί τινι und καρτερὸς ἤμην. εἶναι ἐπί τινι bezeichnet das rechtlich geschützte Dürfen irgend einer Art an einem Object (Sache oder Mensch); vielfach begrenzt noch die Apposition eines Infinitivs den Inhalt des Dürfens näher[10]. Das Dürfen ist bald das Sacheigenthum, das einer Person zukommt[11] oder verbleibt[12], bald das Vollrecht am ganzen Vermögen, das einer Person zukommt[13] oder verbleibt[14], bald das blosse Besitzrecht an einem Vermögen[15]; ferner das Familien- oder Herrschaftsrecht an einem freien Kinde oder Häuslerkinde[16], endlich das Recht an einem freien Menschen, kraft dessen man ihn zeitweilig als Knecht retiniren[17] oder gar nach Willkür über sein Leib und Leben schalten kann[18].

Der Begriff καρτερὸς ἤμην, 'Macht über etwas haben', ist kein fest umgrenzter. Als Object findet sich nur[19] das Vermögen[20] und der Niessbrauch[21]. In dieser Zusammenstellung kann 'Vermögen' nur den Besitz und die Verwaltung des Vermögens bedeuten, nicht die Substanz: denn das Recht der Ver-

---

[5] 2. Theil, IV. Kap., IV 2.
[6] IV 36. VI 28. IX 20. 22. εἶναι mit dem Possessivpronomen I 18.
[7] Z. B. τὰ ϝὰ αὐτᾶς III 42 und öfter.
[8] S. 2. Theil, I. Kap., I; ferner V 32 fg.
[9] VI 16 ff. 38 fg. IX 10 fg.
[10] II 35 χρῆσθαι. III 49 τράφην etc.
[11] IV 37.   [12] VI 17 fg. 38 fg. IX 10 fg.
[13] XI 38 fg.   [14] VII 38.   [15] V 32.
[16] III 48. IV 1. 5. 19. 21.   [17] VI 49.   [18] II 34 fg.
[19] Denn τῶν τέκνων in IV 23 fg. ist nur grammatisch, nicht dem Sinne nach Object zu καρτερόν. S. 2. Theil, III. Kap., I 3.
[20] IV 23 ff. 26 fg. VI 33. 45. VIII 42. 49.
[21] VIII 50.

fügung über die Substanz hat der καρτερός nicht immer [22]. Wo nichts Besonderes hinzugefügt ist, da ist demnach καρτερός des eigenen [23] oder eines fremden [24] Vermögens der, welcher diess Vermögen in eigenem Interesse selbst besitzt, verwaltet und nützt oder in dessen Interesse ein Anderer als Vertreter es besitzt, verwaltet und die Früchte zieht [25]. Zweimal [26] ist indess noch ein erklärender Genetiv hinzugefügt: 'was die Theilung, was die Verwaltung betrifft'. Diess bildet dann den Inhalt des rechtlichen Dürfens und Könnens des καρτερός; dass er auch sonst ein Recht am Vermögen, namentlich das Niessbrauchsrecht habe, liegt dann im καρτερός-sein nicht nothwendig [27].

Rechtsgeschäfte finden wir mehrfach. Ihr Giltigsein heisst δίκαιον ἤμην IX 6, Nichtigsein μηδὲν ἐς χρέος ἤμην X 21. 24. Drei Geschäfte werden in unserem Gesetz häufiger, und zwar vielfach zusammen genannt: der Kauf [28], die Verpfändung [29] und das feierliche mündliche Versprechen (Sponsion) [30]. Letzteres hat zu seinem Inhalt die Uebertragung von Eigenthum an Geld [31] oder sonstigen Sachen. Auch die Schenkung (δόσις) kommt mehrfach vor [32].

Unter den Schuldarten hat eine besondere Wichtigkeit die Schuld aus dem richterlichen Urtheil [33]. Das Judicat gibt einen

---

[22] Nicht VI 33.   [23] VI 45. VIII 48 fg.   [24] VI 33.
[25] So VIII 48 fg., unter Umständen auch VI 45.
[26] IV 23—25. VIII 42.
[27] So hat die Ehefrau gewiss nicht selbständig Verwaltung und Niessbrauch ihres Vermögens, und ist doch καρτερά (τᾶς δαίσιος) IV 26 fg.
[28] ὠνήν: V 47. VI 4. IX 7. X 25. πρίασθαι: VI 18. 20. 87. 39. VII 11. IX 8. 12. ἀποδίδοσθαι: V 49. VI 6. 10. 18. 34. 40. IX 11. Loskauf eines freien Menschen: λύεσθαι, ἀλλύεσθαι II 30. 34. VI. 49. 53.
[29] κατατίθεσθαι; das kann in unserem Gesetz nicht deponiren bedeuten, wie der Wechsel mit κατακεῖσθαι (X 26 vergl. mit 27. 29) beweist. S. VI 4. 18. 19. 21. 35. 37. 40. 41. IX 5. 7. 9. 11. 12. X 27. 29. κατακείμενος: II 1. X 26.
[30] ἐπισπένδειν, mit sponderе zusammengehörig IV 52. V 3. VI 11. 18. 19. 21. X 28. Vgl. Leist S. 457—470.
[31] Denn die Mitgift wird durch ἐπισπένδειν bestellt, und kann doch wohl auch in Geld bestehen.
[32] 2. Theil, III. Kap., II 4; VII. Kap., VI.
[33] νίκα, auch ἄτα, der Schuldner ist νενικαμένος oder ἀταμένος. Dass beides gleichbedeutend ist, beweist XI 32 verglichen mit XI 34 fg. S. im Uebrigen 1. Theil, V. Kap. Note 1.

selbständigen Schuldgrund ab, aus dem aufs Neue geklagt werden kann [84] — wie in Rom mit der actio iudicati. Diese Urtheilsschuld ist als Geldschuld gedacht. Neben anderen Gründen [85] ist dafür diess beweisend: an zwei Stellen stehen nebeneinander die Judicatsschuld und das ὀφήλειν ἄργυρον [86]; der Zusammenhang aber verlangt gebieterisch, dass mit diesen beiden Begriffen an jenen Stellen jede mögliche Art von Geldschuld bezeichnet sein muss [87]. Zugleich geht daraus hervor, dass ὀφήλειν ἄργυρον nicht, wie man wegen der Zusammenstellung mit der lediglich durch ihren Schuldgrund ausgezeichneten Judicatsschuld anzunehmen versucht ist, ebenfalls eine eigenthümliche Art von Geldschuld (etwa abstracte Geldschuld) sei: vielmehr ist es jede Geldschuld irgend einer Art; und dass gerade noch die besondere Species der Urtheilsgeldschuld daneben hervorgehoben wird, mag daran liegen, dass jede beliebige sonstige Verpflichtung sich durch Verurtheilung in eine Geldschuld verwandeln kann. Ich paraphrasire jene Zusammenstellung also dahin: Geldschuld irgend einer Art oder jede beliebige sonstige durch Verurtheilung in eine Geldschuld verwandelte Verpflichtung.

Als Geld findet sich der Stater, die Drachme, der Obolus; 1 Stat. = 2 Dr., 1 Dr. = 6 Ob. [88] Die im Gesetz vorkommenden Summen gehen von einem Ob. bis zu 200 Stat. Fast immer sind dekadische Zahlen verwendet [89].

---

[84] νίκας ἐπιμολὴν IX 81 fg.
[85] S. 2. Theil, I. Kap., Note 57.
[86] Abwechselnd mit ἀργύριον: X 20 fg. XI 81 fg. XI 86 (s. auch ἄργυρον in X 19).
[87] X 20—21. XI 31—32. S. 2. Th., IV. Kap., IV 2; VII. Kap., VI.
[88] Bücheler: 'στατήρ bezeichnet die grosse Münzeinheit sowie δραχμή deren Hälfte, weshalb der Stater im strengen Sprachgebrauch durchaus Didrachmon ist' Mommsen, röm. Münzwesen S. 7 und 22. So war der äginetische Silberstater ein Didrachmon, und αἰγιναῖον στατῆρα nennt als currente Münze der kretischen Stadt Lyttos zu seiner Zeit, wohl um 280 v. Chr., Dosiadas (Athenäus 4 p. 143 b).
[89] Die Grundzahlen 1. 10. 100, verdoppelt 2. 20. 200, halbiert, geviertelt 5. 50. 25. Nur einmal (III 38, bei einer Art Schenkung) eine 12 Ungewiss XI 15 bei dem symbolischen Xenion, 2 oder 10?

IV. Kap. Allgemeines Personenrecht.

I. *Altersstufen* [1].
Das Gortyner Recht unterscheidet:
1. den Unerwachsenen ($ἄνηβος$)[2] oder Unreifen ($ἄνωρος$)[3] von dem Erwachsenen ($ἡβίων$)[4] oder Geschlechtsreifen ($ὥριμος$)[5]. Beide Ausdrücke sind gleichbedeutend[6]; ich werde dafür weiterhin von 'Mündigen' und 'Unmündigen' reden. Die Grenze scheint keine fixirte, sondern von der körperlichen Entwickelung des Einzelnen abhängig: wer physisch heirathsfähig ist, ist geschlechtsreif; nur gibt XII 32 als frühestes Heirathsalter für Mädchen 12 Jahre an, was mit dem Mündigkeitstermin des röm. Rechts übereinstimmt.

2. Für die Mündigen, und zwar wohl nur für die Knaben[7], nicht auch für die Mädchen[8] wird ein weiterer Altersunterschied gemacht, den ich der Kürze halber mit den Worten 'Minderjährig-Volljährig' bezeichne, obwohl diese Altersgrenze mit der röm. maior aetas natürlich garnichts zu thun hat. Durch Ephoros bei Strabo[9] und Hesych[10] wissen wir, dass die Knaben nach vollendetem 17. Jahre, bis zu welcher Zeit sie im Hause des Vaters lebten, in Genossenschaften ($ἀγέλαι$) vereinigt wurden, in denen sie ihre weitere, besonders körperliche Ausbildung vornehmlich durch den Besuch der Gymnasien — nach ihrer wichtigsten Bestimmung $δρόμος$, Rennbahn genannt — empfingen. Wer den Dromos noch nicht besucht, heisst $ἀπόδρομος$[11] im Gegensatz

---

[1] Zur Vergleichung: Griech. Recht: Thalheim S. 11—12; Röm. Recht: Marquardt, Röm. Alterth. VII S. 121 ff. Für Beides: Leist S. 66 ff.
[2] XI 19 (Knaben).
[3] Knaben: VII 29. 54. Mädchen: VII 29. VIII 46. 47. 50. XII 22.
[4] Knaben: VII 37. IX 46. Mädchen: VII 37. 41 fg. 53.
[5] VIII 39 (Mädchen).
[6] Denn $ἡβίων$ wird als Gegensatz zu $ἄνωρος$ gebraucht, z. B. VII 37 vgl. mit VII 29 fg.
[7] Zwar VI 35 fg.: $τὰ τέκνα δρομέες ἰόντες$; doch zeigt die Masculinform wohl, dass $τέκνα$ = Söhne ist.
[8] Obwohl auch die Mädchen eigene Gymnasien besuchen: Hoeck III S. 517 ff.
[9] Geogr. X c. 4 § 16. 20.
[10] U. d. W. $ἀπάγελος. ἀγελαστούς$.
[11] VII 35 fg. S. dazu die Citate bei Hoeck III S. 102 N. n.

zum δρομεύς[12]. Der Mündige aber Minderjährige (pubes minor) wird sehr correct ἀπόδρομος ἡβίων genannt [13]. Dass das Eintreten in den δρόμος zunächst eine politisch-militärische Bedeutung hat, mag man annehmen [14]; indess tritt das in unserem Gesetz nicht hervor: denn jeder Mündige, auch der Minderjährige kann durch Erklärung in der Volksversammlung eine Adoption vornehmen [15], was doch wohl, so befremdend das auch ist, voraussetzt, dass er an sich fähig sei die Volksversammlung zu besuchen. Wohl aber hat die Erreichung der Volljährigkeit privatrechtliche Wirkungen: der Heirathsberechtigte muss sich spätestens, wenn er volljährig wird, entscheiden, ob er die Erbtochter heirathen will oder nicht; der Volljährige erhält das Recht der Zustimmung zu Verfügungen des Vaters über das Muttererbgut; nur der Volljährige kann Solennitätszeuge sein, während für das Beweiszeugniss bloss Mündigkeit verlangt ist [16].

II. *Die Verwandten.*

1. Die nächsten Blutsfreunde bei Männern und Frauen heissen καδεσταί [17]. Sie kommen fast immer in der Mehrzahl [18] vor. Die Frau steht unter ihrem Schutze [19]; sie fungiren überall als ihre Vertreter: daher haben sie den Mann aufzufordern, das nach der Scheidung geborene Kind anzunehmen, und treten in dem etwa darüber entstehenden Prozess auf; sie führen für die Erbtochter den Prozess gegen den Heirathsberechtigten und bieten sie zur Heirath in der Phyle aus. Einmal kommen sie auch als Vertreter eines Mannes vor: ihnen wird die Aufforderung zuge-

---

[12] I 40 fg. III 22. V 53. VI 36. VII 41. Anderwärts sind uns für diesen Gegensatz auch die Ausdrücke ἀπάγελος — ἀγελαστός (Hesych zu diesen Worten) überliefert; mit ἀπόδρομος gleichbedeutend auch σκότιος; s. Hoeck III S. 100 N. x.

[13] VII 35—37. [14] Vgl. Hoeck III S. 101.

[15] Argum. XI 18—19.

[16] Ich schliesse das aus folgendem: Volljährigkeit ist verlangt I 40. III 22. V 53, Mündigkeit IX 46. Nur in diesem letzten Fall ist der Zeuge Beweiszeuge, in allen obigen Solennitätszeuge. Wo sonst von Zeugen die Rede ist, ist nichts hinzugesetzt. Aber man muss aus jenen Stellen ein Princip machen, wenn sie sich nicht widersprechen sollen. Für die Solennitätszeugen ist in jenen Stellen auch Freiheit verlangt; bei den Beweiszeugen ist das nicht gesagt. Vielleicht ist auch diess nicht zufällig, sondern führt auf ein Princip zurück.

[17] S. Hesych s. v. κηδεσταί.

[18] II 39. III 50. VII 44. VIII 14; Singular indefin. II 18.

[19] Ueber II 17 fg. ἀκύοντος καδεστᾶ s. 2. Theil, II. Kap., II.

stellt, den ertappten Ehebrecher auszulösen; nicht etwa, als sei in diesem Falle der Ehebrecher als minderjährig gedacht, sondern weil der Ertappte selbst factisch nicht in der Lage ist sich selbst zu helfen. — Bei Unfreien ist von Kadestai nicht die Rede. Bei ihnen spielt der Herr dieselbe Rolle wie bei den Freien die Kadestai [20].

2. Häufig ist im Gesetz von ἐπιβάλλοντες die Rede. Factisch sind die betr. Personen Verwandte, aber so zu übersetzen [21], geht nicht an. Epiballontes sind vielmehr, wie sich aus dem zwei Mal [22] vorkommenden relativischen οἷς ἐπιβάλλει in dem Sinne von οἷς προσήκει [23] ergibt, diejenigen denen zukommt [24] etwas zu thun, d. h. die das Recht dazu haben. Und zwar finden wir sie bei zweierlei Gelegenheit: 1) als diejenigen die berechtigt sind die Erbschaft, sei es eines Mannes oder einer Frau [25], anzutreten, die Erbberechtigten, und 2) als die zur Heirath einer Erbtochter Berechtigten [26].

Indess nicht jeder Berechtigte ist auch ἐπιβάλλων, sondern nur der kraft Blutsverwandtschaft Berechtigte; beide Momente sind in dem Begriff gedacht. Sachlich folgt aus dem Begriffsmoment der Blutsverwandtschaft, dass der Begriff nicht Anwendung findet auf die zur Erbschaft ihres Herrn berechtigten Häusler [27], auf die zur Heirath der Erbtochter berechtigten Phylengenossen [28], auf den adoptirten Sohn [29]; und ferner, dass die Blutsverwandten auch dann noch Epiballontes genannt werden, wenn

---

[20] Beweis: II 32 verglichen mit II 29, IV 7· mit III 50.
[21] Was z. B. Caillemer, droit de succ. lég. S. 131 thut.
[22] V 23. XI 33.
[23] Richtig Schulin S. 36 oben; s. auch Cauer, Del. Inscr. 1. Aufl. Nro. 67 (Testament der Epikteta) V 29 und VI 32.
[24] Hierzu vgl. ἁ ἐπαβολά V 50 = der auf den Berechtigten entfallende Erbtheil; τὸ ἐπιβάλλον VI 50 = das was der Gläubiger zu fordern hat; ὁπῇ κ' ἐπιβάλλῃ VI 29 fg. IX 23 = wohin der Rechtsstreit gehört. Vielleicht hierher auch IX 34. 36 οἱ μαίτυρες οἱ ἐπιβάλλοντες = die Zeugen, die es angeht? S. 2. Theil, VII. Kap., III.
[25] Eines Mannes: III 28. X 18. 47. XI 9; einer Frau: III 33. VII 9; beider: V 23. 25. 29. IX 34 u. 36 (?). XI 33. 42. Ueberall steht der Plural.
[26] Plural: VIII 9. IX 1. Singular: VII 28. 30. 34. 36. 41. 49. 50. 53. 54. VIII 28. 35. 36. 39. 47. XII 24.
[27] Beweis: V 29 fg.
[28] Beweis: VII 50 fg.
[29] Beweis: XI 9.   [30] XI 42.

Ἐπιβάλλοντες. Arten der Sklaven. 63

sie die Erbschaft schon ausgeschlagen haben [80]. Andererseits: aus dem Begriffsmoment des Berechtigtseins ergibt sich, dass das Wort an den einzelnen Stellen einen verschiedenen Inhalt hat: die Epiballontes sind die im concreten Falle nächstberechtigten Blutsverwandten. Bemerkenswerth ist, dass bei der Erbberechtigung die Epiballontes vielfach im Gegensatz gegen die Kinder stehen, also etwa im Sinne von Seitenverwandte [81].

Auch der Sprachgebrauch erklärt sich aus diesen beiden Momenten: in dem Genetiv 'Epiballontes des Adoptivvaters' XI 9 ist das Moment der Verwandtschaft, in dem Infinitiv ὁ ἐπιβάλλων ὀπυίην [82] das des Berechtigtseins gedacht.

III. Die Sklaven.

1. Spätere Schriftsteller über Kreta, Dosiadas, Sosikrates u. A. [83] unterscheiden neben den freien Unterthanen des Staats (den Periöken, bei uns ἀφέταιροι [84]) und den dem Staat gehörigen Sklaven (den Mnoïten, die in unserem Gesetz nicht vorkommen) zwei Arten von Privatsklaven:

a. Die Aphamioten oder Privatsklaven auf dem Lande (κατ' ἀγρόν). Diese bestellen die den freien Herren gehörigen Ackerloose (κλᾶροι), daher heissen sie auch Klaroten. Hesych [85] erklärt sie als οἰκέται ἀγροῖκοι, πάροικοι [86]. Diese πάροικοι sind nun zweifellos die in unserem Gesetz fortwährend vorkommenden ϝοικέες. Auch unsere 'Häusler' sind Unfreie: sie werden δῶλοι genannt [87], wie auch ich weiterhin von Sklaven sprechen werde; und zwar sind sie Privatsklaven: sie gehören, wie V 26 sagt,

---

[81] III 28. 33. VII 9. X 47. XI 9; in V 23. 25 sogar gegen Kinder, Geschwister und Geschwisterkinder; auch die Kinder scheinen gemeint in V 29. IX 34 und 36 (?). X 18. XI 33. 42.

[82] VII 30. 34 fg. 36 fg. VIII 36 fg.

[83] S. Hoeck, III S. 22 ff.   [84] S. oben II. Kap. a. E.

[85] S. v. ἀφαμιῶται. Vgl. auch Hoeck III S. 38 N. n. 'μέτοικοι'.

[86] Bei Aristoteles, Politik II 7 § 1ᵇ. § 3. § 4ᵇ. § 8 heissen sie πέροικοι. Er charakterisirt sie durch Zusammenstellung mit den spartanischen Heloten und sagt von ihnen, sie bestellten für die Kreter das Feld. Richtig hat Susemihl II N. 364 erkannt, dass diese πέροικοι des Aristoteles nicht die Periöken des Dosiadas und Sosikrates sondern vielmehr die Klaroten (unsere ϝοικέες) sind. Unrichtig Hoeck III S. 28. S. oben II. Kap., II.

[87] Dass der ϝοικεύς ein δῶλος ist, lehrt der Wechsel zwischen beiden Ausdrücken. Vgl. z. B. III 52 und IV 6 mit IV 13, II 27 mit II 42. — Auch Aristoteles bezeichnet sie einmal als δοῦλοι, Polit. II 2 § 12.

zum 'Hause', sie stehen unter einem einzelnen Herren, πάστας genannt; auch sie sind wesentlich nur für die Landwirthschaft da, worüber im Erbrecht noch näher zu reden sein wird[38]; darum heissen sie insgesammt wie die Scholle auf der sie arbeiten ὁ κλᾶρος[39].

Ihre Rechtsstellung erscheint als eine gute, natürlich ist sie ohne jede Aehnlichkeit mit der der römischen servi. Wir erfahren nur wenige Rechtssätze, dürfen aus diesen aber wohl ein Princip machen. Sie haben eigenes Vermögen[40], ein ausgebildetes Familienrecht[41], können eine Ehe mit freien Frauen eingehen VII 3; ja sie haben sogar subsidiäres Erbrecht am Nachlass ihres Herrn (V 27) — eine Bestimmung, die neu und hochbedeutsam ist. Im Prozess wie bei aussergerichtlichen feierlichen Rechtsacten tritt ihr Herr passiv und activ für sie auf[42]. Weil sie indess eigenes Vermögen haben, kommen die Bussgelder, die wegen ihrer gezahlt oder empfangen werden, doch wohl aus ihrem eigenen oder an ihr eigenes Vermögen — das Gesetz schweigt darüber.

b. Im Gegensatz zu den landbebauenden ansässigen Klaroten erwähnen jene Schriftsteller noch Kaufsklaven (χρυσώνητοι), und zwar als οἰκέται κατὰ πόλιν, d. h. als Haussklaven[43]. Auch diese glauben wir in unserem Gesetz wiederzufinden. In II 11 ist der Häuslerin als minderwerthige Unfreie die 'drinnen-befindliche' Sklavin gegenübergestellt. Der Name erklärt sich eben durch ihre Bestimmung für das Stadthaus. Obwohl diese Bezeichnung nur dieses eine Mal vorkommt, sind wir doch vielleicht berechtigt, auch da, wo von dem Verkauf oder der Verpfändung von Sklaven schlechthin gesprochen wird[44], nur an diese Haussklaven zu denken[45].

---

[38] 2. Theil, IV. Kap., II 1 c.
[39] V 27. 'Klaroten' kommt nicht vor.
[40] S. III 42.   [41] Näheres 2. Theil, III. Kap., I a. E.
[42] Ueber Vertretung im Prozess s. unten 2. Theil, I. Kap., I. Ferner: Ankündigung an den Herrn des ehebrecherischen Sklaven, II 32; Zutragung des Kindes an den Herrn des geschiedenen Sklaven, III 54; umgekehrt: die Eidleistung beim Ehebruch und die Zutragung des Kindes geschieht durch den Herrn der Sklavin, II 43. IV 7.
[43] Hoeck III S. 36 N. c. S. 40 fg.
[44] II 1. VII 11. X 25. — Gilt der ganze Freiheits- und Eigenthumsprozess der ersten Tafel und das dort erwähnte Asylrecht auch blos für Haussklaven?
[45] δῶλος wäre dann dort im engeren Sinne gemeint; δῶλος i. e. S.

Arten der Sklaven. Entstehung der Unfreiheit.

Dass die Rechtsstellung der Hausaklaven schlechter ist als die der Häusler, ist anzunehmen[46]. Einer Ehe mit freien Frauen aber sind auch sie fähig, VII 3. Ueber alles Andere lässt das Gesetz uns im Dunkeln. Dass wir so wenig von ihnen und so viel mehr von Häuslern hören, mag vor Allem daran liegen, dass ihre Zahl, wie man wohl mit Recht angenommen hat, gering war[47].

2. Ueber die Entstehung der Unfreiheit gibt VI 55—VII 4 eine Bestimmung von allgemeinerem Interesse. Der Beginn des Passus ist unsicher. Zwischen zwei Fällen ist ein Gegensatz gemacht. Thatbestand ist beide Mal eine Ehe[48] mit einer freien Frau. Im zweiten Fall sollen die Kinder aus dieser Ehe unfrei, im ersten frei sein. Ehemann ist im zweiten Fall ein Unfreier; wer es im ersten Fall ist, steht entweder — wenn man keine Lücke in Z. 56 annimmt — in den Worten ὁ ἐκεῖθ' ἐρωτῶν, oder ist zu ergänzen, falls man eine fehlende Zeile annimmt[49].

Fabricius denkt als Ehemann einen Freien, Comparetti einen Freigelassenen. Beide Ergänzungen besagen etwas zu selbstverständliches, auch übersehen sie, dass das Gesetz selbst seine Entscheidung von einem anderen Moment abhängig macht als dem Stande des Ehemanns, nämlich davon, ob der Mann zur Frau oder die Frau zum Manne 'kommt' (ἐλθὼν ἐπί). Dieser Unterschied muss Bedeutung haben, wenn man nicht dem Gesetz eine fast unbegreifliche Incorrectheit zumuthen will[50]. Nimmt man es als einigermassen correct an, so muss auch im ersten Fall der Ehemann als Unfreier gedacht werden. Und zwar ist entweder αἴ χ' ὁ δῶλος in VI 56 zu ergänzen, oder ὁ ἐκεῖθ' ἐρωτῶν ist

---

und ϝοικεύς bilden dann zusammen den Begriff des δῶλος im weiteren Sinne.

[46] So scheint es z. B., als sei gegen Nothzucht der männliche Hausaklave gar nicht geschützt. Doch können hier und an anderen Stellen auch Unvollständigkeiten unseres Gesetzes vorliegen.

[47] Hoeck III S. 40.

[48] ὀπυίῃ VII 1, zweifellos zu ergänzen VII 3.

[49] Z. 56 hat nur den Buchstaben α. Ist die Zeile voll gewesen, dann kann ὁ ἐκεῖθ' ἐρωτῶν irgendwie noch zum vorigen Satz über den Gefangenenloskauf gehören.

[50] Nach jenen beiden Ergänzungen müsste der zweite Fall (VII 2—3) lauten: αἰ δέ χ' ὁ δῶλος ἐπὶ τὰν ἐλευθέραν, oder vielmehr, da diese Worte ja schon VII 1 stehen, lediglich: αἰ δέ χ' ὁ δῶλος.

im Sinne eines Unfreien genommen[51]. Und zwar muss das ἔρ-χεσθαι ἐπί τινα hierbei einen prägnanten Sinn haben: den des Eintretens in das fremde Hauswesen. Tritt die freie Frau als Ehefrau in das Haus des Sklaven bezw. seines Herrn hinein, so bleibt sie zwar frei, aber ihre Kinder, wie sie als Sklavenkinder erzogen werden, sind auch Sklaven; umgekehrt nimmt sie den Sklaven als Ehemann zu sich in ihr Haus, so bleibt es bei der Regel: die Kinder aus dieser Ehe sind Freie. Man könnte hier das Sprichwort des deutschen Rechts, das freilich in anderem Sinne gemeint ist, verwenden: die Luft macht frei.

Wenn mit diesen Sätzen der Sinn unseres Gesetzes wirklich getroffen ist, so ergibt sich eine ungemein interessante Parallele. Bekannt sind die Bestimmungen des SC. Claudianum (52 n. Chr.)[52], demzufolge eine Frau, die mit einem fremden Sklaven gegen den Willen des Herrn geschlechtlichen Umgang treibt und trotz geschehener Abmahnung (denuntiatio) Seitens des Herrn fortsetzt, selbst nebst den Kindern, welche sie gebiert[53], Sklavin wird; nur durch vorherige Paction mit dem — also einwilligenden — Herrn kann sie für sich selbst wenn auch ursprünglich nicht für ihre Kinder die Freiheit retten. Bereits Paulus, welcher diese Lehre am ausführlichsten behandelt, gebraucht hierbei technisch den Ausdruck: die Frau sei servi contubernium secuta. Darin liegt nicht bloss die Andeutung, dass eine dauernde Geschlechtsgemeinschaft statt hat, sondern auch, was Bruns[54] m. E. mit Unrecht leugnet, dass eine solche nur anzunehmen sei, wenn die Frau bei dem Sklaven wohnt, ihm 'beiwohnt' in diesem Sinne. Für diese Auffassung spricht auch der § 11 Paul. R. S. II 21a: Liberta servi patroni contubernium secuta etiam post denuntiationem in eo statu manebit, *quia domum patroni videtur deserere noluisse*. In dem syrisch-römischen Rechtsbuch[55] findet sich nun (vielleicht aus älteren provinziellen Anschauungen heraus?) dieses Moment in 'auffallender' Weise betont: 'Wenn ein freies Weib die Frau eines

---

[51] ἐκεῖθεν aus Feindesland, peregrinus, hostis = servus? ἐρωτῶν = zum Weibe begehrend? S. Bücheler oben S. 29.
[52] Paul. R. S. II 21ª, IV 10 § 2; Ulp. 11, 11. Gai. I 84. 86. 91. 160. Tacitus Ann. 12, 53. Vgl. C. Theod. ad SC. Claud. 4, 11; C. Iust. de SC. Claud. toll. 7, 24. § 1 I. de succ. subl. 3, 12.
[53] Näheres Gai. I 86. 91. Puchta, Instit. § 211 a. E. (6 A. II S. 366 fg.).
[54] Syr.-Röm. Rechtsbuch S. 215.
[55] L. 48. Bruns S. 16. 215.

Sklaven wird und sie wohnt mit ihm im Hause seines Herrn, so wird sie Sklavin zusammen mit denjenigen, die von ihr geboren werden im Hause des Herrn des Sklaven. Wenn sie sich aber nicht selbst in die Sklaverei schreibt und will fortgehen, so geht sie fort, ihre Kinder aber werden zurückbehalten in der Sklaverei. Wenn ein Sklave ein freies Weib liebt, und das Weib ihn empfängt in ihrem Hause und mit ihm wohnt, so soll der Herr des Sklaven eine παραγγελία (denuntiatio) senden. Wenn das Weib aber auch nach der παραγγελία noch den Sklaven empfängt, so kann der Herr des Sklaven nach dem Gesetz das Weib in die Sklaverei ziehen'. Anzunehmen ist hiernach, dass die Kinder, welche die Frau noch im eigenen Hause, d. h. bevor sie Sklavin wird, gebiert, frei bleiben. Die Aehnlichkeit mit den oben conjecturirten Sätzen des Gortyner Rechts ist frappant.

V. Kap. Das Prozessrecht [1].

Vom Prozess gewinnen wir folgendes Bild.

Recht spricht, vielleicht in dem XI 15 erwähnten Dikasterion, Gerichtshaus, an dessen Wänden die Gesetze eingemeisselt

---

[1] **Zur Terminologie:** ἀνφιμολῆν τινι I 1. VI 27. IX 19 oder μολῆν ἀνφί τινι I 17 = über etwas prozessiren; klagen = μολῆν schlechthin I 52. VI 29. VII 43. IX 23; in I 14 ist es von Klage und Widerklage gebraucht. Speciellcr: als Kläger klagen ἐπιμολῆν IX 28. 31. Der Kläger heisst einmal ὁ μενφάμενος IX 54. Auf die Klage entgegnen, einwenden = ἀπομολῆν VI 26. IX 18 (leugnen = (ἐξ)ἀννῆσθαι I 11. III 6); der Beklagte heisst ἀντίμολος VI 25. IX 18. Der Prozess selbst heisst δίκα I 2. XI 24, speciell der schwebende Prozess (lis pendens) μολιομένα δίκα I 48. X 22. Der sachliche Prozessinhalt, also der zum Prozess gebrachte Anspruch und event. Gegenanspruch = τὰ μολιόμενα V 44. VI 54. XI 30. Die Sache, über welche prozessirt wird, die res litigiosa ist ἀμφίμολος X 27.

Die Parteiaussage ist φωνῆν I 18. II 86. 54; die Zeugenaussage ἀποφωνῆν I 18. 19. 21. II 19. IX 30. 37. 45. 51. 52. X 81 (vgl. negativ ἀπειπεῖν IX 38).

Dass Jemandem ein gerichtlich geltend zu machender Anspruch zustehe, heisst ἔνδικον ἤμην τινί III 23. 30. 43. V 8. VI 24. VII 15. IX 17. XI 22. XII 18.

Der Richterspruch ist δικάδδην (= δικάζειν) und κρίνην. Darüber Näheres im Text. Den Prozess gewinnen oder verlieren wird durch νικῆν gegeben, mit ständigen Formeln: αἰ κα νικαθῇ I 23. 53. IV 14.

sind, ein Einzelrichter, δικαστάς[2]; er instruirt auch den Prozess — von einer Trennung des Verfahrens in das in iure und das in iudicio, wie sie das attische und römische Recht kennen, ist keine Spur zu sehen. Diess Rechtsprechen ist aber von zweierlei Art, δικάζειν oder κρίνειν, die Uebersetzung hat diesen Unterschied durch 'urtheilen' und 'entscheiden' wiedergegeben; er ist verwandt aber nicht identisch mit dem zwischen iudicium und arbitrium.

Unser Gesetz hält beide Begriffe völlig auseinander; der Nachtrag XI 26—31 gibt als allgemeine Regel an, im Zweifel sei die Thätigkeit des Richters immer ein κρίνειν; das δικάζειν finde nur in den Fällen Statt, wo das vom Gesetz ausdrücklich bestimmt sei. An dieser Stelle treten δικάζειν und κρίνειν sich am schärfsten gegenüber[3]. Doch darf man darunter nicht zwei verschiedene Prozessarten denken: in einem und demselben Prozess stehen beide Thätigkeiten nebeneinander[4]. Der Unterschied ist vielmehr folgender. Beim κρίνειν ist der Richter ganz frei; er hat selbst aus eigenem Wissen und Gewissen heraus die Wahr-

---

IX 13; αἱ νικάσαι IX 22 (hier 'siegt' der Beklagte). Specieller heisst νικῆν Verurtheilung auf Geld erlangen I 27. IX 40. Daher νίκα Verurtheilung auf Geld IX 31, νενικαμένος I 55. IX 25. XI 31 und νικάσανς XI 39 der Judicats-Schuldner und -Gläubiger.

Die Judicatssumme ist ἄτα X 28. XI 34; daher ist auch ἀταμένος = νενικαμένος IV 29. 30. X 21, doch in den Stellen IV 29. 30 vielleicht mit besonderer Hinsicht auf auferlegte Busse; und daraus erklärt sich wohl, dass der Fortfall des Bussanspruchs, also die Erlaubtheit einer Handlung durch ἄνατον ἤμην (τινί) II 1. IV 17 ausgedrückt wird. Uebrigens ist ἄτα auch in weiterem Sinne Vermögensnachtheil überhaupt VI 24. VI 43. IX 14. XI 41.

Die Höhe des Bussgeldes wird entweder in Geld angegeben (von 1 Obolus bis zu 200 Stateren), oder mit dem im röm. Recht so beliebten duplum, ja sogar triplum des Werthes (τιμά) der Sache (χρέος, χρεῖος) normirt: διπλῇ II 7. 26. III 14. V 39. VI 22. IX 13; τὰν διπλείαν VI 41; τὰ τρίτρα I 36. Oder das Urtheil enthält die Verpflichtung die betr. Sache selbst, τὸ χρέος αὐτόν III 3. 5. 11 zurückzugeben (was trotzdem Geldcondemnation auf den Werth der Sache sein kann, s. 2. Theil, I. Kap., N. 57), die Schuldsumme zu zahlen, den Schaden zu ersetzen. Im Gegensatz zum duplum ist hierbei gern das ἁπλόον genannt: I 47. 49. VI 23. 43. IX 15. 40.

[2] Ein ständiger oder wechselnder? gibt πολιατεύη in IX 83 einen Anhalt?? Jährlicher Wechsel (cf. IX 29. I 35. 46)??

[3] Doch s. auch in I 20 verglichen mit I 23.

[4] Belehrend dafür ist I 3. 5. 7 verglichen mit I 11. 13.

heit zu finden und demzufolge das Urtheil bald so bald so zu sprechen, dergestalt, dass dadurch das Streitverhältniss zwischen den Parteien sachlich erledigt wird [5]. Es handelt sich also nicht blos um ja oder nein, sondern auch um ein mehr oder minder, er kann auf das Ganze erkennen, oder dem Kläger etwas zu-, etwas absprechen. An formale Beweisregeln ist er nicht gebunden, er entscheidet nach eigenem Ermessen und spricht daher auch Recht jedes Mal unter Anrufung der Götter: $\dot{o}\mu\nu\dot{v}\varsigma\ \varkappa\varrho\iota\nu\acute{\varepsilon}\tau\omega$. In unserem Gesetz kommt das $\dot{o}\mu\nu\acute{v}\nu\tau\alpha\ \varkappa\varrho\acute{\iota}\nu\varepsilon\iota\nu$ in 9 Einzelanwendungen vor, sowohl über Thatsachen wie über das Vorhandensein von Rechten, wie endlich auch als reines Arbitrium; bald ist der Richter unmittelbar bald nur bei mangelnden oder sich gegenseitig aufhebenden Zeugenaussagen dazu berechtigt. Die Anwendungsfälle sind diese: der Richter entscheidet schwörend

1) 2) bei Verfall einer nach Tagen berechneten Busse über die Länge der abgelaufenen Zeit I 10—11. I 37—38.

3) ob ein behauptetes (verbotenes) $\ddot{\alpha}\gamma\varepsilon\iota\nu$ stattgefunden habe I 12 fg., in Ermangelung von Zeugenaussagen.

4) wem das Eigenthum an einem Sklaven zustehe I 22 fg., unter der gleichen Voraussetzung.

5) bei der Scheidung, ob der Mann Schuld an derselben sei II 55 fg.[6]

6) ob ein Dritter bei der Scheidung Sachen, die dem Manne gehören, fortgebracht habe, und welche und wie viele III 16. Die hier, und nur hier gebrauchte Wendung ist bemerkenswerth; es heisst nicht: der Richter entscheidet schwörend, ob und was . . ., sondern: der Richter schwört, ob und was . . .

7) bei der Erbschaftstheilung V 43.

8) was dem Loskäufer eines Gefangenen von diesem zu zahlen sei VI 54.

9) wem eine Sache gehöre IX 21.

Um reine Rechtsfragen handelt es sich hierbei in Fall 4 und 9, um Thatfragen oder besser um die rechtliche Würdigung von Thatsachen in Fall 1—2. 3. 5. 6, mit deutlich erkennbarer Freiheit des Urtheils; um richterliche Festsetzung und Ordnung bei einem Streit, der nicht einfach nach dem Buchstaben zu entscheiden ist, in Fall 7 und 8.

---

[5] $\varkappa\varrho\acute{\iota}\nu\eta\nu\ \pi o\varrho\tau\grave{\iota}$ (= $\pi\varrho\acute{o}\varsigma$) $\tau\grave{\alpha}\ \mu o\lambda\iota\acute{o}\mu\varepsilon\nu\alpha$ V 44. VI 54. XI 30.
[6] Doch ist hier auch eine andere Auslegung möglich; s. 2. Theil, III. Kap., II 2.

Ganz anders beim δικάζειν. Inhaltlich ist dieses entweder Endurtheil — es befiehlt die verlangte Handlung[7], ordnet die Zahlung einer Geldsumme an[8], erkennt über das Eigenthum an einem Sklaven[9] —, oder es ist eine richterliche Verfügung, Besitzeinweisung[10], oder endlich es legt der Partei einen in bestimmter Frist[11] zu leistenden Eid auf[12], sei es einen Ueberführungseid[13], sei es einen Entschuldigungseid[14]. In diesem Falle wird dann das Eidurtheil noch von einem purificirenden Schlussurtheil[15] gefolgt, durch welches nach Ableistung des Eides in der Sache selbst entschieden wird.

Schon aus dieser Zusammenstellung geht hervor, dass ein scharfes Princip, wo das δικάζειν, wo das κρίνειν einzutreten hat, nach der Art der einzelnen Fälle sich nicht finden lässt: über das Eigenthum entscheidet der Richter einmal direct selbst (IX 21), ein anderes Mal (I 20 ff.) 'urtheilt' er nach Zeugenaussagen und entscheidet erst in Ermanglung dieser selbst.

[7] λαγάσαι I 5, ὑπυίην VII 46.
[8] Mit der Formel νικῆν, die Partei ersiege sich: I 27--28. IX 38; oder καταδικάζειν mit dem Object selbst im Accusativ I 3. 7. Auf Geld geht auch δικάζειν IX 30. 50 und καταδικάζειν I 34.
[9] I 20.   [10] ἤμην ἐπί u. s. w. V 31, ebenso V 35.
[11] Das ist freilich nur in einem Falle ausdrücklich gesagt: 20 Tage in XI 48, lässt sich aber wohl verallgemeinern. Entsprechende Fristbestimmungen im altdeutschen Prozess: Siegel S. 158 N. 12.
[12] ὅρκον δικάζειν = auf Eid erkennen XI 17. Einen richterlich auferlegten Eid kannte wohl auch das röm. Recht (s. Keller, Röm. Civilprozess N. 765, freilich anders Renaud, Civilprozess § 142 N. 1. 2, dort Liter. und Quellen), nach Platner I S. 248 aber nicht das Attische Recht (?).
[13] ὁμόσαντα νικῆν IX 38.
[14] ἀπομύσαι III 7. cf. IX 54.
[15] ἀπώμοτον δικάζειν = nach Eid erkennen XI 28. Schwerlich ist bei diesem ἀπώμοτον blos an einen Entschuldigungseid zu denken wie bei ἀπομύσαι in der vorigen Note; der Zusammenhang verlangt vielmehr, das 'abschwören' hier in dem allgemeineren Sinne von 'einen Eid ausschwören, ableisten' zu nehmen und auch auf den Ueberführungseid zu beziehen. — Dass zwei Urtheile, eines auf Eid, eines nach Eid, erforderlich sind, ist doch wohl wegen der Verschiedenheit von ὅρκον und ἀπώμοτον δικάζειν anzunehmen. Nach IX 38 erscheint es eher so, als sei nur ein Urtheil gesprochen (wie auch im altdeutschen Prozess, s. Siegel S. 152—155), welches zugleich den Eid und die für den Fall seiner Ableistung oder Nichtableistung sich ergebende Rechtsfolge festsetzte.

Nirgends aber beim δικάζειν entscheidet der Richter frei nach eigenem Ermessen; überall ist er vielmehr streng gebunden; seine Entscheidung erhält ihren Inhalt nicht durch seine eigene Ueberlegung, sondern lediglich durch unabhängig von ihm vorliegende anderweite Momente: er ist sozusagen nur der Vollzieher und das Werkzeug fremder Gedanken; er findet nicht selbst die Wahrheit, er hat vielmehr rein formell nur das anderweit Gefundene auszusprechen. Deshalb bedarf es auch nicht bei jedem einzelnen Urtheilsact einer Anrufung der Götter, wie sie beim κρίνειν nöthig ist [16].

Wo das δικάζειν ein Endurtheil ist, da steht dem Richter nicht das Recht freier Beweiswürdigung zu; er ist vielmehr streng an formale Beweisregeln gebunden: er hat zu urtheilen, wie XI 26—28 zusammenfassend sagt, entweder nach dem Inhalt der Zeugenaussagen, κατὰ τὸνς μαιτύραντς [17], oder nach dem Inhalt des Parteieides, ἢ ἀπώμοτον. Darin liegt zugleich, dass er genau auf das zu urtheilen hat, was die Zeugen aussagen [18], was der Eid enthält, nicht auf mehr, nicht auf weniger.

Aber diese Alternative ist noch nicht erschöpfend, nicht einmal beim Endurtheil. Wenn die Thatsache selbst, weil sie nicht streitig ist, keines Beweises bedarf, so bedarf es doch möglicher Weise noch einer ergänzenden Thätigkeit des Richters, um nun nach Art und Maass die Rechtsfolge jener Thatsache festzustellen — das wäre κρίνειν. Vielleicht aber hat auch das Gesetz bis auf den Buchstaben genau bereits angegeben, welche Rechtsfolge dann eintreten soll: die Thätigkeit des Richters besteht lediglich darin, formell für den concreten Fall diese abstract normirte Rechtsfolge genau so wie sie im Gesetz steht, ohne Zusatz, ohne Minderung auszusprechen — diess ist wiederum δικάζειν. Ein solches δικάζειν beim Endurtheil kommt in unserem Gesetz da vor, wo es den Richter anweist auf 'Freigebung' I 5, auf 'Heirathen' VII 46, auf diese bestimmte Geldbusse, 5, 10, 50 u. s. w. Stat., I 27 ff. 34, zu erkennen. Eine ähnliche Ge-

---

[16] Nirgends heisst es ὀμνύντα δικάσδην. In IX 38 glauben wir ὀμόσαντα statt ὀμόσας τὰ lesen zu müssen: sonst wäre das ein Fall des Richterschwurs beim δικάζειν.

[17] Ebenso I 20.

[18] Daher auch der Ausdruck: δικασδέτω ποτὶ τὰ ἀποφωνιόμενα IX 30. 50; im Gegensatz dazu: κρίνην ποτὶ τὰ μολιόμενα V 43. VI 54. XI 30.

bundenheit durch das Gesetz selbst und darum ein Anwendungsfall des δικάζειν liegt vor bei der richterlichen Besitzeinweisung gewisser Erben in die Erbschaft V 31. 35 — dem Richter steht nicht frei zu wählen, wem er den Besitz zusprechen will, das Gesetz schreibt ihm das vielmehr ausdrücklich vor. Ebenso steht es endlich mit dem Eidurtheil: dem Richter steht nicht etwa frei je nach der Sachlage zu wählen, wem er den Eid auferlegen will, vielmehr bestimmt das Gesetz selbst, welche Person und was dieselbe schwören soll. Diese Bestimmung geschieht in unserem Gesetz entweder durch die ausdrückliche Anordnung, dass die betr. Person schwören solle, oder durch den Ausdruck, dass sie ὀρκιώτερος, eidlicher sei. Diess Wort ist wohl in dem Sinne gemeint, wie die Rechtssprache des deutschen Mittelalters von einem 'näher sein zum Beweise' redet[19], also zugleich in dem Sinne von eidfähiger und eidpflichtiger sein, denn die Beweisrolle ist nicht blos Recht sondern auch Pflicht. Auch ist nicht sowohl gemeint, dass von zwei geleisteten Eiden der eine stärker sei wie vielmehr, dass, wenn beide Parteien sich zum Eide erbieten, das Recht und die Pflicht zu schwören zunächst dieser bestimmten Partei obliege.

Wem aber fällt Recht und Pflicht des Eides zu? man muss den Versuch wagen, ein Princip zu finden, das freilich bei dem geringen Material an Fällen — der Eid kommt nur 6 Mal vor — problematisch bleiben wird.

1) In III 7 und XI 48 fg. hat die beschuldigte Frau die Entwendung abzuschwören, ebenso

2) in IX 54 der Schuldner die Schuld[20], hier freilich erst wenn Zeugenaussagen fehlen, und mit einem wegen der Lückenhaftigkeit der Stelle nicht näher zu erklärenden Wahlrecht des Klägers[21].

3) In III 49. IV 6 (Zutragung eines Kindes) schwören die Blutsfreunde der freien Mutter, schwört der Herr der Unfreien. Obwohl das Gesetz es nicht ausdrücklich ausspricht, kann man

---

[19] Siegel S. 169.
[20] Dafür dass es sich dort um einen Entschuldigungseid handelt, spricht das Wort ἀπομόσαι.
[21] Der Kläger wählt ob der Beklagte schwören soll oder . . . Das ist die einzige Spur eines zugeschobenen Eides in unserem Gesetz, wenn es eine ist. Möglich bleibt auch bei diesem Wahlrecht, dass der gewählte Eid durch Urtheil auferlegt wird.

dem Zusammenhang nach diese Personen doch nur als beklagte Partei ansehen [22].

Diesen drei Entschuldigungseiden stehen drei Ueberführungseide gegenüber.

4) Der erste dieser Fälle [23] ist eigenthümlich gestaltet. Bei Schuldklagen nach dem Tode des Schuldners hat, wie es scheint, der Gläubiger zu schwören, IX 38, aber doch erst dann, wenn die zum Zeugniss Aufgerufenen nichts zu wissen erklären. Hier kommt es zum Eide: da aber der eigentliche Schuldner todt ist, wird der Gläubiger zum Eide verstattet.

5) Derjenige, welcher den Ehebrecher ertappt und gefesselt hat, beschwört mit seinen Genossen die Gerechtigkeit seiner Sache II 37.

Endlich 6) II 15 fg.: bei Nothzüchtigung einer Haussklavin soll diese selbst schwören. Ich stelle diesen Fall hierher, obwohl es sich um keinen reinen Parteieid handelt. Streng juristisch genommen ist der Herr der Sklavin Partei, aber ich glaube nicht, dass unser Gesetz mit dieser Schärfe den Parteibegriff festhält: in seinem Sinne ist auch die Sklavin Partei, zusammen mit ihrem Herrn, und deshalb ist auch von einem Eid derselben die Rede. Dass gerade nur bei der genothzüchtigten Haussklavin und nicht auch bei der genothzüchtigten Freien und Häuslerin der Eid ausdrücklich erwähnt wird, liegt vielleicht daran, dass die Eidfähigkeit der letzteren ohne Zweifel war, während sie für die rechtlosere Haussklavin der ausdrücklichen Festsetzung bedurfte.

Welches Princip ist nun aufzustellen?

Im germanischen Recht [24] hat zunächst der Beklagte Recht und Pflicht der Beweisführung, also in der Regel Recht und Pflicht des Eides. Anmuthend hat man zur psychologischen Erklärung dieser Thatsache darauf hingewiesen, dass auch heute noch dieser Satz in dem gesellschaftlichen Leben als 'Ton'

---

[22] Näheres s. unten 2. Theil, III. Kap. zu N. 22—24. Der Eid geht wahrscheinlich darauf, ob die rituelle Zutragung erfolglos stattgehabt habe; er geht also zwar auf eine positive Thatsache, ist aber doch ein Entschuldigungseid, da seine Ableistung den Beklagten befreit.

[23] Liest man mit Fabr. und Compar. ὁμόσας, so gehört diese Stelle überhaupt nicht hierher; es handelt sich dann um einen vom Richter geleisteten Eid.

[24] Zum Folgenden: Siegel S. 167—170. Doch s. auch Laband-Loening in der Ztschr. f. vgl. Rechtsw. III S. 49 ff.

herrsche: man warte nicht den Beweis des gemachten Vorwurfs ab, sondern versuche sich sofort selbst 'der Welt gegenüber von dem Vorwurf frei zu machen'.

Ganz dasselbe lehrt aber auch die Vergleichung fremder Rechte: der Eid tritt ursprünglich stäts als Reinigungseid auf[25].

Es wird nicht allzukühn sein das gleiche Princip auch für das Gortyner Recht anzunehmen: in der Regel hat der Beklagte zu schwören (Fall 1—3).

Von jenem Grundsatze macht das germanische Recht jedoch eine grosse Ausnahme: im Fall der handhaften That kommt demjenigen, der den Verletzer gebunden hat, das Recht und die Pflicht zu, seine Handlungsweise zu rechtfertigen, wiederum durch Eid, was hier technisch superiurare genannt wird[26]. Aehnliche Sätze finden sich wiederum in fremden Rechten, und ganz dieselbe Entscheidung gibt unser Gortyner Gesetz (oben Fall 5). Die Rechtsvergleichung lässt, wie mir scheint, den psychologischen Grund derselben deutlich erkennen, und damit ergibt sich zugleich eine überraschende Erklärung des sechsten Falles im Gortyner Recht. In dem gefesselten Mann wird dem Richter die Spur des Verbrechens noch vor Augen gebracht, darum spricht der Verdacht gegen ihn: das Wort des Klägers wird durch den Augenschein unterstützt. Darum darf auch der Misshandelte, wenn er seine Wunden und Beulen dem Richter zeigt, selbst als Kläger schwören[27], und darum sollte nach böhmischem und kleinpolnischem Rechte 'der Genothzüchtigten, an welcher noch Spuren der Nothzucht vorhanden waren, wenn sie schwur, genothzüchtigt zu sein völlig geglaubt werden'[28].

Die Uebereinstimmung aller dieser Sätze mit unserem Gesetz scheint mir zu gross, um an eine bloss zufällige Uebereinstimmung der Einzelentscheidungen denken zu lassen: man darf vielmehr eine Gleichheit der Principien annehmen. —

Zeugen finden wir in mehrfacher Function:

---

[25] Post, Grundlagen S. 441—2. Vgl. auch Munzinger, Recht und Sitten der Bogos S. 33. Indess auch: Post, Anfänge S. 265 fg.

[26] Siegel S. 171. 182.

[27] Besonders in germanischen und slavischen Rechten. Wilda S. 161. Bernhöft, Röm. Königszeit S. 216. Post, Grundlagen S. 434, Anfänge S. 262.

[28] Macieiowski, slavische Rechtsgeschichte II S. 102. 99 bei Post, Grundlagen S. 434. Aehnliches im german. Recht und anderswo. S. noch Bernhöft a. a. O., Post a. a. O. und Bausteine I S. 280.

1. als Solennitätszeugen, sowohl bei Rechtsgeschäften[29] wie bei prozessualisch wichtigen Acten[30]. Sie müssen frei und volljährig sein[31].

2. als Beweiszeugen — dass diese Zeugen vereidigt werden, ist nicht gesagt[32]. Als Alter genügt Mündigkeit, Freiheit ist vielleicht nicht erforderlich[33]. Solche Zeugen sagen nicht blos über Thatsachen aus[34] sondern auch, wie bei den weniger complicirten Verhältnissen alter Zeit erklärlich, über das Recht selbst[35]: ob der Mensch, um den es sich handelt, Sklav oder frei sei (I 15 fg.), welcher der Parteien er gehöre (I 19 fg.), ob eine Obligation bestehe (IX 33 ff., vielleicht auch IX 46 ff.). Bald ist schlechthin nur ein Zeuge verlangt[36], bald 2[37], bald je nach der Höhe der Summe die eingeklagt ist, 3, 2 oder einer[38]. Stehen sich für beide Parteien Zeugenaussagen gegenüber, so ist ausnahmsweise beim Freiheitsprozess in favorem libertatis zu urtheilen (I 15), sonst heben sich die Zeugenaussagen auf. Ist dies der Fall oder fehlen Zeugenaussagen, so kommt es entweder zum Parteieid (IX 38. 54), an dessen Inhalt dann der Richter gebunden ist, oder der Richter kann nach eigenem Gutdünken schwörend entscheiden (I 12—13. 21—23).

Bemerkenswerth ist, dass einmal IX 32 auch der Richter und der Mnamon selbst als Zeugen auftreten, obwohl sie nicht

---

[29] Schenkung III 19, Erbtheilung V 52, beide Male 3 Zeugen.

[30] Ladung etc. I 40, Aufforderung den ertappten Ehebrecher auszulösen II 28 ff., oder das nach der Scheidung geborene Kind anzunehmen III 45. 58, Ankündigung des Grundes der Ehescheidung XI 50 ff. — Zwei Zeugen, wo es sich um einen Sklaven (I 40. II 33, daher auch III 55), drei Zeugen, wo es sich um einen Freien handelt (II 29. III 45).

[31] I 40 fg. III 21 fg. V 53 fg. S. oben 1. Theil, IV. Kap. N. 16.

[32] S. indess die Fälle unter 3. — In Athen geschah es: Heffter S. 304. 308. Manche Rechte kennen Zeugeneide nicht, s. Post, Grundlagen S. 452.

[33] IX 46 und oben 1. Theil, IV. Kap., Note 16.

[34] Thatsache des ἄγειν I 18, Unzucht II 19 fg., Abschluss eines verbotenen Geschäfts X 32, vielleicht auch Nichterfüllung des Vertrags IX 50 ff.

[35] Ebenso im altdeutschen Prozess: s. Siegel S. 195 fg.

[36] I 30. I 20. II 19.

[37] X 32.

[38] IX 50 ff.

Zeugen genannt werden: sie geben in amtlicher Eigenschaft über eine gerichtskundige Thatsache Auskunft [39].

3. Aber noch in einer dritten Function finden wir dritte Personen beim Beweise betheiligt, nämlich als **Mitschwörer** neben der Hauptpartei.

1) Neben dem, welcher den Ehebrecher ertappt hat, schwören noch je nach dem Fall 1, 2 oder 4 Andere II 37 ff. Als Zeugen sind sie nicht bezeichnet.

2) Bei Streit über die vor 3 oder 2 Solennitätszeugen geschehene Zutragung des Kindes schwören neben den Blutsfreunden oder dem Herrn auch die 3 oder 2 Zeugen mit III 61, IV 8. Dass sie als 'Zeugen' bezeichnet werden, bezieht sich vielleicht auf ihre Eigenschaft als frühere Solennitätszeugen.

3) Vielleicht gehört auch der nicht klare Fall IX 38 ff. hierher: die Zeugen schwören dort neben der Hauptpartei.

Ich nehme Anstand, die hier genannten Mitschwörer einfach als wissende Zeugen aufzufassen, welche der Ermittelung der Wahrheit dienen. In Fall 1 scheint mir diese Auffassung geradezu unzulässig: dass vier Zeugen bei der Ertappung des Ehebrechers zufällig zugegen sind, ist ein unwahrscheinlicher Fall, sie zuzuziehen mag es an Zeit gefehlt haben. Vielmehr scheint es mir nicht zu gewagt, und ich weiss keinen besseren Ausdruck, als den, diese Mitschwörer als **Eidhelfer** zu bezeichnen, denn sie stehen mit ihrem Eid neben der Partei, welche den Haupteid leistet, dieser zu ihrem Rechte verhelfend. Durch ihren Eid erhöhen sie die Glaubhaftigkeit des Haupteides, mag ihr Eid auch formell auf die Thatsache selbst und nicht wie der der germanischen Eidhelfer darauf gerichtet sein, dass der Haupteid 'rein und unmein' sei. Man könnte hierbei wohl, aber man muss noch nicht an ein arisches Erbtheil denken: dergleichen Eidhelfer kommen auch in ganz stammfremden Rechten vor [40]. In unserem Gesetz tritt freilich das Institut der Eidhilfe nicht so scharf wie in den germanischen Rechten dem Institut der wissenden Zeugen gegenüber, wie überhaupt Zeugniss und Eidhilfe auf früheren Stufen rechtlicher Entwickelung noch nicht streng geschieden sind [41]. Daher in unserem Gesetz vielleicht noch Namens-

---

[39] Auch im deutschen Recht kommt der Richter als Getüge vor; s. Sachsse, Beweisverfahren nach deutschem Recht in § 19.
[40] Post, Grundlagen S. 445—447, Anfänge S. 266 fg.
[41] Vgl. dazu Post, Grundlagen S. 449.

einheit zwischen beiden, daher der mögliche Zweifel, ob wir Zeugen oder Eidhelfer vor uns haben. Dennoch meine ich den Unterschied zwischen beiden in der Diction des Gesetzes finden zu dürfen: beim Beweiszeugen wird jedes Mal als Hauptthätigkeit das 'Aussagen' betont, ein Schwur nicht erwähnt; bei diesen Eideshelfern wird eine Aussage garnicht, nur ein Schwur erwähnt. Bei sich entgegenstehenden Zeugenaussagen heisst es einmal I 15: stärker ($\varkappa\alpha\varrho\tau\acute{o}\nu\alpha\nu\varsigma$) seien die Zeugen für diese Partei; bei sich entgegenstehenden Eidanerbietungen heisst es III 49. IV 6: eidlicher ($\acute{o}\varrho\varkappa\iota\omega\tau\acute{e}\varrho\omega\varsigma$) seien die Partei und ihre Zeugen. Hier scheint mir der Unterschied der stärkeren Aussage und des stärkeren Schwurangebots deutlich gegeben.

Ist diese ganze Auffassung richtig, so ergibt sich die Möglichkeit einer befriedigenden Erklärung des oben angeführten dritten Falles, worüber bei diesem Falle selbst gesprochen werden soll (2. Theil, VII. Kap., III).

Das dargestellte Beweisrecht des Gortyner Prozesses ist eigenartig genug, um Interesse zu erwecken. Die der Regel nach und prinzipmässig ganz freie Stellung des Richters ist höchst auffallend; sie hat ein Analogon weder vollständig im attischen[42], noch im römischen, noch im altdeutschen Prozess; ähnliches findet sich nur in Zuständen noch früherer Kultur. Aber auch das Beweisrecht zeigt neben entwickelteren noch sehr kindliche Züge. Zu letzteren rechne ich, dass, abgesehen von den Fällen der Eidauflage, von einer wirklichen Vertheilung der Beweislast, insbesondere wenn Zeugen aussagen, keine Rede ist; dass der Eid nicht von den Parteien zugeschoben und zurückgeschoben, sondern vom Richter auferlegt wird[43], dass die Zahl der erforderlichen Zeugen mit der Wichtigkeit der Sache wächst[44]. —

Ueber das Executionsrecht wird bei Kommentirung der ersten Tafel (Sklavenprozess, S. 99 fg.) gehandelt werden.

---

[42] Dazu: Platner 1 S. 214.
[43] Vgl. Post, Grundlagen S. 442.
[44] Vgl. Post, Anfänge S. 269, Grundlagen S. 451 fg.

Zweiter Theil: Die einzelnen Lehren.

I. Kap. Sklavenprozess.

I. Grundlagen.

'Wer um einen Freien oder einen Sklaven prozessiren will'[1] — damit ist das Thema des ersten Abschnitts, I 1—II 2, wozu noch als Nachtrag XI 24—25 gehört, bezeichnet. Der Abschnitt beginnt mit einem Gewaltverbot: 'der soll vor dem Rechtsstreit nicht wegführen'. Das Gesetz erörtert zunächst (I 1—13) den Inhalt dieses Verbots und den wegen seiner Uebertretung möglichen Prozess, sodann erst (I 14 ff.) den Hauptprozess, vor dem nicht weggeführt werden soll. Nur die Antwort auf die Frage, was das für ein Hauptprozess ist, lässt Inhalt und Tragweite des Wegführungsverbots erkennen. Der Hauptprozess ist entweder

1) ein gewöhnlicher Eigenthumsprozess zwischen zwei Personen darüber, wem ein Sklave gehöre. Diesen Fall bezeichnet I 17—18 correct so: αἴ κ' ἀνφὶ δώλῳ μολίωντι φωνίοντες τὸν ϝεκάτερος ἦμην.

2) oder ein Prozess darüber, ob ein bestimmter Mensch frei oder Sklave sei; wiederum sehr correct in I 14 dahin bezeichnet: αἴ κα μολῇ ὁ μὲν ἐλεύθερον, ὁ δὲ δῶλον (scil. ἦμην)[2]. Diess ist der eigentliche Freiheitsprozess, die liberalis causa des röm. Rechts; und zwar ist er in zwei Gestalten denkbar:

a) Ein Mensch lebt thatsächlich als Sclave eines Anderen, und wird als frei beansprucht, die vindicatio in libertatem der Römer.

b) Ein Mensch befindet sich thatsächlich in der Freiheit

---

[1] I 1—2; der Dativ bei ἀνφιμολῆν bezeichnet das Prozessobject, nicht etwa den Prozessgegner; Beweis I 17, ᾧ in VI 27 und IX 19.

[2] Fabr. Lesart ἐλεύθερων und δώλων ist nicht möglich, wie der Zusammenhang ergibt; auch kann der Sklave, um den gestritten wird, nicht selbst Prozesspartei sein.

und wird von einem Anderen als sein Sclave in Anspruch genommen, die vindicatio in servitutem der Römer.

Man könnte zweifeln, ob unser Gesetz auch an diesen letzteren Fall (vindic. in servit.) denkt. Die allgemeinen Fallangaben (I 1 und I 14) sowie die Entscheidungen begreifen den Worten nach auch diesen Fall in sich, brauchen aber nicht nothwendig an ihn zu denken. 'Um einen Freien prozessiren' kann sowohl heissen: prozessiren, dass ein thatsächlich als Sklave Lebender frei sei, als auch: prozessiren, dass ein thatsächlich als Freier Lebender Sklave sei. Der Ausdruck ὁ ἔχων in I 24 spräche eher dafür, dass eine vindic. in servitutem nicht gemeint ist, weil der, welcher als Beklagter die Freiheit des Menschen vertheidigt, nicht gut als einer, der den Menschen 'hat', bezeichnet wird. Dass trotzdem auch die vindic. in servit. mitgemeint und ὁ ἔχων erweiternd zu interpretiren ist [a], ergibt sich m. E. mit Gewissheit aus I 3—4: bei unberechtigtem Wegführen soll der Wegführende im Fall des Freien 10, im Fall des Sklaven 5 Stateren erlegen. Hier kann nicht an den Unterschied der vindic. in libertatem und des Eigenthumsprozesses gedacht sein, dann wäre die Verschiedenheit der Busse nicht erklärlich — die Verletzung des Besitzers wäre ja beide Male gleich gross, sondern nur an den Unterschied, ob der Weggeführte bisher als Freier (vindic. in serv.) oder ob er als Sklave (vindic. in lib. und Eigenthumsprozess) gelebt hat.

Dass der Mensch, um dessen Freiheit gestritten wird, nicht selbst als Prozesspartei auftreten kann, sondern sich durch einen adsertor libertatis vertreten lassen muss, gilt wie nach altrömischem [4] und attischem [5], so auch nach Gortyner Recht. Mit Sicherheit geht das aus dem Zusammenhang des Gesetzes hervor; unverhüllt steht es in I 14—15: hier heissen die beiden Parteien ὁ μέν und ὁ δέ, der Gegenstand ihres Streites wird bezeichnet durch ἐλεύθερον, δῶλον (sc. ἤμην), was grammatisch nicht bedeuten kann: dass eine der Parteien, sondern nur, dass ein Dritter frei, Sklave sei. Auch lautet das Urtheil bei der vin-

---

[a] ὁ ἔχων = wer den Menschen thatsächlich als Sklaven oder Freien bei sich hat. Man kann ihn auch in letzterem Falle einen ἔχων nennen, weil der Mensch sich thatsächlich bei ihm aufhält und er zu seiner Auslieferung verpflichtet ist.

[4] Cf. Gai. I 14. Paul. R. S. V 1 § 5. Cod. tit. 7, 17 de adsert. toll. v. Bethmann-Hollweg, Civilprozess I S. 109. II S. 336 N. 43. Puchta Instit. § 162 vor N. 1. § 221.

[5] Platner I S. 91. II S. 237; Heffter S. 96; Thalheim § 4 S. 26 fg.

dic. in libertatem auf Freigeben, und bei Nichtfreigabe soll der Richter weiter auf Busse erkennen: Partei kann hierbei der festgehaltene Mensch aus factischen Gründen selbstverständlich nicht sein [6].

Wenn in dieser Darstellung mehrfach Ausdrücke des röm. Rechts gebraucht werden, so rechtfertigt sich das, weil unser Gortyner Recht mit dem älteren römischen hier eine grosse Verwandtschaft zeigt, so dass wir auch weiterhin berechtigt sind, das Unbekannte des einen aus dem Bekannten des anderen zu erklären. Weniger nützt die Vergleichung mit dem attischen Recht, welches den Eigenthumsprozess über einen Sklaven natürlich auch kennt, aber die beiden Gestalten der liberalis causa nicht mit der Schärfe ausgebildet hat wie das röm. Recht [7].

II. Der Streit über den Besitz (I 1—13).

Das Gesetz beginnt mit einem Gewaltverbot: $\pi\varrho\grave{o}$ $\delta i\varkappa\alpha\varsigma$ $\mu\grave{\iota}$ $\breve{\alpha}\gamma\eta\nu$; man soll nicht 'wegführen', bevor der Richter entschieden hat. Was ist Object des $\ddot{\alpha}\gamma\varepsilon\iota\nu$? $\ddot{\alpha}\gamma\varepsilon\iota\nu$ ist ein geradezu technischer Ausdruck für die eigenmächtige Fortführung von Personen, obwohl auch $\chi\varrho\acute{\eta}\mu\alpha\tau\alpha$ $\ddot{\alpha}\gamma\varepsilon\iota\nu$ vorkommt [8]. Dass unser Gesetz

---

[6] S. unten S. 84.

[7] Material: Platner II S. 236 ff. Heffter S. 248—250. Lipsius S. 56 N. 39. S. 500 N. 02. S. 619 ff. 623 ff. Thalheim S. 26 fg. Vgl. Leist S. 502. Neuerdings (Lipsius S. 624 N. 377) wird eine eigentliche vindic. in servitutem, als welche man früher die $\mathring{\alpha}\pi o\sigma\tau\alpha\sigma\acute{\iota}ov$ $\delta\acute{\iota}\varkappa\eta$ angesehen hatte (s. z. B. Platner II S. 236 fg., dagegen Lipsius S. 621: durch diese Klage habe man lediglich einen undankbaren Libertus in servitutem revociren können) völlig geleugnet: sie sei überflüssig gewesen, denn der Eigenthümer habe in allen Fällen Eigenmacht gegen den vermeintlichen Sklaven anwenden dürfen und gegen den, der dieses $\ddot{\alpha}\gamma\varepsilon\iota\nu$ hinderte, weil er behauptete, der Fortgeführte sei frei, mit einer Schadensersatzklage, $\delta\acute{\iota}\varkappa\eta$ $\grave{\varepsilon}\xi\alpha\iota\varrho\acute{\varepsilon}\sigma\varepsilon\omega\varsigma$ vorgehen können. Auch dem Zweck der vindic. in libertatem sei in der Hauptsache durch die öffentliche Klage $\mathring{\alpha}\nu\delta\varrho\alpha\pi o\delta\iota\sigma\mu o\tilde{v}$ genügt worden. — Ueber Freiheitsprozess im german. Recht s. auch Siegel S. 182 N. 19.

[8] Wahrscheinlich sogar in unserem Gesetz selbst, die Lesart ist nicht ganz sicher: IX 42. XI 42; in V 36 kann an Sklavenfortführung gedacht sein. Für Sachen heisst es sonst $\varphi\acute{\varepsilon}\varrho\varepsilon\iota\nu$: III 2. 23. 30. 43. V 37. — Bücheler: vgl. auch Inscr. gr. antiq. 822 i. A. $\tau\grave{o}\nu$ $\xi\acute{\varepsilon}\nu o\nu$ $\mu\grave{\eta}$ $\ddot{\alpha}\gamma\varepsilon\iota\nu$ $\dot{\varepsilon}$ $\tau\tilde{\alpha}\varsigma$ $X\alpha\lambda\varepsilon\acute{\iota}\delta o\varsigma$ $\tau\grave{o}\nu$ $O\grave{\iota}\alpha\nu\theta\acute{\iota}\alpha$ $\mu\eta\delta\grave{\iota}$ $\tau\grave{o}\nu$ $X\alpha\lambda\varepsilon\iota\acute{\varepsilon}\alpha$ $\dot{\varepsilon}$ $\tau\tilde{\alpha}\varsigma$ $O\grave{\iota}\alpha\nu\theta\acute{\iota}\delta o\varsigma$ $\mu\eta\delta\grave{\iota}$ $\chi\varrho\acute{\eta}\mu\alpha\tau\alpha$, $\alpha\grave{\iota}$ $\tau\iota(\varsigma)$ $\sigma\upsilon\lambda\tilde{\omega}\iota\cdot$ $\tau\grave{o}\nu$ $\delta\grave{\varepsilon}$ $\sigma\upsilon\lambda\tilde{\omega}\nu\tau\alpha$ $\mathring{\alpha}\nu\acute{\alpha}\tau\omega(\varsigma)$ $\sigma\upsilon\lambda\tilde{\eta}\nu$.

als Object einen Menschen denkt, steht ausser Zweifel. Ausdrücklich heisst es in der Nachtragsbestimmung XI 24 ἄντρωπον ὅς κ' ἄγῃ; und als Object des Freigebungsbefehls wird in I 24. 25 ausdrücklich ein 'Freier' und ein 'Sklave' genannt [9].

Der nähere Inhalt des Verbots bedarf genauer Analyse. Drei Hauptprozesse sind möglich, also ist auch ein dreifaches ἄγειν verpönt.

1) Erstens die eigenmächtige Inbesitznahme eines Menschen, der als Sklave eines Anderen lebt, und den man als eigenen Sklaven beansprucht: Eigenmacht vor dem Eigenthumsprozess über einen Sklaven. In diesem Falle half in Rom das Besitzinterdict Utrubi [10].

2) Sodann die eigenmächtige Fortführung eines Menschen, der frei zu sein behauptet, Seitens dessen, der ihn als seinen Sklaven beansprucht, das ἄγειν εἰς δουλείαν, das wir bei den attischen Rednern [11] und als aussergerichtliche manus iniectio häufig bei den röm. juristischen und nichtjuristischen Schriftstellern finden [12], und das uns so lebendig in Livius' Erzählung von Appius Claudius und Verginia entgegen tritt [13].

Ein gleiches Gewaltverbot ist dem attischen [14] und älteren römischen Recht unbekannt. Gegen den, welchen man als seinen Sklaven behauptete, konnte man ohne Weiteres Selbsthilfe gebrauchen. Selbst die Nothwendigkeit, ihn, wenn er bis dahin als Freier gelebt hatte, erst vor den Prätor zu führen, damit er sich dort einen vindex libertatis herbeirufe [15], lässt sich aus den röm. Quellen nicht nachweisen. Freilich: wénn sich ein Vindex fand, der den Freiheitsprozess übernehmen wollte und deshalb den Fortführenden in ius vocirte, musste man, da die Vindicien ge-

---

[9] Darum auch ὅτι ἄγει in I 5 = 'weil er wegführt', nicht = 'für das was er wegführt', was auch sprachlich unmöglich wäre.

[10] Freilich auch nur dem, bei welchem der Sklave maiore parte huiusce anni fuit. L. un. D. h. t. 43, 31. Ueber die möglichen Delictsklagen s. unten zu Note 16—18.

[11] Citate bei Thalheim S. 27 N. 1.

[12] Stellensammlung bei Brissonius de form. V 19; dazu ergänzend Rudorff, Röm. RGesch. II § 24 A. 1; Ihering, Geist I § 11c N. 60.

[13] Liv. III 44; darüber Ad. Schmidt in der Ztschr. f. geschichtl. Rechtswiss. XIV S. 71—94.

[14] Lipsius S. 623; vgl. Bernhöft, Röm. Königszeit S. 232.

[15] So v. Bethmann-Hollweg a. a. O. I § 33 N. 5. Zweifelnd Ad. Schmidt a. a. O. S. 75.

müss der Freiheit ertheilt wurden, in Athen wie Rom den Beanspruchten interimistisch gegen Bürgschaftsstellung freigeben. Indess war das ein ungenügender Schutz. Denn wenn man sich des Menschen bemächtigt hatte, ohne dass zufällig ein zur Vertretung bereiter Freund in der Nähe war, so war der Ducirte schutzlos: seine Freunde erfuhren vielleicht nicht einmal, wo er sich aufhielt; und wurde später der Prozess für ihn angestrengt, so war er doch in der Zwischenzeit in des Eigenmächtigen Gewalt gewesen, ohne dass diesen nachher dafür eine Busse traf; denn obwohl in der Knechtung eines Freien (und auch im gewaltsamen Aneignen fremder Sklaven) in Rom das Delict des plagium [16] und der iniuria [17], in Athen das des $\dot{\alpha}\nu\delta\varrho\alpha\pi o\delta\iota\sigma\mu\acute{o}\varsigma$ [18] lag, so setzten diese Delictsbegriffe doch — selbst wenn man die Frage offen lässt, welcher Zeit ihre Bildung angehört — voraus, dass nicht der Ducent im petitorischen Verfahren sein Eigenthum an dem Ducirten nachweisen konnte. Die Eigenmacht als solche war also nicht untersagt.

Diese Lücke wird für Gortyn durch das Verbot des $\ddot{\alpha}\gamma\epsilon\iota\nu$ in unserem Gesetze ausgefüllt. Aber auch hier kann diess Verbot nicht so schlechthin gemeint sein. Unmöglich kann es dem Herrn verboten sein, den Sklaven, der sich ihm entzogen hat oder entziehen will, eigenmächtig einzufangen und mit sich zu nehmen: er darf sich selbst helfen; er braucht keinen Prozess, selbst dann nicht, wenn der Sklave frei zu sein behauptet. Das Verbot gilt vielmehr nur, wenn ein Rechtsstreit in Aussicht steht, $\pi\varrho\grave{o}$ $\delta\iota\varkappa\alpha\varsigma$, wie unser Gesetz lapidar sagt, und richtet sich nur gegen denjenigen, welcher im Begriffe steht um einen Menschen zu prozessiren [19]. Wer ist das? nur derjenige, der nicht im Besitz des Menschen ist sondern, um rechtlich in den Besitz zu kommen, prozessiren muss; wer im Besitz ist, will nicht prozessiren, sondern kann höchstens gegen seinen Willen zu einem Prozess genöthigt werden. Nicht im Besitz aber ist der Herr nur dann, wenn der angebliche Sklave bis dahin **thatsächlich als Freier** gelebt hat und bereit ist, seine Freiheit durch einen adsertor zu vertheidigen. Ich halte es für berechtigt, hier die aus dem röm. Recht bekannten Begriffe des in possessione libertatis oder servitutis esse strict an-

---

[16] Rein S. 386—388.
[17] Rein S. 362. L. 11 § 9. L. 12. L. 22 D. de ini. 47, 10.
[18] Lipsius S. 275 N. 209. S. 457 fg.
[19] I 1: ὃς μέλλῃ ἀνφιμωλῆν.

zuwenden. Auf die nähere Detaillirung derselben kann natürlich hier nicht eingegangen werden [20].

Aber dass in der That diess der Sinn des Gesetzes ist, ergibt sich mit Sicherheit aus dem Inhalt der in dem Vorprozess erfolgenden Verurtheilung: sie geht nach I 3—4 'im Fall des Freien auf 10, im Fall des Sklaven auf 5 Stateren'. Mit diesem Freien und Sklaven kann nicht gemeint sein, wer wirklich frei, wirklich Sklave ist: denn diese Frage ist ja gerade bestritten und soll erst später im Hauptprozess klargestellt werden, der Vorprozess aber wird schon jetzt entschieden. Gemeint kann also nur sein: wer thatsächlich als Freier, thatsächlich als Sklave lebte. Darum ist auch die Busse verschieden normirt: dem factisch frei Lebenden entziehe ich das Gut der factischen Freiheit, dem thatsächlichen Herrn des als Sklave Lebenden nur den Besitz eines Menschen, der ihm als Sklave gilt.

3) Hiernach ergibt sich auch das dritte Verbot. Wer eine vindicatio in libertatem vornehmen will, soll den thatsächlich als Sklave Lebenden nicht eigenmächtig der Gewalt des Besitzers entziehen [21]; verboten ist also das thatsächliche $\dot{\varepsilon}\xi\alpha\iota\rho\varepsilon\tilde{\iota}\sigma\vartheta\alpha\iota$ oder $\dot{\alpha}\varphi\alpha\iota\rho\varepsilon\tilde{\iota}\sigma\vartheta\alpha\iota$ $\varepsilon\dot{\iota}\varsigma$ $\dot{\varepsilon}\lambda\varepsilon\upsilon\vartheta\varepsilon\rho\dot{\iota}\alpha\nu$ oder $\dot{\omega}\varsigma$ $\dot{\varepsilon}\lambda\varepsilon\dot{\upsilon}\vartheta\varepsilon\rho\sigma\nu$[22]. Man ist aber wohl zu der Interpretation berechtigt, dass hierbei unter $\overset{\prime\prime}{\alpha}\gamma\varepsilon\iota\nu$ nicht blos das Fortnehmen des Menschen mit Gewaltanwendung gegen den Herrn gemeint ist, sondern — da ja in den meisten Fällen der Mensch, der in libertatem proclamirt werden soll, selbst die factische Freiheit zu gewinnen streben wird — auch das Mitsichnehmen und Beisichaufnehmen des Menschen, der sich der Sklaverei entzieht: auch diess darf als verboten gelten [23], was für die Erklärung von XI 24 fg. von Wichtigkeit ist.

---

[20] Nur eine Folgerung: das Verbot des ἄγειν trifft insbesondere dann nicht zu, wenn der Herr einen Menschen eigenmächtig ducirt, der ihm bisher als Sklave diente, ihm dann entlief und nun bei dem sich aufhält, der für ihn als adsertor aufzutreten bereit ist; denn hier ist der Mensch noch nicht (sine dolo malo) in possessione libertatis.

[21] Auch in Athen war diese letztere verboten: nur konnte man durch Bürgenstellung erzwingen, dass der Herr dem Sklaven bis zur Austragung des Rechtsstreites die thatsächliche Freiheit beliess. Eigenmächtiges ἄγειν ohne solche Bürgenstellung zog die δίκη βιαίων nach sich. Platner II S. 237; vgl. Heffter S. 458 N. 4. — In Rom gibt es ein Besitzrechtsmittel zur provisorischen Wiedererlangung des Ducirten nicht.

[22] Citate dieses Ausdrucks bei Thalheim S. 27 N. 1.

[23] Nach Comparettis Lesung von XI 24 ὅς κα λῇ statt ὕς κ' ἄγῃ müsste man es gerade für erlaubt halten.

Hiernach formulire ich: nicht schlechthin ist Eigenmacht gegen den Sklaven, und gewaltsamer Schutz der Freiheit untersagt, sondern nur sofern dadurch der Besitzstand geändert wird: die Anfangsklage unseres Gesetzes ist eine Klage wegen eigenmächtiger Besitzentziehung auf Exhibition oder Restitution, sowie auf Busse.

Als Parteien stehen sich bei diesem Besitzprozess die Parteien des Hauptprozesses gegenüber: der Ducent als Beklagter und ein Vertreter des Ducirten als Kläger — der Ducirte selbst kann schwerlich Partei sein, weil er ja eben vom Kläger widerrechtlich festgehalten wird, ihm also die factische Möglichkeit zu klagen fehlen kann.

Der Prozess über das eigenmächtige $\overset{"}{\alpha}\gamma\varepsilon\iota\nu$ wird sofort, noch vor dem Hauptprozess und unabhängig von ihm, verhandelt und entschieden. Leugnet der Beklagte die Thatsache des $\overset{"}{\alpha}\gamma\varepsilon\iota\nu$[24], so hat der Richter auf die Aussage auch nur eines Zeugen hin, sonst schwörend zu entscheiden, ob ein $\overset{"}{\alpha}\gamma\varepsilon\iota\nu$ stattgefunden habe, und im Bejahungsfalle den Beklagten in die Busse und die Exhibition oder Restitution zu verurtheilen. Die petitorische Frage, d. h. hier die, ob der Beklagte schliesslich in der Hauptsache Recht habe, ob der ducirte Freie also wirklich Sklave sei und umgekehrt, bleibt dabei ganz aus dem Spiel, gerade wie im röm. Besitzprozess: die Verurtheilung erfolgt lediglich wegen der stattgehabten Eigenmacht. Das ist der Sinn der prägnanten Worte I 3. 5: der Richter soll verurtheilen, $\overset{"}{o}\tau\iota$ $\overset{"}{\alpha}\gamma\varepsilon\iota$; d. h. lediglich deshalb, weil die Thatsache des $\overset{"}{\alpha}\gamma\varepsilon\iota\nu$ stattgefunden hat.

Das Urtheil hat doppelten Inhalt. Erstens geht es auf die oben erwähnte Busse von 10 oder 5 Stat. Diese Busse ist an den Verletzten zu bezahlen — sie ist wie überhaupt im Gesetz so auch hier Privatbusse, mit dem doppelten Charakter, Strafe für den Eigenmächtigen, Schadensersatz für den zu sein, gegen den Eigenmacht geübt ist, also für den Herrn, der seinen Sklaven, für den thatsächlich Freien, der seine Freiheit entbehrt hat.

Zweitens enthält das Urtheil den Befehl, den Ducirten innerhalb dreier Tage[25] freizugeben, $\lambda\alpha\gamma\alpha\sigma\alpha\iota$, I 5—6. Die Wendung

---

[24] I 11—12. So muss das αἰ δ' ἀννίοιτο μὴ ἄγην gedacht werden: ἄγην ist dann dem Werthe nach = fortgeführt haben. Oder ἄγειν muss hier als Resultat des Fortführens, als 'bei sich haben' gedacht werden, etwa so viel wie 'mit sich führen'.

[25] Vgl. I 25: 5 Tage. Sonstige Fristen im Gesetz: 4 oder 3 Tage

ist nicht ganz correct, sie sollte lauten wie weiter unter I 24—26: ihn frei zu geben, falls er bisher als Freier lebte, oder, falls er bisher thatsächlich als Sklave lebte, ihn an den, der bisher als Herr fungirte, zurückzugeben.

Auffällig sind die 3 Tage Frist: man sollte meinen, dass mindestens die Freigebung einer bisher frei lebenden Person sofort hätte geschehen müssen [26].

Wird der Freigebungsbefehl in den 3 Fristtagen nicht erfüllt, so kommt es zu einem zweiten Vorprozess und einer zweiten Verurtheilung [27]. Wegen jedes — ich denke: weiteren, also auf die drei Fristtage folgenden — Tages der eigenmächtigen Vorenthaltung der Person wird bei einem bisher thatsächlich Freien auf 1 Stat., bei einem bisher thatsächlich als Sklave Lebenden auf 1 Drachme verurtheilt: dasselbe Verhältniss der Bussen wie oben I 3—4 (und weiter I 29. 31. IV 12—13). Die Schadensersatzfunction auch dieser Busse liegt klar zu Tage: dem bisherigen Herrn wurde die Arbeitskraft seines Sklaven, dem Freien die Möglichkeit eigenen Verdienstes entzogen. Weil aber diese Busse zugleich als Strafe dient, ist sie exorbitant hoch gegriffen, viel höher als die Durchschnittssumme des Schadens sein kann [28]. 'Wegen der Zeit soll der Richter schwörend erkennen' I 10—11, d. h. über die Zahl der Tage, in denen der Mensch unberechtigt vorenthalten ist. Denn es hätte ja doch wenn inzwischen der Ducirte freigegeben war, zweifelhaft sein können, wann die Freigebung geschehen sei. Vielleicht ist auch mit dieser Anordnung des ὀμνύντα κρίνειν dem Richter die Möglichkeit gegeben, etwaige Hinderungsgründe der Rückgabe — Krankheit u. s. w. — zu berücksichtigen, kurz nach röm. Ausdruck das tempus als utile, nicht als continuum zu berechnen (?).

Den Beschluss macht (I 11—13) die oben besprochene Bestimmung, wie die Thatsache des ἄγειν bewiesen werden solle. Da sie hier steht, so ist sie nicht nur auf den ersten sondern auch auf den zweiten Vorprozess zu beziehen, und die Worte

---

(XI 53, zweifelhaft), 5 Tage (II 31), 20 Tage (XI 48), 30 Tage (VIII 18). 60 Tage (VII 12), 2 Monate (VII 46), 1 Jahr (I 35. 46. IV 4. IX 29).

[26] Vgl. hierzu für das Interdictum de hom. lib. exhib. die L. 4 § 2 D. h. t. 43, 29: nec modicum tempus ad eum exhibendum dandum,

[27] καταδικασδέτω I 7.

[28] Ueber den täglichen Ertrag eines Sklaven s. Büchsenschütz, Besitz S. 205 fg.

'wenn der Beklagte das ἄγειν leugnet' bedeuten für diesen: 'wenn der Beklagte behauptet, er habe den Menschen nicht bei sich', also: er habe ihn innerhalb der drei Tage zurückgegeben.

III. Der Streit über das Recht (I 14—34).

Nun folgt der Hauptprozess, das Petitorium. Das Gesetz spricht nur über den Beweis und das Urtheil, doch ergeben sich indirect mehrere andere wichtige Rechtssätze.

1. Der alte Satz des römischen[29] und attischen[30] Rechts, dass in jedem Freiheitsprozess, auch bei der vindic. in libertatem, während schwebenden Prozesses der vermeintliche Sklave als frei zu behandeln sei — vindicias dicere secundum libertatem — gilt nach dem Recht von Gortyn nicht. Der Beanspruchte bleibt vielmehr während des Prozesses, da Eigenmacht untersagt ist, das, was er factisch bei Beginn des Prozesses war, also je nach dem Sklave oder frei. So erklärt sich denn auch, was für das röm. Recht unmöglich ist, dass nach I 24 fg. dem Besitzer des für frei erklärten Menschen dessen Freigebung obliegt: wären die Vindicien secundum libertatem ertheilt gewesen, so wäre ein solcher Satz gegenstandslos.

2. Parteien sind die beiden angeblichen Herren des Menschen oder der angebliche Herr und der adsertor in libertatem. Der, welcher den Menschen thatsächlich (als Sklaven oder Freien) bei sich hat, ist ὁ ἔχων (I 24), sei er nun der adsertor oder der angebliche Herr. Der ἔχων ist Beklagter, denn Kläger[31] ist naturgemäss, wer den vorhandenen Zustand geändert sehen will: insofern entscheidet sich die Parteirolle zunächst nach dem Besitz.

3. Doch ist 'Kläger' hier nur in dem Sinne genommen 'wer den Prozess beginnt', nicht in dem Sinne einer besonderen Parteirolle für den weiteren Prozess. Denn beim Gortyner Freiheits- und Eigenthumsprozess steht ebenso wie bei der römischen legis actio sacramento in rem jeder Vindicatio eine Contravindicatio gegenüber — jede Partei ist zugleich Kläger und Beklagter:

---

[29] Ein Satz aus der Zeit vor den XII tab.: ius quod ex vetere iure in XII tabulas transtulerat, Pompon. in l. 2 § 24 D. de O. I. 1, 2. XII tab. VI 6. Livius III 44 ff.

[30] Platner II S. 237 und Thalheim S. 26 N. 5 mit Citaten. S. besonders Plato, leges XI p. 914 E.

[31] ὅς μέλλῃ ἀνφιμολῆν I 1.

der adsertio in libertatem (αἴ κα μολῇ ὁ μὲν ἐλεύθερον) wird mit der contravindic. in servitutem (ὁ δὲ δῶλον) geantwortet, und umgekehrt, und ebenso behauptet beim gewöhnlichen Eigenthumsprozess jede Partei, Eigenthümer zu sein: φωνίοντες ϝὸν ϝεκάτερος ἤμην I 18. Die für das röm. Recht so viel besprochene Contravindication[82] erscheint in unserem Gesetz als etwas selbstverständliches, und dadurch bestätigt sich aufs Neue, wie wenig diese Erscheinung einer anderen Erklärung bedarf als der, dass eben für die naive Auffassung gegenüber dem Anspruch das blosse Leugnen nicht ausreicht: wenn der Beklagte nicht ein eigenes Recht für sich behauptet, ist er jedenfalls noch minder berechtigt die Sache zu haben als der Kläger, der wenigstens die Behauptung eigenen Rechts aufstellt, und muss diesem weichen[83].

4. Ebenso wie bei der röm. Vindicatio und Contravindicatio[84] haben daher auch im Gortyner Freiheits- und Eigenthumsprozess beide Parteien den Beweis für ihre Behauptung zu erbringen, und zwar immer durch Zeugen. Nur fällt die für das röm. Recht erhobene Schwierigkeit, was geschehen soll, wenn keine Partei den Beweis erbringt, ob dann der den Besitz behält,

---

[82] Literatur dieser berühmten Frage: Keller-Wach, Civilprozess Note 204. 210. Dazu noch Wendt in Iherings Jahrbüchern 21 S. 88. Ueber fremde Rechte: Liter. bei Ihering Geist III 1 N. 114 a. E. S. auch Leist S. 490 fg.

[83] In gewissem Sinne ist auch im späteren röm. Recht bei jeder liberalis causa eine contravindicatio möglich. Der Beklagte kann seinerseits den Beweis für Freiheit oder Sklaverei übernehmen und damit erwirken, dass die Pronuntiatio des Richters nicht blos die Negation der klägerischen Behauptung (eum servum A¹ A¹ non videri, liberum non videri) sondern das conträre Gegentheil derselben (eum liberum videri, servum N¹ N¹ videri) ausspricht. Vgl. l. 14 D. de prob. 22, 3. — Ja nach l. 27 § 1 D. de lib. causa 40, 12 könnte man sogar schliessen, dass gegen die vindic. in libertatem die contravind. in servit. nothwendig war. Denn während des Prozesses lebte der Beanspruchte kraft der Vindicienertheilung als Freier; wenn nun der Kläger zwar nicht bewies, dass er frei sei, wohl aber, dass er nicht Sklave des beklagten vermeintlichen Herren sei, so lautete das Urtheil zwar nicht eum liberum aber doch eum servum N¹ N¹ non videri, wie aus jener Stelle zu entnehmen. War der adsertor bei diesem Urtheil verpflichtet, ihn dem Beklagten auszuliefern? Das ist schwer zu glauben. Wenn aber nicht, so folgt, dass der Beklagte, um den Sklaven zurückzubekommen, seinerseits den Beweis eigenen Rechts führen musste.

[84] Für die ich das mit der jetzt herrschenden Meinung (s. Wach bei Keller N. 210) annehme.

dem die Vindicien ertheilt waren, nach dem eigenthümlich gestalteten Beweisrecht des Gortyner Rechts fort, denn:

a) I 14—17: bei der causa liberalis, also bei der vindic. in servitutem wie in libertatem soll bei einander entgegenstehenden Zeugenaussagen[35] ohne Rücksicht auf die Zahl[36] der für jede Partei aussagenden Zeugen zu Gunsten der Freiheit geurtheilt werden[37] — wozu es lohnt den römischen Satz zu vergleichen: si testes non dispari numero tam pro libertate quam contra libertatem dixerint, pro libertate pronuntiandum esse saepe constitutum est[38].

b) I 17—23: im Eigenthumsprozess aber zwischen zwei Herren über einen Sklaven soll, wenn Zeugenaussagen fehlen oder einander entgegenstehen, der Richter selbst nach freiem Ermessen entscheiden.

5. Das Urtheil (I 23—26) enthält den Ausspruch (pronuntiatio), dass der betreffende Mensch frei, oder dass er Sklave des Besitzers, des Nichtbesitzers sei. Lautet es zu Gunsten des ἔχων, der den Menschen thatsächlich bei sich hat, so bleibt Alles beim Alten: der Sklave Sklav desselben, der Freie frei. Ist gegen den ἔχων entschieden[39], so muss dieser nunmehr den Menschen, wenn er als Freier anerkannt ist, freigeben, wenn er als Sklave des Nichtbesitzers anerkannt ist, diesem 'in die Hände'[40] zurückgeben. Dass auch zu dieser Freigabe oder Rückgabe in dem Richter-

---

[35] Die, welche 'aussagen, dass er frei sei', sind Zeugen, nicht der adsertor in libertatem: denn der müsste im Singular stehen; auch ist ἀποφωνεῖν in unserem Gesetz überall sonst Zeugenaussage; die Parteiaussage heisst φωνεῖν. S. 1 Theil, V. Kap., Note 1. — ἐλεύθερον heisst: dass er frei sei. Falsch, ἐλευθέρων zu lesen: an den Unterschied zwischen Sklaven als Zeugen und Freien als Zeugen ist nicht gedacht.

[36] 'Wieviele aussagen' I 16 ist doch wohl nur so zu verstehen. Doch ist das ὅσσοι eine nicht sichere Ergänzung.

[37] Und wenn Zeugenaussagen ganz fehlen? Dann wohl auch hier freie Entscheidung des Richters.

[38] L. 24 § 1 D. de manum. 40, 1; dazu: l. 21 § 3 D. de test. 22, 5. Ueber den favor libertatis überhaupt vgl. auch l. 24 pr. cit., und dazu l. 38 pr. D. de re iud. 42,1. L. 20 u. 179 D. de R. I. 50, 17. L. 10 § 1 D. de manum. test. 40, 4.

[39] νικαθῇ I 23.

[40] Die 'Hände' erinnern an die manus als Gewalt, mancipium, manumissio u. s. w. des röm. Rechts; dazu vielleicht derselbe Begriff im mundium des germanischen Rechts; s. Ihering Geist II 1 § 32 bei N. 220 ff. N. 223.

spruch verurtheilt wird, sagt das Gesetz hier nicht, während es beim Besitzprozess das ausdrücklich gesagt hat (I 5). Diese Verschiedenheit kann ich bei dem Bestreben des Gesetzes genau zu sein nicht für zufällig ansehen; ich schliesse also, dass das Urtheil des Hauptprozesses nur eine pronuntiatio, keine condemnatio enthält, gerade wie bei der altrömischen legis actio sacramento in rem [41] und der Vindication mit formula petitoria [42]. Die Pflicht, den Menschen zurück- oder freizugeben, folgt aus der pronuntiatio von selbst. Nicht einmal das ist bezeugt (darum aber doch nicht ausgeschlossen), dass der Richter, wie bei der römischen Vindication mit formula petitoria, im Anschluss an das Haupturtheil den Rath (arbitratus, iussus de restituendo) gab, gutwillig den Menschen frei- oder zurückzugeben oder wenigstens vom Kläger fortführen zu lassen [43].

Der Beklagte hat jetzt 5 Tage Frist [44], dem Urtheil freiwillig nachzukommen. Erst wenn er diese hat verstreichen lassen [45], erfolgt auf Antrag des Klägers, also in einer Art von Nachprozess, durch neuen Richterspruch [46] eine Geldcondemnation gegen den Säumigen. Die Condemnationssumme beträgt für den Fall des Freien, d. h. hier, dass der Mensch als Freier anerkannt ist, 50 Stat., für den Fall des Sklaven, d. h. hier, dass der Sklave als Sklave des Klägers, sei es bei der vindic. in servitutem, sei es im Eigenthumsprozess, anerkannt ist, 10 Stat., beides als einmalige Pauschalsumme [47], und für jeden — ich ergänze auch hier wie I 6: weiteren, d. h. nach den 5 Fristtagen liegenden — Tag der Vorenthaltung ersterenfalls 1 Stat., letzterenfalls 1 Dr. (die Sätze, die wir aus I 8 kennen). Es ist bemerkenswerth, dass auf die Hauptsumme (50—10 Stat.) beim Besitzprozess sofort

---

[41] Nur dass hier natürlich die pronuntiatio als directen Inhalt lediglich den hat, utrius sacramentum iustum, utrius iniustum sit.

[42] In deren Formen zur classischen Zeit höchst wahrscheinlich auch die Freiheitsprozesse verhandelt wurden. So neuerdings überzeugend Lenel, Edict. perpet. S. 305—307. 308 fg.

[43] In der Form duci servum debere ab eo qui vicisset erwähnt in l. 30 D. de lib. c. 40, 12; vgl. l. 36 eod. Vgl. v. Bethmann-Hollweg, Civilprozess II S. 241.

[44] Diese Frist ist I 25 nur für die Freigebung erwähnt, gilt aber für beide Fälle wie oben I 6.

[45] αἰ δέ κα μὴ λαγάσῃ ἢ μὴ ἀποδῷ (I 26—27).

[46] δικακσάτω I 27 fg.; ein zweiter Spruch wie oben l 7.

[47] Das Verhältniss der beiden Summen ist hier 5:1, oben (I 4) war es 2:1.

im Haupturtheil condemnirt wird, beim Hauptprozess aber erst in der Nachklage, die gegen den säumigen Besiegten gerichtet wird. Die Aehnlichkeit mit dem röm. Prozess springt wieder in die Augen: auch hier erfolgt die Geldcondemnation erst bei nicht freiwilliger Erfüllung durch einen neuen Richterspruch [48]. Diese Aehnlichkeit ist von Interesse. Dass der Beklagte in unserem Fall zur gutwilligen Rückgabe 5 Tage Frist hat, ist auch für das röm. Recht nicht unerhört: nur ist die Frist hier nicht gesetzlich fixirt sondern wird vom Richter ertheilt [49]. Ganz unbekannt ist dem röm. Recht freilich die Androhung von Bussen für jeden Tag der Säumniss.

IV. Erfüllung des Urtheils in beiden Prozessen (I 34—50).

Die folgenden vier Sätze bereiten dem Verständniss grosse Schwierigkeiten, obwohl jedes Wort für sich klar ist. Von den möglichen Erklärungen trage ich der Kürze halber nur eine vor, welche mir zwar nicht einwandsfrei aber doch noch die einwandfreieste zu sein scheint.

Der Beginn des ganzen Passus giebt den allgemeinen Fall an, bei dem die folgenden Regeln Platz greifen: 'wenn der Richter verurtheilte'. Dieses $καταδικάζειν$ ist das technische Wort für 'auf Geld verurtheilen' [50]. Also ist nicht das erste Urtheil des Hauptprozesses, sondern das zweite im Nachverfahren gemeint. Aber dieses nicht allein; dieselben Fragen, wie für den Hauptprozess, treten auch für den Besitzprozess auf; es steht also nichts im Wege und ist sogar, da auch der Schluss des ganzen Abschnitts (I 50 ff.) noch einmal auf das $ἄγειν$ zurückkommt, das Näherliegende, anzunehmen, dass die Sätze I 34—50 sich sowohl auf den Streit über das $ἄγειν$ (den Besitz) als auch auf den über das Recht beziehen. Hiernach bedeutet denn der erste Satz (I 34—38): Wenn der Richter im Nachverfahren nach dem possessorischen oder petitorischen Prozess auf 1 oder $1/2$ Stater für

---

[48] Ueber das arbitrium litis aestimandae der legis actio sacr. in rem s. Keller bei N. 223, bei der vindic. durch formula petitoria denselben N. 322. 323.

[49] Bei der Sachvindication: l. 27 § 4 D. de r. v. 6, 1. L. 6 § 2 a. E. D. de conf. 42, 2. Bei der Endverurtheilung zu einer Geldsumme geniesst der Schuldner sogar 30 Tage Frist: XII tab. III 1 triginta dies iusti sunto. — S. indess auch oben Note 26.

[50] S. I 3. 7 verglichen mit I 5.

jeden kommenden Tag der Säumniss verurtheilt hat, so verfallen diese täglichen Strafgelder Tag für Tag von selbst; indess sistirt sich das weitere Anwachsen der Busssumme, falls, was vielleicht eintritt, vielleicht nicht ($\H{\eta}$ $\mu\varepsilon\~ιον$ I 36)[51], innerhalb eines Jahres das Triplum — wovon, das wird nachher zu erörtern sein — erreicht ist: mehr darf der Sieger nicht eintreiben[52], der Besiegte braucht nicht mehr zu zahlen.

Das Jahr rechne ich von dem ersten Urtheil im Besitz- oder Hauptprozess an, weil mit diesem bereits die Rückgabepflicht constatirt ist. Rücksichtlich der Zeit soll der Richter schwörend entscheiden; auch hier also ist zur Fixirung der einzutreibenden Summe ein Richteract nöthig oder möglich; wir müssen insofern noch von einem zweiten Nachverfahren reden.

Den nächsten Satz (Z. 38—45) lasse ich einstweilen bei Seite. Der dritte Satz (Z. 45—48) statuirt, was nun geschehen solle, wenn der Besiegte auch nach Ablauf des Jahres noch hartnäckig bleibt. Doch bespricht das Gesetz diess lediglich für den Sklaven; von dem Freien ist garnicht weiter die Rede[53], auch sind die folgenden Bestimmungen auf ihn unanwendbar, weil die Freiheit kein letztes Aequivalent in Geld hat. Aber was wird nun aus dem widerrechtlich festgehaltenen Freien? Wir erfahren nichts darüber, das Gesetz hat hier sachlich eine Lücke[54] — wohl deshalb, weil es den Fall für unwahrscheinlich hält, dass derjenige, dessen Freigebung anbefohlen war, nicht binnen kürzerer Zeit die Freiheit habe erreichen können. Dass Eigenmacht gegenüber dem

---

[51] Es kommt auf die objectiven Umstände an. Nicht hingegen kann mit dem $\H{\eta}$ $\mu\varepsilon\~ιον$ gemeint sein, die Höhe der Busssumme post annum sei vom Richter bis zum Maximum des Dreifachen beliebig festzusetzen, denn sonst würde das (wie ähnlich in VI 52 ff.) mit einem $\dot{ο}μνύντα$ $κρίνην$ gesagt sein, während Z. 37 fg. ein $\dot{ο}μνύντα$ $κρίνην$ nur rücksichtlich der Zeit anordnet.

[52] Diese Erklärung denkt $πράδδεσθαι$ I 35—36 also gleichbedeutend mit dem sonst gebrauchten $καταστασεί$.

[53] Beweis: I 46 spricht nur von $ἀποδῷ$.

[54] Für das röm. Recht ist die gleiche Frage sehr schwierig. Das interd. de homine libero exhibendo ist erst prätorischen Rechts, und auch nur bei unbestrittener Freiheit möglich: l. 3 § 7 D. h. t. 43, 29 (ohne Grund dagegen für das ältere Recht v. Bethmann-Hollweg a. a. O. I S. 139 N. 17); bei bestrittener Freiheit liberale iudicium. Zum Behuf der Vindicienertheilung ist der homo vor den Prätor zu bringen. Wenn das aber der Besitzer nicht thut? Dann ist er wohl indefensus, mit allen Folgen. Vgl. Keller a. a. O. Note 755 ff. § 65 ganz; Lenel, Ed. perp. S. 382; lex Rubria c. 22 Z. 46 (51).

säumigen Besiegten erlaubt ist, sagt der Schluss der Tafel (I 55); ob directe magistratische Hilfe möglich ist, wissen wir nicht, da es wohl kaum angeht, den Satz I 50—54 über das $\ddot{\alpha}\gamma\varepsilon\iota\nu$ des Kosmos hierauf zu beziehen. Schwer allerdings ist es glaublich, dass bei längerer Vorenthaltung des freien Menschen die Behörde garnicht eingeschritten sein sollte.

Vom Sklaven heisst es: wird er vor Ablauf des Jahres ($\dot{\varepsilon}\nu\ \tau\tilde{\omega}\ \dot{\varepsilon}\nu\iota\alpha\nu\tau\tilde{\omega}$) nicht in natura zurückgeliefert[55], so muss zu jenem Triplum noch einmal das Simplum[56] hinzugezahlt werden. Und dann? dann scheint der Zwang erschöpft zu sein, und wir müssen aus dem Schweigen des Gesetzes schliessen, dass der Sklave selbst nun nicht mehr herausgegeben zu werden braucht, vielmehr durch Zahlung des Vierfachen des alten Herren ledig und an den neuen übergegangen ist. Der Sieger ist so zu sagen exproprürt, gerade wie in Rom durch Zahlung der Litisästimation das Eigenthum der vindicirten Sache an den Verurtheilten überging. Nach dieser Auslegung haben wir auch für den Gortyner Prozess im Effect ebenso wie für den römischen das Princip der Geldcondemnation[57].

---

[55] I 45—46: $\alpha\iota\ \delta\acute{\varepsilon}\ x\alpha\ \mu\eta\delta'\ \alpha\dot{\upsilon}\tau\acute{o}\nu$ (scil. $\tau\grave{o}\nu\ \delta\tilde{\omega}\lambda o\nu$) $\dot{\alpha}\pi o\delta\tilde{\omega}\ \dot{\varepsilon}\nu\ \tau\tilde{\omega}$ $\dot{\varepsilon}\nu\iota\alpha\nu\tau\tilde{\omega}$. Dieses $\mu\eta\delta\acute{\varepsilon}$ macht Schwierigkeiten. Da es vor $\alpha\dot{\upsilon}\tau\acute{o}\nu$ steht, scheint das $\alpha\dot{\upsilon}\tau\acute{o}\nu$ den Gegensatz zum vorigen zu bilden; danach bezöge sich dann der Satz Z. 34—38 nur auf das Nichtbezahlen der Urtheilssumme, welche also nach einem Jahre dreifach eingezogen würde (vgl. auch Thalheim S. 108 N. 4. 5), dieser Satz Z. 45—46 aber auf das Nichtzurückgeben des Sklaven selbst. Aber damit ergeben sich anderweite mir unlösbare Schwierigkeiten in der Erklärung. Ich beziehe deshalb das $\mu\eta\delta\acute{\varepsilon}$ eher auf $\dot{\alpha}\pi o\delta\tilde{\omega}$ als Fortsetzung zu $\mu\grave{\eta}\ x\alpha\lambda\tilde{\eta}\ \tilde{\eta}\ \mu\grave{\eta}$ $\delta\varepsilon\iota x\sigma\eta$ in Z. 44 = wenn er nicht lädt oder nicht beweist und auch ihn selbst nicht zurückgibt. [56] Wörtlich: 'die Simpla' I 47.

[57] Correcter vielleicht: das Princip, dass jede Urtheilsschuld schliesslich in eine Geldschuld verwandelt wird. — Weitere Spuren: in X 20 fg. XI 32. 34 fg. und auch in IX 25. 31 erscheint das Judicat schlechthin als Schuldgrund; mindestens in den ersten beiden Stellen ist die Urtheilsschuld als Geldschuld ($\dot{\upsilon}\pi\varepsilon\varrho x\alpha\tau\iota\sigma\tau\acute{\alpha}\mu\eta\nu$ XI 35) gedacht. S. oben S. 59. — Die Schenkung geht auf $\chi\varrho\acute{\eta}\mu\alpha\tau\alpha$ (XII 16) und wird doch in Geld berechnet (X 15 fg.); Berechnung der Vertragsschuld (was für einer?) in Geld IX 47 ff. — Nicht zwingend dagegen, dass das Urtheil mehrfach auf Rückgabe 'der Sache selbst' geht (III 4. 5. 12), denn anderwärts heisst es auch, es gehe 'auf die Sache doppelt' (III 15. V 39), wo doch mindestens ein Simplum sicher als Geldwerth gedacht ist. Für Verurtheilung auf Geld vielleicht auch das dabei gebrauchte Wort $x\alpha\tau\alpha\sigma\tau\alpha\sigma\varepsilon\tilde{\iota}$ III 11. 14. V 38; freilich in III 5 $\dot{\alpha}\pi o\delta\acute{o}\tau\omega$, was indess ebenfalls auf Geld gehen kann, vgl. VI 50. — Verurtheilung auf Geld auch in VI 22. 42. IX 13.

In der Annahme, dass der Besiegte durch diese Geldleistung frei wird, bestärkt der nächste Satz Z. 48—50, der sich dann inhaltlich ungezwungen anschliesst: er entscheidet mit fast gleichen Worten einen weiteren Fall, in welchem der Verurtheilte ebenfalls statt des Sklaven eine Geldsumme und zwar das vorgenannte Simplum, zu zahlen hat und dadurch zweifellos frei wird. Der Fall ist der, dass der Sklave[58] während des Prozesses stirbt. 'Während des Prozesses' — darunter verstehe ich nicht den Prozess vor dem Urtheil. Es wäre höchst unbillig, den Besitzer schlechthin haften zu lassen, obwohl er in der Hauptsache vielleicht Recht bekommen hätte — man müsste denn annehmen, dass trotz des Todes der Prozess weitergeführt und die Verpflichtung zur Erlegung des Werthes nur eingetreten wäre, wenn das Urtheil gegen den $\ddot{\alpha}\gamma\omega\nu$ oder $\ddot{\epsilon}\chi\omega\nu$ entschieden hätte. Richtiger erklärt man die $\mu o \lambda \iota o \mu \acute{\epsilon} \nu \alpha$ $\delta \acute{\iota} \kappa \alpha$ hier wohl als den zwar entschiedenen aber noch nicht durch Rückgabe des Sklaven erledigten Prozess. Tritt hier die Unmöglichkeit der Herausgabe durch Asyliren des Sklaven ein, so ist der Besiegte seiner Verpflichtung ledig; tritt sie durch Tod des Sklaven ein, so wird die gesetzte Busse von 1 Dr. per Tag nicht (oder nicht weiter?[59]) verwirkt; der Besiegte und in der Rückgabe säumige Judicatsschuldner hat aber den casuellen Tod zu vertreten und muss (zu den schon verwirkten Bussen hinzu oder überhaupt nur?[59]) das Einfache zahlen.

Nun bleibt die Hauptfrage: was ist jenes Triplum ($\tau\grave{\alpha}$ $\tau\rho\acute{\iota}\tau\rho\alpha$ in Z. 36) und Simplum ($\tau\grave{\alpha}\nu\varsigma$ $\dot{\alpha}\pi\lambda\acute{o}o\nu\varsigma$ $\tau\iota\mu\acute{\alpha}\nu\varsigma$ in Z. 47, $\tau\grave{\alpha}\nu$ $\dot{\alpha}\pi\lambda\acute{o}o\nu$ $\tau\iota\mu\acute{\alpha}\nu$ in Z. 49 fg.)? Mir scheint vor Allem nöthig, das Dreifache als das Dreifache gerade dieses Einfachen, der $\tau\iota\mu\acute{\alpha}$ anzusehen, alle drei Ausdrücke also in gleicher Weise zu erklären[60]. Was ist nun dieses Simplum? Es mag am nächsten liegen, an diejenige Summe zu denken, welche unmittelbar vor den $\tau\varrho\acute{\iota}\tau\varrho\alpha$ angegeben ist: an die Condemnationspauschalsumme[61] von 10 Stat. in I 32 und folgeweise von 5 Stat. im Be-

---

[58] Wie in den vorigen Sätzen denke ich auch hier nur an den Sklaven, nicht an den Freien.

[59] Es heisst Z. 50 blos $\varkappa\alpha\tau\iota\sigma\tau\alpha\sigma\epsilon\tilde{\iota}$, nicht wie Z. 47 $\dot{\epsilon}\pi\iota\varkappa\alpha\tau\alpha\sigma\tau\alpha\sigma\epsilon\tilde{\iota}$.

[60] Aber warum der Plural $\tau\grave{\alpha}\nu\varsigma$ $\tau\iota\mu\acute{\alpha}\nu\varsigma$ in Z. 47? Nur wegen der Kongruenz mit dem sprachlich üblichen Plural $\tau\grave{\alpha}$ $\tau\varrho\acute{\iota}\tau\varrho\alpha$ in Z. 36? Oder weil an zwei Fälle, den des Besitzprozesses und den des Hauptprozesses, gedacht ist? Aber warum in Z. 49 dann bloss der Singular $\tau\grave{\alpha}\nu$ $\tau\iota\mu\acute{\alpha}\nu$? Diess bleibt bei beiden folgenden Erklärungen unaufgehellt.

[61] Unmöglich, an das Triplum aller aufgelaufenen Bussgelder

sitzprozess I 4. Aber dabei ergeben sich Schwierigkeiten, die mir unlöslich erscheinen [62]. Ich fasse deshalb τιμά als Werth zu denken: das wäre ein Fixum, ἢ μεῖον Z. 36 aber verlangt eine nach den Umständen wechselnde Summe (oben N. 51). Auch müsste es dann einfach heissen: nach einem Jahr das Triplum der aufgelaufenen Summe und ein Simplum des Werths dazu — die Zerreissung dieser einheitlichen Satzung in die zwei Sätze I 35—37 und I 45—48 wäre unverständlich.

[62] Das Resultat dieser Erklärung wäre diess: innerhalb eines Jahres wachsen die Strafgelder auf höchstens dreimal 10 oder dreimal 5 Stat. an, dann sistirt sich ihr Lauf; nach einem Jahre ist der Besiegte gegen Zahlung weiterer 10 oder 5 Stat. seiner Verpflichtung ledig; für den gestorbenen Sklaven hat er überhaupt nur 10 oder 5 Stat. zu geben. Indess: 1) Für jeden Tag der Säumniss verfällt eine Dr. (= $^1/_2$ Stat.) Strafgeld. Nehme ich nun auch, was für diese Erklärung günstiger ist, an, dass das Triplum noch zu der Pauschalsumme hinzukommen soll, so ist dieses Triplum von 30 oder 15 Stat. doch jedenfalls im Hauptprozess in 65 Tagen (30 Stat. = 60 Dr. = 60 Tage, dazu 5 Fristtage) und im Besitzprozess in 33 Tagen (15 Stat. = 30 Dr. = 30 Tage, dazu 3 Fristtage) erreicht; für die übrigen 289 bezw. 321 Tage des Jahres (das ich zu 354 Tagen rechne) soll der Besiegte also busselos säumig bleiben können. Rechnet man die Pauschalsumme in das Triplum hinein, so tritt sogar schon nach 45 bezw. 23 Tagen Busselosigkeit ein. Nun stellt unser Gesetz aber sogar als möglich hin, dass jenes Triplum in dem Jahre nicht einmal erreicht werde (ἢ μεῖον I 36), und diese Möglichkeit leuchtet nicht ein, selbst dann nicht, wenn man wie oben (S. 85) geschah, annimmt, dass der Richter das tempus als utile berechne. Man könnte sich höchstens noch durch die Erklärung zu helfen versuchen, dass der Richter bei seinem Schwurerkenntniss über die Zeit der Säumigkeit ganze Zeiträume, wie z. B. den gleich darauf im Gesetz erwähnten, wo der Sklave im Asyl ist, nicht mitrechnet. 2) Die schliessliche Abfindungssumme würde im Ganzen, jenachdem man die Pauschalsumme mitrechnet oder nicht, im Hauptprozess 40—50 Stat., im Besitzprozess 20—25 Stat. betragen; im Fall des Todes aber würden im Ganzen 10—20 oder 5—10 Stat. gezahlt. Es ist aber unverständlich, warum diese Abfindungssummen im Besitzprozess geringer sein sollen als im Hauptprozess. 3) Auch sind diese Summen an sich zu gering. Denkt man in jenen Summen von 40—50 oder 20—25 Stat. auch an gar kein Poenalelement, so müssen sie doch mindestens dem Höchstwerth eines Sklaven gleichkommen. Diese Annahme ist aber nach der Höhe der in unserem Gesetz bei Sklaven vorkommenden Busssatzungen (bis 200 Stat.!) und nach dem, was wir sonst von Sklavenpreisen in Griechenland wissen (s. Büchsenschütz, Besitz S. 200—205), fast unmöglich. 4) Endlich lässt sich nicht einsehen, warum im Falle des Todes des Sklaven gerade 10 bezw. 20 Stat. oder 5 bezw. 10 Stat. gezahlt werden sollen, da diese doch jedenfalls dem Werthe des Sklaven nicht gleichkommen.

des Sklaven und τὰ τρίτρα ebenso als das Dreifache dieses Werthes auf. Der Sinn ist dann der: im Hauptprozess wie im Besitzprozess wird das tägliche weitere Anwachsen der Busssumme sistirt, falls und sobald dieselbe, vielleicht mit, vielleicht ohne Einrechnung der Pauschalbusssumme von 10 oder 5 Stat., die dreifache Höhe des Werths des Sklaven vor Ablauf eines Jahres seit dem Urtheil erreicht hat[63]. Nach diesem Jahr wird ein viertes Simplum des Werthes fällig, und damit ist die Sache dann aus: gegen Zahlung des vierfachen Werths des Sklaven und vielleicht noch dazu der einmaligen Busssumme von 10 oder 5 Stat. kann also der im Hauptprozess wie im Besitzprozess Besiegte den Sieger abfinden. Wenn aber der Sklave vor der Rückgabe stirbt, so braucht der Besiegte nur seinen einfachen Werth zu ersetzen. —

Der vorher noch nicht erklärte Zwischensatz I 38—45 weist wohl auf eine ähnliche Einrichtung hin, wie wir sie im attischen[64] und römischen Recht, in letzterem freilich nur aus den Provinzen recipirt[65], kennen. Unter Umständen, namentlich bei zu grosser Grausamkeit des Herrn, konnte der Sklave Zuflucht in gewissen Heiligthümern suchen und dann erzwingen, dass der Herr ihn an einen anderen Herrn verkaufte. Nach röm. Recht unterliegt dieser Verkaufsantrag der Cognition des praefectus urbi oder des praeses provinciae, für Athen wissen wir nichts Sicheres[66].

---

[63] Die höchstmögliche Busssumme eines Jahres würde also im Hauptprozess (5 Fristtage und 349 Straftage zu $1/_2$ Stat.) $174^1/_2$ Stat., und mit Hinzurechnung der Pauschalsumme $184^1/_2$ Stat., im Besitzprozess (3 Fristtage, 351 Straftage) $175^1/_2$ oder $180^1/_2$ Stat. betragen. Damit kann sehr wohl der dreifache Werth eines geringwerthigen Sklaven bereits überschritten sein.

[64] Darstellung und Beweisstellen bei Lipsius I S. 180. II S. 625 ff. Büchsenschütz, Besitz S. 151 ff. Gilbert, Griech. Staatsalterth. I S. 165.

[65] Rescript des divus Pius: Gai. I 53. L. 1 § 2. L. 2 D. de his qui sui 1, 6. § 2 I. eod. 1, 8. Collat. leg. Mos. III 3. Gaius a. a. O. berichtet, dass das Kaiserrescript, welches an den Proconsul von Baetica gerichtet war, nur die rechtliche Anerkennung einer in mehreren Provinzen vorhandenen Rechtssitte enthielt (consultus a quibusdam praesidibus provinciarum de his servis, qui ad fana deorum vel ad statuas principum confugiunt, praecepit etc.).

[66] Für Rom: die citt. Stellen und L. 1 § 1. 8 D. de off. praef. urb. 1, 12; für Athen: Lipsius II S. 626—627. Vgl. auch Thalheim S. 26 N. 2 'In der Mysterieninschrift von Andania scheint der Priester zu entscheiden, in wie weit ein Sklave das Asylrecht mit Grund in Anspruch genommen habe'.

Einen Anwendungsfall zeigt unser Gesetz. Der Sklave, auf dessen Herausgabe im Besitz- oder Eigenthums- oder Freiheitsprozess geklagt ist, flieht, sei es vor, sei es nach dem auf Herausgabe lautenden Urtheilsspruch, von dem Besitzer oder adsertor libertatis, bei dem er sich befindet ($\dot{o}$ $\ddot{\epsilon}\chi\omega\nu$), zu einem mit dem Asylrecht ausgestatteten Tempel[67]. Der verurtheilte Beklagte ist jetzt factisch nicht in der Lage, den Sklaven urtheilsmässig zu restituiren; es wäre hart, ihn trotzdem die immer anschwellenden Bussen bezahlen zu lassen. Das Gesetz giebt ihm also die Möglichkeit, sich der Zahlungspflicht dadurch zu entziehen, dass er den Gegner in solenner Weise, aussergerichtlich vor zwei Zeugen[68], auffordert[69], mit ihm und wohl auch den Zeugen zu dem Tempel hinzugehen, und ihm dort an Ort und Stelle nachweist, dass der Sklave dort sei[70]. Folgt der Kläger der Ladung nicht, so ist der Beklagte seiner Verpflichtung ledig. Unterlässt der Beklagte die rituelle Ladung, so hilft ihm später die Berufung darauf, der Sklave sei im Asyl gewesen, nichts; hat er zwar geladen aber den Sklaven nicht nachweisen können, so muss er ebenfalls zahlen, und zwar die oben normirten Bussen[71]. Die Ladung und den Spaziergang zum Tempel braucht der Beklagte übrigens nicht in Person vorzunehmen, er kann sich hierbei auch vertreten lassen[72]. Die Nützlichkeit dieser Satzung leuchtet ein; das Vorkommen eines Stellvertretungsverhältnisses sei ausdrücklich angemerkt.

---

[67] $\nu\alpha\epsilon\dot{v}\eta$ = er hält sich im Tempel auf; der Genetiv $\dot{\omega}$ = um dessentwillen; Subjekt zu $\nu\iota\varkappa\alpha\vartheta\tilde{\eta}$ ist also der beklagte Besitzer oder adsertor.

[68] Zwei, weil es sich um einen Sklaven handelt. S. oben 1. Theil, V. Kap. Note 30.

[69] $\varkappa\alpha\lambda\epsilon\tilde{\iota}\nu$. Vgl. dazu die attische $\pi\rho\dot{o}\varkappa\lambda\eta\sigma\iota\varsigma$, Platner I S. 255 ff. Andere derartige solenne Ankündigungen in unserem Gesetz: Aufforderung den Ehebrecher auszulösen vor 3 bezw. 2 Zeugen, $\pi\rho o\digamma\epsilon\iota\pi\dot{\alpha}\tau\omega$ II 28 ff.; Aufforderung an den geschiedenen Ehemann vor 3 bezw. (2) Zeugen, III 45 ff. 53 ff.; Ansage der Blutsfreunde der Erbtochter über Verheirathung der Erbtochter, $\digamma\epsilon\tilde{\iota}\pi\alpha\iota$ VIII 15 ff.; Ansage des Scheidungsgrundes Seitens des Mannes an die Frau u. s. w. vor Zeugen, $\pi\rho o\digamma\epsilon\iota\pi\dot{\alpha}\tau\omega$ XI 50 ff.

[70] I 42. $\dot{\epsilon}\pi\dot{\iota}$ $\tau\tilde{\omega}$ $\nu\alpha\tilde{\omega}$ gibt den Ort an, wo der Beweis geführt wird; $\dot{v}\pi\tilde{\eta}$ $\varkappa\alpha$ $\nu\alpha\epsilon\dot{v}\eta$ das Object des Beweises.

[71] Beide Fälle unterscheidet das Gesetz kurz und correct durch das 'oder' in I 44.

[72] I 42–43: $\ddot{\eta}$ $\alpha\dot{v}\tau\dot{o}\varsigma$ $\ddot{\eta}$ $\ddot{\alpha}\lambda o\varsigma$ $\pi\rho\dot{o}$ $\tau o\dot{v}\tau\omega$ (zu ergänzen $\dot{\alpha}\pi o\delta\epsilon\iota\varkappa\sigma\dot{\alpha}\tau\omega$.)

Uebersehen wir die vier Sätze jetzt im Zusammenhang, so zeigt sich, dass sie alle vier Bestimmungen enthalten, wonach der Verurtheilte zeitweise oder vollständig von weiterer Busszahlung frei wird: 1) zeitweise: wenn die Bussen das Triplum des Werths des Sklaven innerhalb eines Jahres erreicht haben; vollständig: 2) wenn der Sklave im Asyl nachgewiesen wird, 3) wenn nach Ablauf eines Jahres zu den aufgelaufenen Bussen noch sein einfacher Werth hinzugezahlt ist, 4) wenn der Sklave stirbt und sein einfacher Werth ersetzt ist.

V. Nachträge.

Die beiden Schlusssätze gehen ebenso wie der Nachtragssatz wieder auf das Anfangsverbot des ἄγειν πρὸ δίκας zurück.

1. Nach I 50—54 soll, wenn ein Kosmos oder in seinem Auftrag[73] ein Anderer einen Menschen gewaltsam fortführt, ein Prozess darüber erst nach beendigter Amtsführung[74] möglich sein, und der Kosmos hat dann, falls er in diesem Prozess unterliegt, also seine Wegführung als unrechtmässig anerkannt wird, die oben im Gesetz angeführten Bussen zu erlegen, und zwar (s. oben S. 19 zu dieser Stelle) von dem Tage ab, an dem er unberechtigt wegführte. Gedacht ist also insbesondere an die täglichen Strafgelder von 1 Stat. oder 1 Dr. Die drei Fristtage I 6 scheinen dem Kosmos nicht zu Gute zu kommen.

Leider wissen wir nicht, an was für ein ἄγειν Seitens des Beamten gedacht ist; schwerlich wohl an ein amtliches ducere[75], für das er dann nach Schluss seiner Amtszeit verantwortlich wäre, etwa an ein Verhaften oder gar ein unmittelbares Eingreifen zum Schutz der Freiheit oder des Eigenthums; viel eher wohl an ein lediglich privates ducere, z. B. weil der Kosmos den Ducirten für seinen Sklaven hält. Damit wäre dann zu vergleichen, dass in Rom die höheren Magistrate während ihrer Amtszeit nicht in ius vocirt werden durften[76].

2. Der Schlusssatz I 55—II 2 sichert Busselosigkeit demjenigen zu, der 'den des Besiegten und den verpfändeten' eigen-

---

[73] κοσμίοντος I 51 als Genetiv des Vertretenseins oder Auftrags wie auch in VI 48.
[74] ἢ κ' ἀποστᾷ I 52, s. S. 54 N. 3.
[75] So z. B. das ductus sit in l. 13 § 2 D. de ini. 47, 10; dazu § 1 ib.
[76] L. 2 de in ius voc. 2, 4.

mächtig wegführt [77]. Wer ist hier als 'Wegführender' gedacht? Nur der im Satz vorher erwähnte Magistrat, so dass diesem damit insbesondere das Recht zur unmittelbaren zwangsweisen Urtheilsvollstreckung gegeben wäre? Mit dieser Annahme wäre die oben (S. 91) aufgeworfene Frage gelöst, wie dem widerrechtlich festgehaltenen Freien zur Freiheit verholfen werden konnte. Aber wozu dann die ganze langwierige indirecte Urtheilserzwingung durch Geldbussen, wie sie die I. Tafel vorträgt? Richtiger ist es daher anzunehmen, dass das Gesetz den Prozesssieger und Pfandgläubiger selbst meint.

a) Der Pfandgläubiger hat das Recht den ihm verpfändeten Sklaven (bei Nichterfüllung der Schuld) eigenmächtig in Besitz zu nehmen. Auch für Athen ist dieser Satz bezeugt [78]; auch dort werden Pfandrecht und Urtheil gern zusammengestellt [79].

b) Der Prozesssieger kann eigenmächtig 'den des Besiegten' mit sich nehmen. Von was für einem 'Besiegten' ist die Rede? Eine engere und eine weitere Auslegung ist möglich. Die weitere denkt als den Prozess, in dem der Gegner 'besiegt' ist, jeden beliebigen: jedem Judicatsschuldner gegenüber ist dem siegreichen Kläger zur Execution des Urtheils wie die eigenmächtige Pfändung sonstiger beliebiger Sachen so auch die eigenmächtige Fortführung eines dem Verurtheilten gehörigen Sklaven — das ist dann wörtlich 'der des Besiegten' — als Pfandobjects gestattet. Wir wissen [80], dass in Athen der siegreiche Kläger bei jedem Urtheil sich durch eigenmächtige Pfändung von beliebigen Vermögensstücken des Beklagten helfen konnte, auch wenn das Urtheil nicht gerade auf Herausgabe dieser Sachen ging. Die Vermuthung ist indess nicht zu gewagt, dass diese specielle Realexecution erst eine spätere Bildung war, die nach Aufhebung der Personalexecution [81] entstand, wie sie ja auch dem älteren röm. Recht fremd ist. Wir verwerfen jene Auslegung daher auch für Gortyn.

---

[77] Vgl. Lex Rubria c. XXI Z. 19—20: queique eorum quem, ad quom ea res pertinebit, duxserit, id ei fraudi poenaeve ne esto.

[78] Inbesitznahme = $\dot{\varepsilon}\mu\beta\alpha\tau\varepsilon\acute{\upsilon}\varepsilon\iota\nu$, $\dot{\varepsilon}\xi\acute{\alpha}\gamma\varepsilon\iota\nu$. Platner II S. 294—295, vgl. auch II S. 307 nebst Citaten. Heffter S. 268. Thalheim S. 90 N. 1.

[79] z. B. Isaeus X 24 p. 62 $\vartheta\varepsilon\acute{\iota}\eta\nu$ — $\varkappa\alpha\tau\alpha\delta\varepsilon\delta\iota\varkappa\alpha\sigma\mu\acute{\varepsilon}\nu o\nu$.

[80] Heffter S. 455 N. 2. Platner I S. 434 ff. Thalheim S. 115—116.

[81] Ueber Personalexecution Heffter S. 456. Platner I S. 434 oben. Thalheim S. 19 N. 3. S. 118 N. 1—3.

Die engere Auslegung denkt als den Prozess, in dem der Gegner besiegt ist, nur einen der Prozesse, von dem die I. Tafel unseres Gesetzes vorher gesprochen hat: den Besitzprozess, den Eigenthumsstreit über einen Sklaven, den Freiheitsprozess in seiner doppelten Gestalt. 'Der des Besiegten' ist dann nicht der dem Besiegten gehörige Sklav, sondern der bei dem Besiegten befindliche unfreie oder auch freie Mensch, dessen Herausgabe oder Zurückgabe dem Besiegten obliegt.

Mit dieser Anordnung gewinnt nun das Executionsrecht des Gortynischen Gesetzes nähere Gestalt. Wie der als frei Erklärte selbst berechtigt ist sich der Haft des Besitzers zu entziehen, so kann auch der siegreiche adsertor in libertatem dabei Hilfe leisten. Der siegreiche dominus servi aber kann den Sklaven, wo er ihn findet, nöthigenfalls mit Gewalt mit sich nehmen. Streng genommen sind diese Sätze schon im Anfang des Gesetzes ausgesprochen. Denn indem dort das eigenmächtige ἄγειν für die Zeit vor dem Prozess verboten ist, ist es für die Zeit nach dem Prozess erlaubt. Das ist überhaupt der übereinstimmende Grundgedanke der ältesten Execution in Griechenland [82] wie Rom [83]: der siegreiche Kläger setzt sich gewaltsam in den Besitz des ihm zugesprochenen Objects; die Behörde hat gesprochen — die Vollziehung des Urtheils ist Privatsache. Ob der Exequirende in seiner Selbsthilfe irgendwie von den Behörden geschützt und unterstützt wird, wissen wir (bei dieser Auslegung des Gesetzes) nicht [84]. Will man Selbsthilfe nicht anwenden oder ist sie unmöglich, z. B. wegen Uebermacht des Gegners, oder weil dieser den Menschen versteckt hält oder fortgebracht hat, dann bleibt es bei der oben geschilderten langwierigen Verwirkung von Geldbussen.

Wie nun auf diese Geldbussen und überhaupt auf Urtheilsgeldschulden exequirt wird, auch das wissen wir nicht. Von einer actio iudicati hören wir IX 25. 31 (νίκας ἐπιμολῆν), aber das bringt nicht weiter. In IX 40 ff. ist für einen speciellen Fall eine Bestimmung gegeben, die sich auf die Personalexecution beziehen kann, nicht muss [85], als Regel aber wage ich die in Grie-

---

[82] Heffter S. 453. Platner I S. 433. Thalheim S. 114 N. 2.

[83] v. Bethmann-Hollweg a. a. O. I S. 189 ff. II S. 656—659. S. die Stellen über ducere nach dem Urtheil oben Note 43.

[84] Auch für das attische Recht ist die Frage nicht klar; vgl. Heffter a. a. O. N. 1. Platner I S. 433. Thalheim S. 115 N. 2.

[85] S. unten III Kap. III unter 2.

chenland sonst vielfach übliche [86] Personalexecution für Gortyn trotzdem nicht zu behaupten [87], weil sonst wohl eine Spur davon gerade bei dem Judicatsschuldner in unserer ersten Tafel sich finden würde [88]. Viel eher wird man als letztes Mittel eine Einweisung der Gläubiger in das ganze Vermögen [89] annehmen dürfen. Eine solche ist vielleicht in dem Specialfall IX 40 ff., jedenfalls aber für die Erbschaftsschulden ausdrücklich bezeugt [90], und auch für sonstige Schulden durch die im VII. Kap. unter VI zu erörternde Bestimmung X 20 ff. in hohem Grade wahrscheinlich gemacht.

3. Für den Nachtragssatz XI 24—25 proponiren wir zweifelnd die Erklärung: wenn ein Mensch [91] vor dem Prozess von dem, der ihn als Sklaven beansprucht, eigenmächtig fortgeführt ist, und sich dem angeblichen Herrn wieder entzieht, so darf ihn ein Jeder unter allen Umständen (immer) bei sich aufnehmen. Diese Erlaubniss konnte nöthig sein, weil vielleicht ein Verbot flüchtige Sklaven bei sich aufzunehmen in Gortyn existirte, wie es in Rom bestand [92], oder weil das Beisichaufnehmen eines Sklaven als eine Art von Wegführen (ἄγειν) galt und darum für gewöhnlich unter das im Beginn des Gesetzes ausgesprochene Verbot fiel [93].

II. Kap. Geschlechtliche Vergehen.

Die folgenden Abschnitte [1] behandeln die Nothzucht, κάρτει οἴφην, II 2—16, worunter nicht bloss die Nothzucht im heu-

---

[86] Thalheim S. 19. 118; vgl. auch Platner I S. 436.
[87] Ueber das der Schuldknechtschaft verwandte Rechtsverhältniss des losgekauften Gefangenen s. unten VII. Kap., I.
[88] Eher dagegen πράδδεϑϑαι in I 85 fg.
[89] Attisches Recht: Schulin S. 29 N. 76.
[90] XI 38 ff. Unten IV. Kap., IV 2.
[91] ἄντρωπος, weil nicht feststeht, ob er frei oder Sklav ist.
[92] L. 1 pr. § 2 D. de servo corr. 11, 3; c. 4 u. 7 C. de fug. 6, 1; c. un. C. de col. Ill. 11, 53 (52). — Vgl. hierzu Bruns-Sachau, Syrisch-Röm. Rechtsbuch L. 49, S. 215.
[93] S. oben bei Note 28.

[1] Material zur Vergleichung: Griech. Recht: Heffter S. 247. Platner II S. 206 ff. 210 ff. Lipsius I S. 222. 402—409. Thalheim S. 37 —88. Röm. Recht: Rein S. 835 ff. 859 ff. 868 ff. German. Rechte: Wilda S. 809 ff. 821 ff. 829 ff. Sonstige Rechte: Post, Anfänge S. 200—209. Bausteine I § 85. 86. 87; II S. 243. Grundlagen S. 376—80.

tigen technischen Sinne, sondern auch die gewaltsame sodomia ratione sexus verstanden wird; dann einen Fall der Unzucht, ἐπιφέρεσθαι οἴφην, II 16—20, endlich den Ehebruch, μοιχῆν II 20—45 [2]. Die Anknüpfung an das Vorige ist wohl darin zu finden, dass es sich auch hier um Verbot von Gewaltthat und um Regelung der gewaltsamen Selbsthilfe handelt.

I. Nothzucht und Ehebruch.

Für die Nothzucht und den Ehebruch ist eine ganze Reihe abgestufter Bussen, in der Hauptsache gleichmässig, normirt. In den deutschen Volksrechten und auch anderwärts noch haben wir ein ähnliches System der Tarifirung ausgebildet, nur bleibt hier der Stand des Thäters gleichgültig [3]. In Gortyn bestimmen sich die Busssätze

1) nach Verschiedenheit des Thäters. Der Sklave verwirkt das Doppelte dessen, was der Freie [4];

2) nach Verschiedenheit der verletzten Person. Verletzt ist bei dem Ehebruch der Ehemann [5], bei der Nothzucht die genothzüchtigte Person selbst, oder wenn sie in fremder Hausgewalt steht, ihr Gewalthaber, wie das auch die Auffassung anderer Rechte ist [6]. Bei Verletzung eines Aphetären [7] ist $1/10$, bei der eines

---

[2] Zwar denken die Attiker unter dem μοιχίων auch denjenigen, der mit einem Mädchen oder einer Wittwe den Beischlaf vollzieht (Lipsius S. 403 N. 590. Platner II S. 210); indess beruht diese Begriffserweiterung wohl auf eigenthümlichen nur für Athen geltenden Gründen: man wollte das von dem μοιχός redende Gesetz nur auf jene anderen Fälle ausdehnen, Lipsius a. a. O. Für Gortyn haben wir demnach an der engeren Bedeutung als technischer festzuhalten.

[3] So Siegel S. 191; s. auch die Tabelle am Schluss seines Buches. Ferner Post, Grundlagen S. 409 fg. Uebrigens s. auch schon XII tab. VIII 3 bei Gai. III 223, und für attisches Recht: Heffter S. 179 fg. Lipsius S. 403 N. 591, dazu S. 399 ff. Thalheim S. 5 N. 3. S. 33 fg.

[4] II 7. 26.

[5] Doch formulirt unser Gesetz beim Ehebruch nicht correct; in II 25 u. 27 legt es auf den Stand des Ehemanns, in II 20. 26 auf den der Frau Gewicht; beides ist verschieden, da Ehen zwischen Sklaven und Freien vorkommen können, VII 1 ff.

[6] Darauf deutet vielleicht der Genetiv ἀπεταίρω in II 5 (vgl. II 24 fg. und II 41), er drückt die Zugehörigkeit zu einem fremden Hausvorstande aus.

[7] Ueber den Begriff s. 1. Theil, II. Kap. a. E.

Sklaven [8] $^1/_{40}$ von dem zu zahlen, was bei Verletzung eines freien Vollbürgers zu zahlen ist.

Der Freie verwirkt gegen den Vollbürger 100 Stat., daraus ergeben sich die Sätze: gegen den Aphetären 10, gegen den Sklaven $2^1/_2$ (= 5 Drachmen); der Sklave hat dem entsprechend 200, 20, 5 Stat. zu zahlen.

Hierzu ist zu bemerken: 1. Ehebruch eines Freien mit der Frau eines Sklaven ist im Gesetz nicht erwähnt, wohl aber Nothzucht. Daraus ist zu folgern, dass gegen den Freien, der mit der Frau eines Sklaven Ehebruch getrieben hatte, kein Bussanspruch zustand. Die Erklärung dafür wird sich unten finden.

2. Die Höchstbusse von 100 bezw. 200 Stat. tritt beim Ehebruch indess nicht wie bei der Nothzucht in der Regel, sondern nur in besonders qualificirten schweren Fällen ein: dann nämlich, wenn der Ehebrecher beim Ehebruch in dem Hause des Vaters oder Bruders oder Gatten der Frau befunden ist. Hier ist zugleich der Frieden des Hauses gestört, die Verletzung ist dadurch noch empfindlicher [9]. Ehebruch an jedem anderen Orte wird nur mit der Hälfte (100 bezw. 50 Stat.) gebüsst. Höchst interessant ist, dass noch Aelian in seinen variae historiae dieselbe Busse von 50 Stat. gerade für den Ehebruch in Gortyn erwähnt [10]. — Ein gleicher Unterschied wird übrigens beim Ehebruch mit der Frau eines Sklaven oder Aphetären nicht gemacht.

3. Für die Nothzucht sind noch einige Strafbestimmungen hinzugefügt, falls die Verletzte eine Hausaklavin [11] ist (für den Hausaklaven fehlt die gleiche Bestimmung). Die Strafe ist hier etwas niedriger: war diese Sklavin noch jungfräulich [12], 2 Stat.; war sie es nicht mehr, für Nothzucht bei Tage 1 Obol (= $^1/_{12}$ Stat.), bei Nacht 2 Obole. Bemerkenswerth ist die Qualificirung der That durch die Nachtzeit, die beim Diebstahl sehr gewöhnlich, aber gerade für die Nothzucht fremdartig ist.

Die normirten Bussen sind hier wie sonst im Gesetz Privat-

---

[8] Andere Proportionen zwischen Sklaven und Freien zeigt I 4. 8. 29 ff. IV 12 ff.: der Sklave gilt $^1/_2$ oder $^1/_5$ des Freien.

[9] Schmidt, Ethik der Griech. II S. 192—193 mit Belegen. Thalheim S. 37 N. 5; keinen Beleg bieten die dort citirten, von Demosth. XXIII 53 p. 637 mitgetheilten Gesetzesworte (ἢ ἐπὶ δάμαρτι ἢ ἐπὶ μητρὶ ἢ ἐπ' ἀδελφῇ ἢ ἐπὶ θυγατρὶ ἢ ἐπὶ παλλακῇ κτλ.). Vgl. darüber auch Philippi, Areopag und Epheten S. 348—52.

[10] V. H. XII 12, s. ob. S. 44 N. 7.   [11] Darüber s. ob. S. 64 fg.

[12] Der Ausdruck wechselt hier: δαμάζεσθαι statt οἴφην II 11 ff.

bussen. Sie sind aus dem Vermögen des Verletzers an den Verletzten zu zahlen, wohl auch dann, wenn diese Personen Häusler sind, da diese ja eigenes Vermögen haben. Wie es bei der Haussklavin steht, ist nicht zu entscheiden, da über ihre Vermögensfähigkeit nichts feststeht [13]. Nur tritt überall bei Unfreien formell der Herr als Kläger und Beklagter ein, wie er auch bei den weiter folgenden Acten der Ankündigung, Eidleistung, Racheübung als das eigentlich berechtigte Subject erscheint.

Im Fall der Nothzucht sind die normirten Bussen durch Klage einzufordern [14]. Mit den Ehebruchsbussen verhält es sich anders: es scheint, dass diese nur dann zu erlegen sind, wenn der Ehebrecher auf handhafter That betroffen und gefangen genommen worden ist — nur von diesem Fall spricht das Gesetz —, nicht aber auch sind sie durch einfache Klage ohne jene Voraussetzung zu erlangen. Das erklärt sich, wenn man bedenkt, dass sie lediglich Abfindungen für das Tödtungsrecht des Verletzten sind, und dieses Tödtungsrecht existirt eben nur gegen den bei der That selbst Ergriffenen. Aus dem gleichen Grunde kann auch der Sklave keine Ehebruchsbusse von dem Freien einfordern (S. 102 Nro. 1), denn der Unfreie darf den Freien weder festnehmen noch tödten. Die hierher gehörigen Bestimmungen unseres Gesetzes haben ein hohes Interesse, weil sie in klarster Weise die Entwicklung aus faustrechtlichen Zuständen zu geordneten durch die Friedensgebote des Rechts wiederspiegeln.

Uraltes, auf der ganzen Erde wiederkehrendes und auch heute noch in seinen Nachwirkungen in der gesellschaftlichen Auffassung der Kulturvölker fühlbar weiter lebendes Recht ist es, dass der Ehemann den Ehebrecher auf frischer That tödten darf. Ein gleiches Recht wird vielfach dem nächsten Blutsfreund, dem Vater, Bruder u. s. w. zugesprochen [15]. Häufig genug wird nun der ertappte und überwältigte Ehebrecher oder werden herzukommende Verwandte und Freunde desselben durch Anbieten eines Lösegelds den Ehemann zu bewegen versuchen, dass er von der Ausübung der Privatrache abstehe. Schon Homer erwähnt (Od.

---

[13] S. oben S. 65.
[14] Ueber II 15—16 (Eidrecht) s. oben S. 78.
[15] Griech. Rechte: Platner II S. 206 ff. Lipsius S. 404 N. 594. Thalheim S. 37 N. 5. Schmidt, Ethik II S. 193. Röm. Recht: Rein S. 838, vgl. Bernhöft, Königszeit S. 211 fg. Pernice, Labeo II S. 25. Leist S. 298 ff. German. Rechte: Wilda S. 823 fg. Sonstige Rechte: Post, Geschlechtsgenossenschaft S. 84. 157. Anfänge S. 201 ff. Bausteine I S. 141. Grundlagen S. 386 N. 1.

VIII 332) ein solches Bussegeld. Bei den Attikern finden wir es häufiger [16], hier freilich mit der bei Homer nicht hervortretenden Auffassung, dass seine Annahme für den Ehemann ehrenrührig sei [17]. Jedenfalls war diese Annahme von der Willkür des Ehemanns abhängig; er konnte auch Unerschwingliches fordern.

Die Entwicklung, die sich bei der Behandlung des Ehebruchs zeigt, ist dieselbe, wie sie überhaupt von der Privatrache zur Privatstrafe führt. Zunächst ist die Ablösung der Rache und die Auslösung des Schuldigen eine Sache der freien Vereinbarung [18] zwischen den Parteien. Die beiden Schritte, welche die Rechtsbildung hier vorwärts zu machen hat, sind die, einmal, dass der Berechtigte zur Annahme der Abfindungssumme (die dann der Richter bestimmen muss) verpflichtet wird [19]; sodann, dass feste Abfindungssummen ein für alle Mal normirt werden: das System der 'festen Preise', um mit Ihering [20] zu reden. Damit ist die Privatstrafe geschaffen, sie ist nichts, als die gesetzliche 'Fixirung des Lösegelds' [21].

Länger als fast irgendwo sonst hat sich gerade beim Ehebruch das uralte Racherecht erhalten, bevor es der obligatorischen Bussesatzung wich. Unser Gesetz ist desshalb so interessant, weil es ein Zwischensystem zwischen jenen beiden Endpunkten der Entwicklung — System der Privatrache und der Privatstrafe — aufweist. Der verletzte Ehemann, bezw. wenn er unfrei ist, sein Herr, haben, falls der Ehebrecher beim Ehebruch ergriffen [22] wurde, diess seinen Angehörigen vor 3 Zeugen, wenn

---

[16] Stellen bei Lipsius S. 404 N. 597.

[17] Schmidt a. a. O. II S. 465 N. 45. Auch für Rom gilt das Gleiche nach dem Recht der L. Iulia: vgl. l. 30 (29) § 2 D. ad L. Iul. de ad. 48, 5. l. 10 C. eod. 9, 9. Indess gehört diese Auffassung doch wohl einer verfeinerten Cultur an, älteren Zeiten ist sie fremd; vgl. für das röm. Recht Ihering, Geist I (3 A.) S. 184, Leist S. 302; für german. Rechte Wilda S. 315. S. auch Post, Bausteine I S. 149 fg. Für die Häufigkeit des Sühngelds beim Ehebruch Belege bei Post, Anfänge S. 203 Abs. 2.

[18] pacere, pacisci. Vgl. XII tab. VIII 2: si membrum rupsit, ni cum eo pacit, talio esto. L. 7 § 14 a. E. D. de pact. 2, 14. Ihering a. a. O. S. 136. 138.

[19] Vgl. Gellius XX 1. § 38.   [20] a. a. O. S. 137.

[21] Vgl. über die ganze Entwicklung die lichtvolle Darstellung Iherings, Geist I § 11a; dort auch Literatur (Note 39. 46a). Ferner Post, Bausteine I S. 147 ff. Peschel, Völkerkunde, 1. Aufl. S. 249—250.

[22] So wörtlich II 21. 44; man spricht incorrect nur von 'ertappen'; es handelt sich um ertappen und zugleich festnehmen.

der Missethäter ein Freier, oder wenn er Sklave ist, seinem Herrn vor 2 Zeugen anzukündigen [23]; 5 Tage lang haben die Verwandten bezw. der Herr dann das Recht, den Ehebrecher gegen die im Gesetz fixirten Bussätze loszukaufen, so lange muss der Beleidigte bezw. sein Herr seine Rache verschieben [24]. Verstreichen die 5 Tage fruchtlos, so tritt das alte Recht ein: der Ergreifer darf mit dem Ergriffenen thun, was er will [25], insbesondere, aber nicht ausschliesslich, ihn tödten [26].

Wem steht dieses Recht den Ehebrecher gefangen zu nehmen zu? wohl nicht blos dem Ehemann, sondern auch dem Vater und Bruder, in deren Haus der Ehebrecher ertappt ist, und seinem Herrn [27], wennschon die Busse an den Ehemann zu zahlen sein wird. Wer darf eventuell die Rache ausüben? Das Gesetz sagt II 34 'die Ertappenden', ohne strenge juristische Formulirung, also wohl der Gatte, der Vater, der Bruder bezw. der Herr und der Häusler, einer von ihnen oder sie zusammen [28].

Behauptet der Gefangengehaltene, dass er mit Unrecht fest-

---

[23] Ueber derartige Ankündigungen s. oben 2. Theil, 1. Kap., N. 69.

[24] Gerade diese Entwicklung beweist, dass wir es hier mit Privatbussen, nicht mit öffentlichen Strafen zu thun haben. S. oben S. 44.

[25] Diese Wendung kehrt in anderen Rechten wieder; s. die Demosthenesstelle unten Note 28; ferner 'quod de eis facere voluerint habeant potestatem' in der L. Wisigoth. VI 5, 12 a. E. und 'unzählige Male' sonst; s. Wilda S. 167 N. 4.

[26] Eine ganz analoge Bestimmung hat das Recht der Insel Gotland für Unzucht mit ledigen Frauen: Gutalagh XXIII pr.: 'Wird ein Mann betroffen mit einer gotischen unverheiratheten Frau, den mag man in den Stock setzen und verhaften auf 3 Nächte, und seinen Freunden Botschaft senden ($\pi\rho o\sigma\epsilon\iota\pi\acute{a}\tau\omega$ $\tau o\tilde{\iota}\varsigma$ $\kappa\alpha\vartheta\epsilon\sigma\tau a\tilde{\iota}\varsigma$!), dass sie ihm auslösen Hand oder Fuss mit 6 M. Silber, oder den Theil abhauen lassen, wenn diese ihn nicht zu lösen vermögen'. Beim Ehebruch gibt dasselbe Gesetz (XXIV 5) dem Berechtigten die Wahl, ob er 'Leben oder Geld' haben will. Wilda a. a. O. S. 813. — Eine zweite Analogie bietet die Personalexecution der XII tab. (III 5), über die Gellius XX 1 § 46 berichtet: erst autem ius interea paciscendi, ac nisi pacti forent, habebantur in vinculis dies sexaginta u. s. w. — Weitere Analogien bei Post, Bausteine I S. 153 Abs. 1. 2. Grundlagen S. 414. — Eine früher dreitägige jetzt achttägige Frist für den Mörder zur Verhandlung über sein Lösegeld s. nach Halévy im Dschauf, Ausland 1874 S. 909. 912.

[27] Das Gesetz hätte von $\dot{\alpha}\nu\dot{\eta}\rho$ gesprochen, wenn es nur den Ehemann gemeint hätte; es spricht aber beim Eid vom $\dot{\epsilon}\lambda\acute{\omega}\nu$ und $\pi\acute{\alpha}\sigma\alpha\varsigma$ II 37. 48.

[28] So erklärt sich wohl auch der Plural $\dot{\epsilon}\lambda\acute{o}\nu\sigma\iota$ II 84.

genommen sei, dass er also keinen Ehebruch begangen habe oder doch nicht beim Ehebruch ergriffen worden sei [29], so hat der Ehemann bezw. sein Herr mit einem besonders starken Schwur [30] die Unrichtigkeit jenes Einwands, und die Richtigkeit der Thatsache, dass er jenen beim Ehebruch gefasst habe, zu beschwören. Einer vorgängigen gerichtlichen Verhandlung und eines Eidurtheils des Richters, ja der Anwesenheit des Richters bei der Eidleistung wie in XI 49 ist nicht erwähnt. Trotzdem ist es wohl aus sachlichen Gründen und nach der Analogie namentlich des attischen und unterstützend auch der germanischen Rechte nöthig, sie als erforderlich zu denken.

Diesen Schwur, der zu dem interessantesten gehört, was das Gortyner Gesetz uns kennen lehrt, muss der Verletzte zugleich mit anderen Personen, die oben [31] als Eidhelfer erklärt wurden, ausschwören. Auch darin zeigt sich eine Verwandtschaft mit den germanischen Eidhelfern, dass die 'rechte Zahl' der Helfer je nach der Bedeutung des Falls wechselt. Nur bestimmt sie sich in unserem Gesetz allein nach der Höhe der zu zahlenden Busse, also nach der Schwere der erhobenen Klage, was eine germani-

---

[29] Diess bedeutet $δωλώσασθαι$ II 36. 44, wie sich aus dem positiven Inhalt des Eides ergibt: er habe ihn ehebrechend festgenommen. Die Fortsetzung der Eidworte '$δωλώσασθαι$ $δὲ$ $μή$' können nichts Neues bedeuten, sondern sind nur dasselbe negativ ausgedrückt. Denn wenn nicht gerade das 'ehebrechend gefangen genommen sein' streitig wäre, so brauchte das der Gefangenhaltende nicht zu beschwören. Da nun die Thatsache der Gefangennahme als solche feststeht, so kann streitig nur sein, 1) ob er Ehebrecher ist, und 2) ob er gerade beim Ehebruch (auf frischer That) und nicht etwa beliebig nachher gefangen genommen sei. Vollen Beweis bietet auch die Analogie des Attischen Rechts: leugnet der Gefangengenommene ein $μοιχός$ zu sein, so stellt er bei den Thesmotheten gegen den, der ihn gefangen hat, eine $γραφή$ an, $ἀδίκως$ $εἰρχθῆναι$ $ὡς$ $μοιχόν$, und kommt frei, wenn er diesen Prozess gewinnt. Verliert er ihn, so kann der Beklagte vor Gericht mit ihm thun, was er will, darf indess keine Waffe ($ἐγχειρίδιον$) anwenden. Demosth. LIX 66 p. 1367. Heffter S. 179. Lipsius S. 409. — Wären diese Gründe nicht, so läge es nahe, $δολώσασθαι$ (von $δόλος$) zu lesen und an Fälle zu denken, wo der Ehemann selbst, um das Bussgeld zu erlangen, den Ehebruch begünstigt hat, u. dergl., Fälle, wie sie in der l. 15 (14) § 1 D. ad L. Iul. de adult. 48, 5 behandelt sind. Aehnlich auch in Athen; s. Platner II S. 208.

[30] Unterschiede in der Stärke der einzelnen Eide auch anderswo, z. B. in Athen, s. Platner I S. 223.

[31] 1. Theil, Kap. V S. 76 fg.

sche Rechtsquelle mit den Worten ausdrückt: secundum quod debuit solvere ita iuret [82]; der Stand des Busspflichtigen - hingegen bleibt ohne directen Einfluss. Und zwar unterscheidet das Gesetz kurz und vollständig die Fälle so (II 38—44):

1. vier Eidhelfer sind nöthig, wenn die Busse 50 Stat. oder mehr beträgt, d. h. in den 4 Fällen, wenn ein Freier mit einer Freien oder ein Sklave mit einer Freien einen einfachen oder qualificirten Ehebruch (oben S. 102 Nro. 2) begangen hat;

2. zwei Eidhelfer sind nöthig beim Ehebruch eines Freien oder Sklaven mit der Frau eines Aphetüren (Busse 10 und 20 Stat.); endlich

3. beim Ehebruch eines Sklaven mit der Frau eines Sklaven (Busse 5 Stat.) hat der Herr des verletzten Sklaven mit einem Eidhelfer zu schwören [33].

II. Unzucht, II 16—20.

Von der Unzucht ist nur ein einziger Fall erwähnt, woraus wohl folgt, dass die übrigen privatrechtliche Bussen wenigstens nicht nach sich zogen. Die nähere Begrenzung des Falls ist zweifelhaft. Thatbestandsmomente sind:

1. Thäter ist wohl der Freie, denn das Gesetz macht hier einen Abschnitt und erwähnt kein Subject. Dass der Sklave mindestens ebenso gebüsst ist, lässt sich annehmen.

2. Object der Unzucht ist eine Freie.

3. Die Handlung ist ἐπιφέρεσθαι οὔφην. An den Versuch der Nothzucht zu denken scheint mir, so gut sich dem die Worte auch fügen, doch aus vielen Gründen ausgeschlossen, ich glaube vielmehr, dass Verführung, also ein nicht gewaltsames Stuprum mit einer auf Bitte und Forderung des Thäters einwilligenden freien Frau gemeint ist.

4. ἀκεύοντος καδεστᾶ. Erklärt man diess, was sprachlich am nächsten liegt 'wenn ein Verwandter davon hört', so enthalten diese Worte nicht eine rechtliche Voraussetzung der Unerlaubt-

---

[82] L. Alam. Hloth. XXVIII 5; Siegel S. 189 u. ff.; freilich ist in jener Stelle an einen Entschuldigungseid gedacht, nicht, wie bei uns, an einen Ueberführungseid.

[33] Die Genetive τῶ ἀπεταίρω, τῶ ϝοικέος in II 41. 42 geben den Fall an, aber nicht durch Angabe des Thäters, sondern des gekränkten Ehemanns. τὸν πάσταν gehört nicht direct zu τῶ ϝοικέος; anders oben II 32: da ist τῶ δώλω der Ehebrecher, τῷ πάστᾳ sein Herr.

heit der Handlung, sondern eine factische Voraussetzung ihrer Verfolgung, die natürlich nicht eintritt, so lange die zur Verfolgung berechtigten Blutsfreunde nichts davon erfahren haben. Das ist aber überall der Fall, die Worte sind überflüssig, und dass sie gerade hier stehen, lässt sich nur dadurch erklären, dass diess Delict mit Einwilligung der Frau begangen wird und darum leicht geheim bleiben kann.

Möglich wäre auch die andere Auslegung: während ein Verwandter auf die Frau achtet, d. h. während sie in der Muntschaft eines ihrer Blutsfreunde, des Vaters, Bruders u. s. w. steht. Wenn indess auch bei dieser Erklärung die Worte nicht überflüssig sein sollen, so muss man annehmen, dass die Gortynischen Frauen unter Umständen auch ganz selbständig und unbevormundet gewesen seien. Zu dieser Annahme wird man sich aber aus manchen Rücksichten schwer entschliessen.

Beide Auslegungen lassen den treibenden Gedanken des Rechtssatzes erkennen: Unzucht mit einer ledigen Frau ist Eingriff in das Familienrecht der Blutsfreunde, ist also Verletzung dessen, unter dessen Muntschaft sie steht, wie das auch die Auffassung anderer Rechte ist[34]; an diesen ist daher auch die Busse zu zahlen.

Die Rechtsfolge ist — verglichen mit den sonst hier gesetzten Bussen — niedrig: 10 Stat. Diess ist desshalb bemerkenswerth, weil nach attischem Recht, wie man annimmt, die Verführung unbescholtener Frauen härter geahndet ist als selbst die Nothzucht, vielmehr dem Ehebruch gleich stand, wie denn auch der Begriff der $\mu o\iota\chi\varepsilon\iota\alpha$ darauf angewendet wurde [35].

III. Kap. Familienrecht.

I. Hausherr und Hausgenossen.

Nur wenige Punkte des Familien-Personenrechts sind in unserem Gesetz näher normirt. In der Hauptsache gleiches Recht wie für die freien Familien gilt auch für die Häuslerfamilien, nur

---

[34] Ueber die *röm.* actio iniuriarum s. Rein S. 861 Nro. 3; über **griech.** Recht Platner II S. 211. Lipsius S. 404 N. 597. Ueber **german.** Rechte Wilda S. 812 ff. 817; die Satzung, derzufolge die Frau selbst als Verletzte erscheint, leitet Wilda S. 817 aus Einwirkungen der Mosaischen Auffassung (II. Mos. c. 22, 15—16) her. Sonstige Rechte: s. Post, Geschlechtsgenossenschaft S. 81 ff. Bausteine I S. 270 ff.

[35] S. oben Note 2.

dann hier überall die Gewalt des Hausvorstandes, weil derselbe Häusler ist, durch seinen Herrn ausgeübt wird.

Herr des Hauses ist der Vater[1]. Dass nach seinem Tode die Söhne das Schutzrecht über die Schwestern haben, lässt sich aus Folgendem schliessen: der Bruder wird neben dem Vater als der genannt, welcher der Schwester die Mitgift bestellt V 3, die Schwester einem Manne verlobt VIII 21[2], nach des Vaters Tode hat er für das uneheliche Kind der ledigen Schwester zu sorgen (arg. IV 22); so lange er lebt, schliesst er — wie der Vater — das Recht der Verwandten auf die Erbtochter aus VIII 41; der Ehebrecher, der im Hause des Bruders ertappt wird, zahlt doppelte Busse ebenso wie der im Hause des Gatten oder Vaters ertappte II 21.

Welche Stellung der Sohn der Mutter gegenüber einnimmt, sagt das Gesetz nicht; aus VI 12 und X 14 ff. ergibt sich nichts Sicheres.

Hausgenossin ist vor allem die Frau. Das eheliche Güterrecht wird eingehend behandelt und bei dieser Gelegenheit auch Einiges über die Scheidung gesagt[3], im Uebrigen erfahren wir von der Ehe kaum mehr als den Namen. Dass sie auch zwischen einer Freien und einem Sklaven möglich ist, wurde schon früher bemerkt (S. 65 fg.).

Hausgenossen sind sodann neben den Adoptivkindern — da die Hauptbedeutung der Adoption im Erbrecht ruht, wird sie im Anschluss an dieses in Kap. VI dargestellt werden — die leiblichen Kinder. In dieser Hinsicht spricht das Gesetz eingehender nur über die Frage, wem die nachehelich und die ausserehelich geborenen Kinder zu Recht und Pflicht zustehen. Drei Fälle werden unterschieden:

1. αἰ τέκοι γυνὰ χηρεύουσα III 44. γυνά ist hier wie fast durchgängig im Gesetz ein freies Weib;

2. αἰ ϝοικῆα τέκοι χηρεύουσα III 52.

3. αἰ κύσαιτο καὶ τέκοι ϝοικῆα μὴ ὀπυιομένα IV 18.

Dieser letzte Fall ist mit bemerkenswerther juristischer Schärfe und Prägnanz dem zweiten gegenübergestellt. In allen 3 Fällen ist die Frau zur Zeit der Geburt (τέκοι) nicht verhei-

---

[1] Meines Erachtens nicht hierher gehörig der Satz IV 23 ff. S. oben S. 57 N. 19, unten Kap. IV N. 3.
[2] Wie in Athen, s. Lipsius S. 505 N. 75.
[3] Unten S. 118 ff.

rathet, im Fall 3 aber war sie es auch zur Zeit der Schwängerung (κύσαιτο) nicht. Hier handelt es sich also um uneheliche Kinder im engeren Sinne. Demgegenüber sprechen die beiden ersten Fälle von während der Ehe wennschon vielleicht nicht ehelich concipirten d. h. vom Ehemann erzeugten Kindern: eine Frau wird während bestehender Ehe schwanger und gebiert nach geendigter Ehe. Ausdrücklich gesagt ist das freilich nur für die Häuslerin [4], Fall 2, die Gleichheit der Ausdrücke beweist aber, dass auch Fall 1 so zu denken ist: der entsprechende Fall, dass eine freie unverheirathete Frau schwanger wird und gebiert, ist im Gesetz nicht berücksichtigt.

χηρεύουσα ist die Frau nach geendigter Ehe [5], und zwar nicht wie sonst die Wittwe sondern die geschiedene Frau [6], denn der Ehemann wird als lebend gedacht [7]. Den analogen Fall, dass nach dem Tode des Ehemanns Kinder geboren werden, behandelt das Gesetz nicht: er ist auch minder wichtig, da dann in der Regel über die Legitimität des Kindes kein Zweifel sein wird; bei der Scheidung aber, die doch häufig gerade mit Rücksicht auf vermuthete oder erwiesene Untreue der Frau geschehen sein mag, wird die Frage über die Ehelichkeit nachgeborener Kinder von Bedeutung. Auch für die Scheidung bespricht unser Gesetz nur die beiden regelmässigen Fälle: Ehe zwischen zwei Freien und Ehe zwischen Häuslerin und Häusler [8], nicht aber den nach VI 55 ff. ebenfalls möglichen, dass eine Freie mit einem Sklaven verheirathet gewesen war. Hier verbleiben die nach VII 2 freien Kinder wohl jedenfalls der Mutter, die nach VII 3 unfreien Kinder aber sind wohl nach Analogie der Häuslerkinder III 52 ff. zu behandeln.

Das nachehelich geborene Kind soll dem früheren Ehemann in solennem Act zur Annahme angeboten werden, ihm persönlich, wenn er frei, seinem Herrn, wenn er unfrei ist, ersterenfalls vor

---

[4] III 54 τῷ ἀνδρός, ὅς ὤπυιε (vgl. auch IV 3 αὐτὴν ὀπυίοι). Bei der freien Frau heisst es schlechthin τῷ ἀνδρί III 45; incorrecter Weise fehlt das dem III 54 entsprechende ὅς ὤπυιε.

[5] Dadurch ergibt sich der Zusammenhang mit dem im Gesetz vorhergehenden Abschnitt über das Güterrecht bei Endigung der Ehe. S. oben S. 42 Nro. 4.

[6] Daher auch oben II 53 χηρεύσιος.

[7] Beweis: die Freie bietet ihm das Kind an III 45, die Häuslerin kann eine neue Ehe mit ihm schliessen IV 3 fg.

[8] Beweis τῷ πάστᾳ III 54.

3, letzterenfalls — wie mit Sicherheit nach Analogie von I 40 und II 33 zu ergänzen ist — vor 2 Zeugen. Die Anbietung geschieht vor dem Haus des Gegners — sie ist 'Zutragung' —, und zwar durch die Mutter selbst [9]; mit ihr oder anstatt ihrer kommen, wenn sie frei ist, ihre nächsten Blutsfreunde, wenn sie unfrei ist, ihr Herr [10]. Nimmt der Gegner das Kind nicht an, so steht es der Mutter bezw. ihrem Herrn zu. Die Mutter — und ein gleiches Recht hat auch wohl der Herr der Unfreien — kann das Kind, wenn sie es nicht erziehen will, straflos aussetzen. Der erfolglosen Zutragung, also der Nichtannahme gilt es gleich, und die Aussetzung ist busselos, wenn der Gegner keine feste Wohnung hat, wo die Zutragung bewirkt werden könnte [11], und die Mutter (oder der Zutragende) 'ihn nicht gewahrt', d. h. wenn er sich auch sonst nicht betreffen lässt [12]. Also die Zutragung soll am Hause des Mannes geschehen; ist er zufällig abwesend, so bleibt das gleichgiltig, da er jedenfalls durch die Leute seines Hauses davon erfährt. Hat er kein Haus, so muss die Zutragung an ihn selbst geschehen, wo man ihn trifft. Hat er weder ein Haus noch lässt er sich persönlich betreffen, so ist die Zutragung unmöglich und die Aussetzung erlaubt. Hierfür hat das römische Recht in l. 1 pr. — § 2 D. de agnosc. et al. lib. 25, 3 eine hübsche Parallele. Ein wahrscheinlich unter Vespasian ergangenes SC. Plancianum bestimmt, dass eine Frau, die sich nach der Scheidung schwanger fühle, um Alimente zu erlangen, diess dem Mann denuntiiren müsse — das Detail interessirt hier nicht weiter. Und zwar soll sie 'denuntiare ipsi marito vel parenti in cuius potestate est, aut domum denuntiare [13], si nullius eorum copiam habeat'. Das ist ganz der Begriff unseres 'wenn sie ihn nicht gewahrt'.

---

[9] Wie aus IV 9—17 (s. unten) hervorgeht.

[10] Die Blutsfreunde und der Herr nehmen die gleiche Stellung ein; s. oben S. 61 fg. — *al ἐπήλευσαν* in III 51 fg. kann nicht heissen 'wenn sie zutrugen', so dass ihre Mitwirkung bloss facultativ wäre; denn dieser *al*-Satz bezieht sich grammatisch zunächst und auch auf die Zeugen; deren Zuziehung aber ist in III 46 ausdrücklich vorgeschrieben.

[11] Wobei nicht verlangt ist, dass das Haus ihm gehöre, denn sonst müsste statt des Dativs ᾧ in IV 14 der Genetiv stehen.

[12] IV 14—17. Wir denken das ἤ in Z. 16 als 'wenn'. Denkt man es als 'oder', so statuirt das Gesetz zwei Ausnahmefälle: 1) er hat kein Haus, 2) er hat ein Haus, lässt sich aber nicht betreffen.

[13] Zu dieser Phrase vgl. Brissonius de V. S. s. v. denuntiare § 3, Cuiacius obs. VII c. 15; ferner die L. Iulia municip. Z. 35 ff.

'Domum' erklärt Ulpian l. c. § 2 als den 'fixirten Wohnsitz' des Mannes [14].

Setzt die Frau das Kind hingegen aus, ohne dass sie es dem Gegner ordnungsmässig zugetragen hat und ohne dass dieser Ausnahmefall vorliegt, so soll sie im Fall des Freien eine Busse von 50, im Fall des Unfreien [15] von 25 Stat.[16] zahlen. Dieser Freie oder Unfreie ist entweder das Kind oder, was vorliegenden Falls auf dasselbe hinauskommt, der frühere Ehemann. Daraus ergibt sich zugleich, dass mit der Frau, γυνά, von der hier die Rede ist, nicht blos wie sonst in unserem Gesetz [17] die freie Frau, sondern auch die Häuslerin gemeint ist. Correct ist freilich das Gesetz an unserer Stelle nicht. Denn während wir doch wohl den Herrn als Prozesspartei denken müssen, heisst es doch von der Häuslerin αἴ κα νικαθῇ, was daher zu interpretiren ist als 'wenn sie überführt wird', und während nach IV 7 der Herr der eigentlich Zutragende ist (τὸν ἐπελε'σαντα), erscheint sie in IV 9—17 selbst als Subject der Handlung.

Die Bussdrohung richtet sich nur gegen die Mutter, nicht auch gegen die Verwandten oder den Herrn. Trifft diese, wenn sie gegen den Willen der Mutter das Kind aussetzen, härtere Busse?

Die Busse wird gezahlt von der Frau (IV 9—12). Die Häuslerin zahlt selbst, da sie ja vermögensfähig ist. Empfänger der Busse ist der frühere Ehemann, bezw. wenn er unfrei ist, sein Herr; denn wir haben hier wie sonst in unserem Gesetz die Busse nicht unter einem strafrechtlichen, sondern unter einem privatrechtlichen Gesichtspunkt anzusehen: Verletzung der Rechte des Vaters. Ob die Frau daneben noch öffentlich bestraft wurde, ergibt sich aus unserem Gesetz nicht mit Sicherheit; man möchte eher auf ein Nein schliessen. Auch das Alterthum hat die — dem Vater freilich gestattete [18] — Aussetzung eines Kindes, wenn sie durch einen unberechtigten Dritten, daher insbesondere

---

[14] Vgl. Glück, Commentar 28 S. 90 N. 19.
[15] ἐλευθέρῳ IV 11, δώλω IV 13, Genetive der Fallangabe wie in I 3. 4. 8. 28. 31. II 38. 39. 41. 42. IX 47 ff.
[16] Dasselbe Verhältniss der Bussen wie in I 3 ff.
[17] γυνά sogar in strictem Gegensatz gegen ϝοικῆα s. III 44 vergl. mit III 52; II 45 vergl. mit III 41.
[18] Griech. Recht: Lipsius S. 528. Leist S. 59 fg. Röm. Recht: Rein S. 439 ff. Kap. II; german. Rechte: Wilda S. 725 fg. Ueber fremde Rechte s. Post, Anfänge S. 90 fg. Geschlechtsgenossenschaft S. 137 ff. Bausteine II S. 121 fg.

auch durch die Mutter gegen den Willen des Vaters geschah, im Falle dadurch erfolgenden Todes des Kindes als strafbare Tödtung aufgefasst [19]. Aber dass das Leben eines unehelichen (in unserem Fall: vom Vater nicht anerkannten) Kindes auf tieferen Culturstufen nicht vollwerthig angesehen und geschätzt wird, dafür bieten sich auch in anderen Rechten Belege [20].

Ist das zurückgewiesene Kind nicht ausgesetzt worden, so verbleibt es der Mutter bezw. deren Herrn; der Ehemann bezw. sein Herr hat sein Recht verwirkt und ist seiner Pflicht für das Kind zu sorgen ledig. Eine besondere Bestimmung gibt indess IV 3—6 für Häuslerehen. Der Herr des Häuslers gewinnt trotz der Zurückweisung Recht und Pflicht über das Kind — beide Gesichtspunkte wirken hierbei wohl zusammen — zurück, wenn der geschiedene Häusler die Häuslerin binnen eines Jahres (wohl seit der Scheidung) wiederum heirathet [21]. $\tau\tilde{\omega}$ $\alpha\dot{\upsilon}\tau\tilde{\omega}$ muss bedeuten: so dass er dadurch demselben Herrn, dem er gehörte und gehört, auch sie zum zweiten Male als Häuslerin zuführt. Es ergibt sich hieraus vielleicht, dass die heirathende Häuslerin in die Gewalt des Herrn ihres Mannes trat. Für die Ehe zwischen freien Personen ist eine gleiche Bestimmung nicht im Gesetz: wohl desshalb, weil hier bei wiederholter Eheschliessung die Frau von selbst nebst ihren Kindern in die Gewalt ihres Mannes kommt, oder weil die Frau es in ihrer Macht hat, das Nöthige zu verabreden. Es ist vielleicht nicht zu kühn, so weiter zu schliessen: wenn zur Eheschliessung zwischen zwei Häuslern Zustimmung der beiderseitigen Herren nöthig wäre, so würde auch für den Fall der Häuslerehe die angezogene Bestimmung überflüssig sein; denn die beiden Herren würden ja über die Zugehörigkeit des Kindes vertragsmässig bestimmen können. Jener Passus des Gesetzes macht demnach wahrscheinlich, dass die Zustimmung der Herren zur Eheschliessung von Häuslern nicht erforderlich ist — was auch zu den Sätzen VI 55 ff. gut passt.

Nach III 49 und IV 6 sollen in einem etwa entstehenden Prozess bei der freien Frau die Verwandten und die 3 Zeugen, bei der Häuslerin ihr Herr und die 2 Zeugen näher zum Eide

---

[19] Röm. Recht: Rein S. 439 Kap. I. German. Rechte: Wilda S. 727.

[20] S. Post, Grundlagen S. 177 N. 3, 175 N. 5, 176 N. 1.

[21] Diess ist wie eine Art Legitimation des Kindes per subsequens matrimonium. — Man vgl. noch die Redintegration der dos durch erneute Eheschliessung der geschiedenen Gatten im röm. Recht. L. 40 D. de I. D. 23, 3. Bechmann, Dotalrecht II S. 138 ff. 405 fg.

sein. Ich verstehe das dahin [22]: wenn der Ehemann oder dessen Herr nach erfolgter Nichtannahme nachher noch das lebende Kind selbst oder Busse wegen der etwa stattgehabten Aussetzung verlangt, so sollen die Verwandten oder der Herr der Frau, welche beklagt sind [23], nebst den bei der Zutragung zugezogenen Solennitätszeugen als ihren Eidhelfern schwören, dass das Kind dem Gegner ordnungsmässig angeboten und von ihm nicht angenommen worden sei [24]; schwören sie, so verliert der Gegner den Prozess.

Die Schlussbestimmung IV 18—23 bezieht sich auf die von einer unverheiratheten Häuslerin concipirten und geborenen Kinder. Eine Untersuchung der Vaterschaft hat nicht Statt, rechtlich sind sie filii sine patre [25]; nach dem Satz partus sequitur ventrem folgen sie dem Rechte der Mutter: lex naturae est, ut qui nascitur sine legitimo matrimonio matrem sequatur [26]. Nach unserem Gesetz stehen sie dem Herren des Vaters zu. Unter diesem 'Vater' ist nicht etwa der Vater des Kindes, der vielmehr semper incertus ist [27], sondern nur, wodurch allein Klarheit in diese Bestimmungen kommt, der Vater der unehelich gebärenden Häuslerin zu verstehen; an seinen Herrn fällt das Kind; lebt er selbst nicht mehr, so fällt es an die Herren der Brüder, und zwar wie mit Sicherheit zu ergänzen ist, der Brüder der Frau, nicht der Brüder ihres Vaters, an die man aus anderen Rücksichten (s. VII 19) denken könnte. Mit diesen Sätzen eröffnet sich ein interessanter Einblick in die Rechtsstellung der Häusler. Wären sie Sklaven im römischen Sinne, so stünde das Kind zweifellos lediglich dem Herrn der Häuslerin zu. Nach unserem Gesetz bilden auch die Häusler rechtlich anerkannte Familien nach gleichem Recht wie die Freien; sie haben vollgiltige Ehen (II 27. III 41. 52. IV 4);

---

[22] S. oben S. 72 fg. 76 fg.

[23] Dass der Herr Partei, nicht Zeuge ist, wird nicht zweifelhaft sein nach der Rechtsstellung des Sklavenherrn in unserm Gesetz; dass die Blutsfreunde Partei, nicht Zeugen sind, ergibt sich aus ihrer Gleichstellung mit dem Herrn und aus ihrer Klägerrolle in dem Falle VII 43 fg.

[24] Daher wurde *al ἐπήλευσαν* III 51—52 mit 'ob sie zutrugen' übersetzt. S. oben Note 10.

[25] Vgl. Gai. I 64.

[26] Ulp. in l. 24 D. de statu hom. 1, 5. Die römischen Juristen rechnen diesen Satz zum ius gentium. Ueber andere Rechte s. Post, Grundlagen S. 175 ff.

[27] Auch in den vorigen Fällen war, weil auch dort gerade die Vaterschaft zweifelhaft ist, nirgends vom *πατήρ* des Kindes, sondern immer nur vom *ἀνήρ*, dem geschiedenen Ehemann, die Rede, III 45. 54.

Uneheliche Kinder. — Das Frauengut. 115

Familienhaupt ist der Vater, nach seinem Tode seine Söhne; die
Töchter gehören daher, so lange sie unverheirathet sind, in das
Haus des Vaters, nach seinem Tode in das Haus seiner Söhne,
ihrer Brüder; durch die Heirath treten sie in das Haus ihres
Mannes ein (oben S. 109). Die Kinder der Tochter theilen das
Recht ihrer Mutter: sie stehen also dem Ehemann der Frau,
oder wenn sie unverheirathet ist, dem Vater, oder, wenn dieser
todt ist, den Brüdern der Frau zu. Da nun Mann, Vater, Bruder
als Häusler unter ihren Herren stehen, so steht auch die Häuslerin mit ihren Kindern unter den Herren ihres Familienvorstands,
also ihres Ehemanns, ihres Vaters, ihrer Brüder; und das sagt
unser Gesetz.

II. Eheliches Güterrecht.

1. Grundgedanken. Das Frauengut während der Ehe [28].

Der Grundgedanke des ehelichen Gütterrechts ist für Gortyn
entgegen dem der germanischen Rechte derselbe wie für Athen
und Rom: die Ehe hat an sich keinen Einfluss auf die beiden
Vermögen der Ehegatten; die Vermögen bleiben rechtlich völlig
getrennt und daher auch auseinander gehenden rechtlichen Schicksalen unterworfen.

Das Vermögen, welches die Frau dem Gatten zubringt, ist
entweder Erbgut [29] oder Mitgift. Diese Mitgift ist indess nicht
Mitgift im Sinne der römischen dos: sie wird nicht dem Manne
sondern der Frau bestellt [30]; auch gelten für sie keine besonderen
Grundsätze: alles Vermögen der Frau, Erbgut wie Mitgift, steht
vielmehr während der Ehe, soviel wir sehen, unter gleichem
Recht — das Gesetz spricht einfach von 'dem Ihrigen', ohne einen
Unterschied zu machen, wie ihn das römische Recht zwischen dos
und parapherna [31] kennt. Die Mitgiftsbestellung [32] geschieht durch
den Hausvorstand der Frau, also ihren Vater, eventuell ihren

---

[28] Material zu 1 und 2: vor Allem Caillemer, La restitution de la
dot à Athènes, in 'Mémoires de l'académie de Caen' 1868 S. 107—146
(danach citire ich) und separat (in Antiqu. jurid. d'Athènes). Sodann:
Platner II S. 260 ff. 270 ff. Lipsius II S. 510—525. Thalheim S. 66—68.
Vgl. auch Leist S. 75 ff.
[29] V 4 ἀπολαχόνσα (?).
[30] IV 49 fg.: τᾷ ὀπυιομένᾳ; ferner V 1—2.
[31] Vgl. l. 9 § 3 D. de I. D. 23, 3; c. 8 C. de pact. conv. 5, 14.
[32] IV 48—V 1.

Bruder [33]; und zwar ist der Bestellungsact entweder — wie bei den Römern [34] — unmittelbare Hingabe, διδόναι, oder Versprechen, ἐπισπένδειν [35]. Verpflichtet die dos zu bestellen ist der Vater nicht [36]; bestellt er sie aber, so ist ihre Höhe nach Maximum [37] und Minimum [38] gesetzlich fixirt: sie ist nämlich gleich dem Erbtheil der Tochter, d. h. etwa gleich dem halben Erbtheil des Sohnes; mit anderen Worten: die dos-Bestellung durch den Vater ist nichts als eine Abschichtung des Kindes, eine anticipirte Erbfolge. Daher erbt denn auch die von ihrem Vater dotirte Tochter bei seinem Tode nicht mehr mit — diess geht als Meinung des Gesetzes mit Sicherheit aus dem Zusammenhange hervor.

Diese Bestimmung über das Maass der Mitgift ist erst eine Neuerung unseres Gesetzes; sie war nothwendig gemacht, weil ebenfalls erst unser Gesetz den Töchtern das Erbrecht gegeben hatte, das ihnen bisher fehlte [39]. Damit erklärt sich dann der folgende Satz IV 52—V 1: er schliesst ausdrücklich die rückwirkende Kraft aus. Wenn ein Vater der Tochter bei der Heirath vor Erlass dieses Gesetzes durch datio oder promissio eine Mitgift bestellt hat [40], so bleibt das in Giltigkeit: die Tochter bekommt oder erhält diese Mitgift. Dafür findet dann aber auch die neue Bestimmung, durch welche die Frauen Erbrecht erhalten, ebenfalls keine Anwendung auf sie: sie gilt als abgefunden. Hierin liegt zweierlei: war die Mitgift grösser, als diess Gesetz erlaubt, so bekommt bezw. behält die Tochter sie doch; war sie kleiner, so erbt die Tochter trotzdem nicht mehr mit.

Von Interesse ist es übrigens, dass jene dem attischen Recht unbekannte Bestimmung über das Maass der Mitgift von Ephoros bei Strabo, freilich, was auf einer unrichtigen Verallgemeinerung

---

[33] ὁ πατήρ IV 49; πατρὸς ἢ ἀδελφιῶ V 2—3.
[34] Dos aut datur... aut promittitur Ulp. fr. VI § 1.
[35] IV 49. 50. 52. V 2. 3.
[36] IV 48: αἴ κα λῇ δόμην; IV 28 μὴ ἐπάναγκον ἤμην.
[37] IV 51: πλίονα δὲ μή.
[38] IV 50: δότω κατὰ τὰ ἐγραμμένα; das kann nur heissen den ganzen Erbtheil, nicht weniger; sonst würde hier wie anderwärts wohl ein ἢ μεῖον (vgl. I 36. X 16) dabei stehen; auch stimmt die gleich zu besprechende Strabo-Notiz mit dieser Auffassung.
[39] Beweis V 1—9. Unten IV. Kap., II.
[40] πρόσθ' ἔδωκε IV 52; der Indicativ, wie in XII 16, beweist diese Auslegung. Wäre gemeint: vor seinem Tode, πρόσθ' = δωὸς ἰών IV 49, so müsste δοίη stehen wie in X 17.

beruhen kann, für Kreta überhaupt, noch als geltend erwähnt wird [41].

Auch während der Ehe behält die Frau das Eigenthum an dem ganzen Frauengut [42]. Die Früchte dienen wohl ohne strenge juristische Trennung zum Unterhalt der Familie. Wem das Eigenthum an diesen Früchten und ebenso an dem von der Frau durch ihre Arbeit während der Ehe Erworbenen als zuständig gedacht wird, tritt nicht klar hervor. Ob der Mann die Verwaltung hat, ist nicht gesagt: die Wendungen VI 9 ff. 32 ff. lassen sich sowohl dafür wie dagegen verwenden; eher dagegen spricht das $\dot{\epsilon}\pi\iota$ $\tau\tilde{\varphi}$ $\gamma v\nu\alpha\iota\kappa\grave{\iota}$ $\tilde{\eta}\mu\eta\nu$ $\tau\grave{\alpha}$ $\chi\varrho\dot{\eta}\mu\alpha\tau\alpha$ in VI 18. Jedenfalls ist dem Manne Verkauf und Verpfändung von Sachen seiner Frau verboten: diese Geschäfte sind nichtig [43]. Ein gewisses Verfügungsrecht behält die Frau zweifellos, denn sie kann ihr Vermögen sicher von Todeswegen und wahrscheinlich auch bei Lebzeiten unter ihre Kinder vertheilen, ist sogar unter Umständen dazu verpflichtet [44].

2. Das Frauengut bei Endigung der Ehe [45].

Ausführliche und systematische Behandlung finden wir über die Frage nach den Schicksalen des Frauenguts bei geendigter Ehe. Doch ist von dem Fall der Ehe zwischen einer Freien und einem Häusler (vgl. VII 1 ff.) nicht die Rede; für die Ehe zwischen Häusler und Häuslerin ist III 40—43 die einfache Bestimmung gegeben, dass, ob die Ehe nun durch Scheidung oder durch Tod des Mannes getrennt wird, die Häuslerin lediglich ihr Eingebrachtes zurückerhält. Und wie, wenn die Häuslerin stirbt? mit einigem Zwang lassen sich die Worte auch von diesem Fall verstehen (— die Ehe der Häuslerin wird geendigt bei Lebzeiten des

---

[41] Strabo Geogr. X c. IV § 20: $\varphi\epsilon\varrho\nu\dot{\eta}$ δ' $\dot{\epsilon}\sigma\tau\acute{\iota}\nu$, $\ddot{\alpha}\nu$ $\dot{\alpha}\delta\epsilon\lambda\varphi o\grave{\iota}$ $\tilde{\omega}\sigma\iota$, $\tau\grave{o}$ $\ddot{\eta}\mu\iota\sigma\nu$ $\tau\tilde{\eta}\varsigma$ $\tau o\tilde{\nu}$ $\dot{\alpha}\delta\epsilon\lambda\varphi o\tilde{\nu}$ $\mu\epsilon\varrho\acute{\iota}\delta o\varsigma$. Ausbeute für unser Gesetz gewährt seine Darstellung (cap. IV) sonst kaum; jene privatrechtliche Notiz steht ganz vereinzelt.

[42] Beweis der immer wiederkehrende Ausdruck $\tau\grave{\alpha}$ $f\alpha$ $\alpha\grave{v}\tau\tilde{\alpha}\varsigma$ II 46. 49. III 25. 32. 36. 42. IV 26, $\tau\grave{\alpha}$ $\mu\alpha\tau\varrho\tilde{\omega}\alpha$ VI 34. XI 44; $\tau\grave{\alpha}$ $\chi\varrho\dot{\eta}\mu\alpha\tau\alpha$ $\tilde{\eta}\mu\eta\nu$ $\dot{\epsilon}\pi\grave{\iota}$ $\tau\tilde{\varphi}$ $\gamma v\nu\alpha\iota\kappa\acute{\iota}$ VI 16 fg.

[43] VI 9 ff. 18. S. unten VII. Kap., V.

[44] IV 26 ff. S. unten III. Kap., III 1 und IV. Kap., I 3.

[45] II 45—III 44. Ueber den Zusammenhang dieses Abschnittes mit dem vorigen s. oben S. 42 Nro. 3.

Mannes —); jedenfalls wird wohl gleiches Recht auch hier gelten.
Für die Ehen zwischen Freien gilt folgendes Recht:

I. Trennung der Ehe durch Scheidung.
(II 45—III 1. XI 50—XII 1.)

Bei der Scheidung sind an sich folgende Fälle als möglich zu denken:

a. Die Scheidung geschieht consensu, d. h. durch gütliche Uebereinkunft.

b. Die Scheidung geschieht einseitig durch den Mann (die attische ἀπόπεμψις) und zwar entweder willkürlich oder wegen Vergehens der Frau oder aus anderen Gründen gerechtfertigt.

c. Die Scheidung geschieht einseitig durch die Frau (die attische ἀπόλειψις), und auch hier entweder willkürlich oder wegen Vergehens des Mannes oder sonst gerechtfertigt [46].

Das Gesetz unterscheidet nun diese Fälle nicht, sondern spricht blos davon, ob der Mann αἴτιος der Scheidung sei oder nicht. αἴτιος kann nicht schlechthin als Ursache gedacht werden, denn Ursache ist der Mann auch, wenn er die Frau aus gerechtem Grunde verstösst; für diesen Fall aber könnte er nicht, was er doch als αἴτιος soll, Busse zahlen müssen. Also ist αἴτιος gleich Schuld. Schuld an der Scheidung kann nun der Mann in zweierlei Weise sein: insofern er die Frau grundlos verstösst, oder insofern er ihr Grund gibt ihn zu verlassen. Wenn Beides mit αἴτιος gemeint ist, so muss gefolgert werden, dass die Frau sich auch ihrerseits vom Manne scheiden darf [47] — ob freilich nur aus rechtfertigenden Gründen oder ganz beliebig, bleibt zweifelhaft. In VIII 20 ff. ist ein Fall erwähnt, wo die Erbtochter sich von ihrem Gatten scheidet gegen Verlust eines Theiles ihres Vermögens: der rechtfertigende Grund liegt dort wohl in ihrer Qualität als Erbtochter. — Wir unterscheiden dem Gesetz gemäss:

1. *Scheidung mit Schuld des Mannes.* Die Frau soll erhalten: 1) was sie eingebracht hat, sei es bei Eingehung der Ehe (so, zu eng, II 47), sei es später, sei es Mitgift, sei es Erbgut; 2) ferner die Hälfte der Frucht, die aus diesem ihrem Einge-

---

[46] Auch Scheidung durch Willen des Vaters? Caillemer S. 134.

[47] Dazu stimmt auch der Ausdruck διακρίνωνται II 46 gut: sie scheiden sich, nicht: er scheidet sich von ihr. κριθῇ von der Häuslerin in III 41 lässt vielmehr auf Scheidung durch den Willen des Herrn des Häuslers schliessen.

brachten stammt. Gemeint sind wohl die fructus extantes; denn die Früchte dienen an sich zum Unterhalt der Ehegatten, eine Restitutionspflicht kann sich nur auf die nicht verbrauchten Früchte beziehen. Daher auch das Präsens $\alpha \check{\iota} \varkappa$' $\mathring{\eta}$ in II 49. Diess Präsens beweist zugleich, dass $\varkappa\alpha\varrho\pi\acute{o}\varsigma$ hier [48] nicht etwa wie an anderen Stellen [49] der künftige Niessbrauch ist, dessen Hälfte dem Manne etwa zustehen sollte. 3) Die Hälfte des 'Eingewebten', d. h. dessen, was die Frau durch ihre eigene Arbeit erworben hat: 'Jetzo sass ich des Tags und wirkte am grossen Gewebe' Od. XIX 149. $\check{\alpha}\tau\iota$ $\varkappa$' $\mathring{\eta}$ II 51 fg. bedeutet wohl: welcher Art Sachen es auch sein mögen. 4) 5 Stateren Busse.

2. *Scheidung ohne Schuld des Mannes.* Wenn der Mann aber nicht Schuld ist, also wenn die Frau ihrerseits Schuld ist oder bei gütlicher Uebereinkunft, was dann? Die Antwort ist zunächst von der Auslegung des II 54 folgenden Satzes abhängig: 'behauptet der Mann nicht Schuld zu sein, so soll der Richter schwörend entscheiden'. Ergänzt man 'über Art und Mass der Restitutionspflicht', so ist die Antwort klar: bei Schuld des Mannes Restitution nach der obigen Bestimmung, bei Nichtschuld Restitution nach richterlichem Ermessen. Verwirft man diese bequeme aber bedenkliche [50] Auslegung und ergänzt man 'über die Thatsache, ob der Mann $\alpha\check{\iota}\tau\iota\sigma\varsigma$ ist oder nicht' [51], so liegt die Antwort in diesem Satz nicht und muss im vorhergehenden gesucht werden — oder das Gesetz hat überhaupt keine Antwort geben wollen. Sucht man sie im vorhergehenden Satz, so bieten sich zwei Annahmen dar. Man kann die Worte Z. 52—53 'wenn der Mann Schuld ist an der Scheidung' nach ihrer Stellung am Schluss der ganzen Restitutionsanordnung auffassen als Bedingung für die ganze Restitutionspflicht zu 1—4 [52], oder nur für die zu 4 genannte Verpflichtung zur Zahlung der Zusatzbusse [53]. Bei letzterer Auffas-

---

[48] Und dementsprechend auch in III 27 und III 35. Auch in V 39 bedeutet $\varkappa\alpha\varrho\pi\acute{o}\varsigma$ wohl die vorhandenen Früchte.

[49] VII 39 fg. VIII 50, abwechselnd mit dem gleichbedeutenden $\dot{\epsilon}\pi\iota\varkappa\alpha\varrho\pi\acute{\iota}\alpha$ VII 33. [VIII 45.] XII 29.

[50] Gegen sie spricht: statt $\alpha\iota$ $\delta\grave{\epsilon}$ $\varphi\omega\nu\acute{\iota}o\iota$ $\alpha\check{\iota}\tau\iota\sigma\varsigma$ $\mu\grave{\eta}$ $\mathring{\eta}\mu\eta\nu$ Z. 54 fg. müsste es heissen wie Z. 52 fg.: $\alpha\iota$ δ' $\alpha\check{\iota}\tau\iota\sigma\varsigma$ $\mu\grave{\eta}$ $\epsilon\check{\iota}\eta$.

[51] Aehnlich I 11—13.

[52] Dann müsste aber correcter Weise dieser Wenn-Satz gleich hinter dem ersten Wenn-Satz Z. 45—46 stehen.

[53] Dann müsste aber correcter Weise dieser Wenn-Satz in Z. 52 zwischen $\varkappa\alpha\acute{\iota}$ und $\pi\acute{\epsilon}\nu\tau\epsilon$ $\sigma\tau\alpha\tau\mathring{\eta}\varrho\alpha\varsigma$ stehen.

sung ergibt sich, dass der Mann, wenn er nicht Schuld ist, doch die ganze Restitution wie oben, nur mit Ausnahme der 5 Stateren, zu leisten hat, insbesondere also auch dann, wenn die Frau an der Scheidung Schuld ist. Dieses Resultat ist schwerlich richtig; es ist nicht anzunehmen, dass die Frau in diesem Falle keine Nachtheile erlitten habe: sonst stünde sie ja besser als der Mann, der im entsprechenden Falle 5 Stat. Busse zahlen muss. Verliert ja doch auch die Erbtochter, wenn sie sich scheiden will, nach VIII 20 ff. einen Theil ihres Vermögens an den Mann. Fasst man die Schuld des Mannes hingegen als Bedingung für die ganze Restitutionspflicht, so könnte man durch argumentum e contrario schliessen, dass der Mann, wenn er nicht Schuld ist, überhaupt garnichts zu restituiren hat. Auch diess Resultat befriedigt nicht; denn bei gutwilliger Scheidung kann die Frau schwerlich Vermögensnachtheile erlitten haben. Sind hiernach beide Erklärungen sachlich zu verwerfen, so ergibt sich nur der Ausweg: für den Fall, dass der Mann nicht αἴτιος der Scheidung ist, hat das Gesetz nichts bestimmt sondern es beim alten Recht belassen. Was diess alte Recht war, wissen wir nicht, wie auch für Athen dieselbe Frage streitig ist [54]; leicht sich darbietende Vermuthungen auszusprechen ist werthlos.

Auf die Scheidung überhaupt bezieht sich auch wohl die unvollständig erhaltene Bestimmung des Nachtrags XI 50—XII 1 [55], die vielleicht diess bedeutet: verstösst der Mann die Frau, so hat er behufs des möglichen Rechtsstreits über das Frauengut, für dessen Schicksal die Schuldfrage ja entscheidend ist, den Scheidungsgrund vor Zeugen ihr selbst, dem Richter und dem Mnamon in bestimmter Frist anzukündigen.

---

[54] Für die willkürliche Scheidung des Mannes ist die Restitutionspflicht der dos bezeugt, Demosth. LIX 52 p. 1362 κατὰ τὸν νόμον, ὃς κελεύει, ἐὰν ἀποπέμπῃ τὴν γυναῖκα, ἀποδιδόναι τὴν προῖκα; ebenso für die der Frau, Demosth. XXX 8 p. 866 und andere Stellen; s. Lipsius S. 519 N. 114; bei Scheidung wegen Schuld der Frau fehlen directe Zeugnisse. Vgl. Caillemer S. 131 N. 5; Thalheim S. 67 N. 3; Lipsius S. 519 N. 114; von früherer Literatur die bei Thalheim Citirten und Gans S. 305 fg.

[55] Sie bezieht sich wohl nicht blos auf den dort vorher behandelten Streit über Entwendungen bei Gelegenheit der Scheidung: eine Verbindung durch καί oder δέ mit dem Vorhergehenden fehlt, wenn man die Worte ὅτι κ' ἐπικαλῇ zum Folgenden, und ist nicht bezeugt, wenn man sie zum Vorhergehenden zieht (wo sie auch entbehrlich sind).

II. Endigung der Ehe durch Tod.

Hier ist zu unterscheiden, ob durch Tod des Mannes oder der Frau, und in beiden Fällen, ob Kinder da sind oder nicht.

1. *Durch Tod des Mannes.* Ein Erbrecht hat die Frau gegenüber dem Manne nicht, weder neben noch hinter den Kindern, wie das hie und da in Griechenland der Fall gewesen ist[56], ebensowenig wie der Mann gegenüber der Frau. Als Ersatz für das mangelnde Erbrecht der Frau kommt eine Schenkung des Mannes an sie vor, welche unten näher zu erörtern ist.

a) **Es sind Kinder vorhanden** (III 17—24). Die Frau bleibt mit den Kindern zusammen wohnen, ohne sich mit ihnen auseinanderzusetzen, da ja ihr Vermögen doch einmal an ihre Kinder kommt. Dass ihre Söhne dabei Vormünder über sie werden, sagt unser Gesetz nicht (s. oben S. 109); jedenfalls haben sie keine andere Stellung als der Gatte hatte: das Verbot die Sachen der Frau, ihrer Mutter zu verkaufen und zu verpfänden, VI 12, die Schenkungsbeschränkung, X 14 ff., das Recht das Vermögen unter Lebenden und von Todeswegen an die Kinder zu vertheilen, IV 26 ff., gilt auch für das Verhältniss zwischen der Wittwe und ihren Söhnen, wie es für das zwischen der Frau und ihrem Gatten galt. Will die Frau aber eine zweite Ehe eingehen, so darf sie das, und dann erhält sie ihr Vermögen heraus: das Eingebrachte, aber nichts von den Früchten, nichts von der Errungenschaft, welche vielmehr den Kindern verbleiben[57], und erhält zugleich die erwähnte Schenkung ihres Mannes.

b) **Es sind keine Kinder vorhanden** (III 24—31). Die Frau erhält 1) das Eingebrachte, 2) die Hälfte ihrer Errungenschaft, 3) von der Frucht einen Kopftheil zusammen mit dem oder den Erben ihres verstorbenen Gatten, also seinen Brüdern u. s. w., 4) die Schenkung ihres Mannes.

Der Unterschied von den bei der Scheidung geltenden Restitutionssätzen liegt, abgesehen von der Schenkung, die bei der Scheidung nicht vorkommt, in der Bestimmung der Früchte. Dort erhält sie die Hälfte, hier nur Kopftheil. Aber es ist viel-

---

[56] In Erythrae, vielleicht auch in Delphi; s. Thalheim S. 57 N. In Rom hatte die Frau nach altem Civilrecht kein Erbrecht, nur insofern sie in manu war, erbte sie loco filiae familias. Das Prätor. Recht gab ihr dann ein Erbrecht hinter den Cognaten (bonorum possessio unde vir et uxor).

[57] Daher heisst es III 23: τὶ τῶν τέκνων.

leicht nothwendig anzunehmen: dort die Hälfte der aus ihrem eignen Vermögen vorhandenen Früchte, hier hingegen einen Kopftheil aller, sowohl der aus ihrem eignen wie der aus dem Vermögen ihres Mannes stammenden Früchte. Denn dort sagt das Gesetz (II 49, und übereinstimmend später III 35): $τῷ καρπῷ αἴ κ' ᾖ ἐς τῶν ϝῶν αὐτᾶς χρημάτων$; hier hingegen heisst es $τῷ καρπῷ τῷ ἔνδοθεν$. Dass hiermit ein Unterschied nicht angedeutet sei, ist schwer glaublich. $ἔνδοθεν$ ist = von drinnen heraus, gibt also hier die Herkunft des $καρπός$ an, ist also = $ἐκ τῶν χρημάτων$. Ein Gegensatz etwa gegen die Früchte der Landwirthschaft, den man gemäss dem $ἐνδοθιδίαν$ in II 11 [58] vermuthen könnte, kann nicht gemeint sein, weil sonst eine gleiche Klausel rationeller Weise auch in den anderen Fällen, wo es sich um Restitution des $καρπός$ handelt, stehen müsste. Der Nachtheil, dass die Frau hier nur einen Kopftheil bekommt, wird dann durch den Vortheil aufgewogen, dass der Kopftheil von dem Ganzen berechnet wird. Verwirft man diese Auslegung, die keineswegs unzweifelhaft ist, so muss man $ἔνδοθεν$ einfach denken als = $ἐς τῶν ϝῶν αὐτᾶς χρημάτων$. Juristisch rationell ist diese Abweichung in keinem Fall. Ist einmal der Gedanke da, dass das Eingebrachte der Frau mit zur Bestreitung der Ehelasten dient, also seine Früchte an Mann und Frau gleichmässig fallen, und folgert man daraus, dass bei Lösung der Ehe die fructus extantes halbirt werden, so muss diese Halbirung nun auch, abgesehen von besonderen Rücksichten wie denen auf die Kinder (III 18 ff.), überall gleichmässig eintreten, also nicht blos zwischen Mann und Frau (so in unserem Gesetz II 48), und nicht blos zwischen dem Mann und denjenigen, welche durch Erbfolge an die Stelle der Frau treten (so in unserem Gesetz III 35), sondern auch zwischen der Frau und denen, welche durch Erbfolge an die Stelle des Mannes treten — das ist unser Fall.

2. *Endigung der Ehe durch Tod der Frau.*

a) **Es sind keine Kinder vorhanden** (III 31—37). Der Mann hat kein Erbrecht, vielmehr hat er den Erben der Frau (das sind die $ἐπιβάλλοντες$ hier) dasselbe herauszugeben, was er bei der Scheidung ihr selbst herauszugeben hat, nur ohne die Scheidungsbusse, also: ihr Eingebrachtes, die Hälfte ihrer Errungenschaft, die Hälfte der Früchte aus ihrem Vermögen.

b) **Es sind Kinder vorhanden.** Dieser Fall ist hier

---

[58] Und VII 33 $ἐπικαρπίας παντός$.

nicht mehr besprochen; er findet sich in anderem Zusammenhange VI 31—46. Erben der Frau sind ihre Kinder, der Mann erbt nicht mit; die Kinder bekommen das ganze Muttergut: $τὰ\ ματρῷα$ VI 34. Leider ist nicht gesagt, was diese $ματρῷα$ sind. Keinesfalls können die Kinder schlechter stehen als die sonstigen Erben der Frau (Fall a), daher wird $ματρῷον$ nicht nur das Eingebrachte der Frau sondern auch die Hälfte der Errungenschaft sein. Die Früchte hingegen kommen vorerst nicht weiter in Betracht, denn der Vater bleibt mit den Kindern zunächst wie in der Familien- so auch in der Vermögensgemeinschaft; das Vermögen bleibt in seiner Hand zu Verwaltung und Niessbrauch vereinigt ($τὸν\ πατέρα\ καρτερόν\ ἥμην\ τῶν\ ματρῴων$ VI 33), die Früchte werden also zum Unterhalt der Familie verwendet. Die Auseinandersetzung erfolgt nur, falls der Mann zu einer zweiten Ehe schreitet: dann muss er die $ματρῷα$ den Kindern zu eigner Verwaltung und eignem Niessbrauch herausgeben, VI 44—46 [59]. Von den Früchten ist auch hier nicht die Rede; ob er also die Hülfte der aus den $ματρῷα$ gewonnenen und noch vorhandenen Früchte herauszugeben hat oder nicht, ist nicht zu sagen.

3. Entwendung bei Endigung der Ehe.

Ueberall, wo die Frau das Haus ihres Mannes verlässt, sei es nach der Scheidung, wo sie es ihm selbst, oder nach kinderlosem Tode des Mannes, wo sie es seinen erbberechtigten Blutsverwandten überlassen muss, sei es weil sie sich nach dem Tode des Gatten von den Kindern trennt, um eine neue Ehe einzugehen: überall liegt die Gefahr nahe, dass die Frau Sachen mitfortnimmt [60], welche ihrem Manne, den Blutsverwandten, den Kindern gehören. Thut sie das, so ist sie, wie unser Gesetz für alle drei Fälle ausdrücklich statuirt, mag sie nun eine freie Frau oder eine Häuslerin sein, zur Rückgabe verpflichtet [61]. Besonders nahe liegt diese Gefahr im Falle der Ehescheidung, und hierfür gibt

---

[59] Genau so das röm. Recht zur Zeit Constantins, wie es uns im C. Theod. 8, 18 de bonis maternis, besonders c. 3 (aufgehoben durch Leo, s. c. 4 C. Iust. cod. 6, 60) und C. Iust. 6, 60 eod., besonders c. 1 entgegentritt. Es ist zum Theil, als läse man den entsprechenden Abschnitt unseres Gesetzes.

[60] $ψέρειν$; das setzt voraus, dass sie fortgeht.

[61] III 1 ff. 22 fg. 30 fg. 43 fg.

unser Gesetz [62] (III 1—16, dazu ein Nachtrag in XI 46—50) noch besondere Bestimmungen poenalen Charakters [63], die sich freilich, was befremdend ist, nur auf die Ehescheidung freier Frauen, nicht auch auf die von Häuslerinnen beziehen [64]. 1) Die Frau hat ausser der fortgenommenen [65] Sache selbst noch eine Busse von 5 Stat. zu erlegen, also ebensoviel wie der Mann im Falle der Scheidung mit seiner Schuld. Leugnet sie, so hat der Richter ihr einen Eid aufzuerlegen [66], den sie binnen 20 Tagen nach Fällung des Urtheils in seiner Gegenwart (XI 48 ff.) bei dem im Gesetz näher bezeichneten Bilde der Artemis (III 7—9) ablegen muss. 2) Gleiche Rechtsfolge tritt ein, wenn ein Anderer (τίς) für sie die Entwendung vornimmt, so dass sie den geforderten Eid richtig leisten kann [67]; ob nach der Absicht des Gesetzes sie selbst oder ob er die Busse leisten muss, bleibt zweifelhaft. 3) Nimmt Jemand ($\dot{\alpha}\lambda\lambda\acute{o}\tau\varrho\iota o\varsigma$) aber bei dieser Gelegenheit zu seinen eigenen Gunsten [68] die Entwendung vor, so haftet er auf

---

[62] Für Rom vgl. die prätorische actio rerum amotarum für den gleichen Fall, die freilich keinen pönalen Charakter hat und auch der Frau zusteht. Lenel Ed. perp. § 115. Dig. 25, 2.

[63] In den anderen beiden Fällen III 23. 30 heisst es schlechthin $\check{\varepsilon}\nu\delta\iota\kappa o\nu$ $\check{\eta}\mu\eta\nu$; hier scheint der Rechtsanspruch also lediglich sachverfolgend zu sein, die Poenalbestimmungen aber gelten nur für den Fall der Scheidung. Wäre es die Absicht des Gesetzes, dass die Poenalbestimmungen III 1 ff. auch in den anderen beiden Fällen III 23 und 30 Anwendung finden sollten, so hätte es bei letzteren durch ein zu dem $\check{\varepsilon}\nu\delta\iota\kappa o\nu$ $\check{\eta}\mu\eta\nu$ hinzugesetztes $\kappa\alpha\tau\dot{\alpha}$ $\tau\dot{\alpha}$ $\dot{\varepsilon}\gamma\gamma\varrho\alpha\mu\mu\acute{\varepsilon}\nu\alpha$ oder $\dot{\tilde{\eta}}$ $\dot{\varepsilon}\gamma\varrho\alpha\pi\tau\alpha\iota$ auf jene Poenalbestimmungen verwiesen; auch hätte mindestens der Nachtrag XI 46 ff. auch die anderen Fälle miterwähnt.

[64] Bei Häuslerinnen heisst es einfach und für alle Fälle gleichmässig III 43—44: $\check{\varepsilon}\nu\delta\iota\kappa o\nu$ $\check{\eta}\mu\eta\nu$. Aus den in der vorigen Note angeführten Gründen sehe ich hierin einen lediglich sachverfolgenden Anspruch.

[65] $\varphi\acute{\varepsilon}\varrho\varepsilon\iota\nu$ und $\pi\alpha\varrho\varepsilon\lambda\varepsilon\tilde{\iota}\nu$; letzteres vielleicht auch das vorherige Beiseiteschaffen und Verheimlichen. Vgl. subtrahere in l. 15 pr., celare in l. 17 § 1 D. l. c.

[66] In Rom kann der Mann der Frau den Eid zuschieben nihil divortii causa amotum esse; zurückschieben darf sie ihn nicht. l. 11 § 1 — l. 13 D. l. c.

[67] Vgl. l. 19 D. l. c.: si ... per fures res amoverit ita ut ipsa non contrectaverit ... tenebitur; und l. 27 § 1 ib.: si servus mulieris iussu dominae divortii causa res amoverit.

[68] $\dot{\alpha}\lambda\lambda\acute{o}\tau\varrho\iota o\varsigma$ = ein Fremder, d. h. von ihr nicht beauftragter; oder $\dot{\alpha}\lambda\lambda o\tau\varrho\acute{\iota}\omega\varsigma$ = auf andere Weise als zu ihren Gunsten (??).

das Doppelte wie des Bussgeldes (also 10 Stat.) so der Sache[69]; der Richter legt ihm hierbei keinen Eid auf sondern entscheidet selbst schwörend. Vielleicht ist übrigens der Unterschied zwischen Fall 2) und 3) anders zu bestimmen: der nach Satz 2) haftende τίς ist ein Verwandter, der ἀλλότριος der aufs duplum haftet ein Fremder, und beide sind als Helfer der Frau gedacht. Dann wäre das τίς in III 9 freilich schlecht gesetzt; auch ist die ratio des Unterschieds nicht recht zu entdecken.

4. Schenkungen zwischen Ehegatten.

Mehrfach ist davon die Rede:

1) Nach III 20—22 und III 29 erhält die Frau bei Beendigung der Ehe durch Tod des Mannes das, was er ihr vor 3 freien volljährigen Zeugen nach dem geschriebenen Recht gegeben hat (διδόναι). Bei Lösung der Ehe durch Tod der Frau oder durch Scheidung kommt diese Schenkung nicht vor. Daraus scheint sich mir mit Sicherheit zu ergeben, dass wir hier eine Schenkung des Mannes an die Frau auf Todesfall zum Ersatz für das mangelnde Erbrecht der Frau vor uns haben. Es wird sachdienlich sein, hierbei mit zwei Worten an die römische donatio propter nuptias[70] (antipherna, antidos) zu erinnern. Sie tritt uns in den Quellen der nachconstantinischen Zeit entgegen; es ist aber längst erkannt, dass sie schon lange vorher provinciell, und zwar insbesondere in den orientalischen Ländern bestand und aus diesen zuerst als Sitte, dann als Rechtsinstitut in das römische Leben hineintrat, wie wir sie auch heute noch 'in den stereotypen Gewohnheiten des Orients' wiederfinden[71]. Sie besteht in einer Gegengabe gegen die dos Seitens des Mannes an die Frau, für den Fall der Scheidung durch Schuld des Mannes und für den Fall des Vorversterbens des Mannes. Gewiss ist die Sitte dieser Gabe sehr alt: das attische Recht zur Zeit der Redner kennt sie freilich noch nicht[72]; die gortynische Gabe des Mannes an die Frau aber kann kaum etwas Anderes sein. Sie unterscheidet sich nur dadurch, dass sie nicht wie jene auch in dem Fall der Scheidung durch Schuld des Mannes verfällt sondern lediglich eine Wittwengabe, lediglich eine donatio mortis causa ist.

---

[69] Gleiche Haftung s. V 37 ff.
[70] Literatur und Quellen: Windscheid, Pand. II § 508.
[71] S. Francke im Archiv f. d. civilistische Praxis XXVI S. 74 ff.
[72] Gans S. 307—308.

2) In X 14—20 und XII 15—19 findet sich eine Maximalbestimmung für eine Gabe (wiederum διδόναι) des Mannes an die Frau (und, wovon einstweilen abzusehen ist, des Sohnes an die Mutter). Es ist höchst wahrscheinlich, dass diese δόσις dieselbe ist wie die III 20. 29 erwähnte. Dieselbe soll den Werth von 100 Stat. nicht übersteigen [73]. Diese Beschränkung ist eine Neuerung unseres Gesetzes: es sagt ausdrücklich, dass alle vor Erlass unseres Gesetzes dem früheren Gesetz gemäss gemachten Schenkungen giltig seien, diese Beschränkung vielmehr nur für 'später' gelte (XII 16 ff.). Auf dieses früher erlassene und durch X 14 ff. nur in einer Beziehung abgeänderte Gesetz zielt auch wohl die Verweisung in III 20. 29 'was der Mann nach dem geschriebenen Recht gibt', nicht, obwohl es nahe liegt das anzunehmen, auf die in X 14 ff. stehende Maximalbestimmung selbst [74].

Bei den über das erlaubte Mass von 100 Stat. hinaus gehenden Schenkungen ist nicht einfach Nichtigkeit (wenn auch nur des Ueberschusses) angeordnet wie z. B. in dem sich anschliessenden Fall der Schenkung zu Ungunsten der Gläubiger [75]; vielmehr sollen die Epiballontes, 'wenn sie wollen, das Geld abgebend das Vermögen haben'. Epiballontes sind die nächsten erbberechtigten Verwandten (oben S. 62 fg.). Da man sie als die Verwandten

---

[73] Die Schenkung ist nicht blos als Geldschenkung gedacht. S. XII 16: χρήματα.

[74] III 20: κατὰ τὰ ἐγραμμένα, III 29: ᾇ ἔγραπται. τὰ ἐγραμμένα ist doch wohl das bereits Geschriebene, nicht das, was erst weiter unten geschrieben werden soll. Wo κατὰ τὰ ἐγραμμένα in unserem Gesetz vorkommt, ist das stäts eine Verweisung nach rückwärts, nie nach vorwärts: I 45 verweist auf I 29 ff.; I 54 auf I 4 fg.; IV 10 fg. auf III 44 ff.; IV 50 fg. auf IV 41 ff.; XII 22 fg. auf VIII 42 ff.; XII 28 auf VIII 44. 52. — ᾇ ἔγραπται weist nirgends nach vorwärts — zweifelhaft ist nur IV 31, wo es auf die gleich folgenden Worte bezogen werden kann —, sondern nach rückwärts: IV 45 fg. auf IV 31 ff.; IV 48 auf IV 41 ff.; VI 15 fg. auf VI 1 ff.; VII 47 auf VII 40 ff.; VIII 10 auf VII 15 ff.; VIII 25 auf VIII 1 ff.; VIII 29 auf VIII 10 ff.; VIII 35 auf VII 15 ff.; VIII 40 auf VII 15 ff.; VIII 54 wohl auf den ganzen Abschnitt von VII 15 an; IX 15 fg. auf IX 7 ff.; X 46 auf X 42 ff. (?); XI 26 u. 28 auf das ganze Gesetz; XII 19 auf X 14 ff. Einmal heisst die Rückverweisung auch ᾇ τάδε τὰ γράμματ' ἔγραπσε XI 20. Oder ᾇ ἔγραπται verweist gar auf das neben dem neuen Gesetz noch weiter geltende alte Recht: VI 31. IX 24, sehr wahrscheinlich auch X 45. 46, vielleicht auch IV 30 fg. Von altem durch das neue Gesetz abgeschafftem Recht sagt XII 16 sehr correct: ᾇ ἔγραττο κτλ.

[75] Wo es heisst: μηδὲν ἐς χρέος ἤμην τὰν δόσιν X 24, vgl. auch X 30 fg.

des Schenkers, nicht der beschenkten Frau denken muss [76], so lässt sich doppelt erklären:

a) Bei übermässiger Schenkung dürfen die für künftig erbberechtigten Verwandten das Vermögen des Schenkers ihm bei seinen Lebzeiten fortnehmen, um seiner Verschleuderung vorzubeugen, müssen aber freilich das der Frau Geschenkte aus diesem Vermögen ihr herausgeben. Ist diese Erklärung richtig, so haben wir hier eine Art von Entmündigung des Schenkers wegen Verschwendung vor uns. Aber man wird sich schwer entschliessen, daran zu glauben: die Massregel schützt gegen das Geschehene gar nicht, und gegen das Künftige zu sehr; es würde genügen, einfach die Nichtigkeit der Schenkung, soweit sie 100 Stat. übersteigt, auszusprechen wie in X 24.

b) Das Recht der Epiballontes tritt in Wirksamkeit erst beim Tode des Schenkers. Dazu stimmen sowohl die Ausdrücke 'Epiballontes' und 'χρήματα ἐχόντων' [77] sehr gut, als auch passt das zu der oben besprochenen Vorstellung, dass wir in dieser δόσις eine Gabe auf den Todesfall zu sehen haben. Im Weiteren kommt es nur darauf an, was wir unter τὸν ἄργυρον denken. Ist es das erlaubte Maximum von 100 Stat. oder ist es die ganze geschenkte Summe? Ersterenfalls wäre so zu paraphrasiren [78]: tritt der Todesfall ein, so sollen die Erbberechtigten die Erbschaft haben, wenn sie wollen, müssen dann aber auch die Schenkung bis zu 100 Stat. realisiren [79]. Letzterenfalls so: tritt der Todesfall ein, so sollen die Erbberechtigten die Erbschaft jedenfalls haben, die Schenksumme aber zahlen sie nur aus, wenn sie wollen [80]. Wir haben dann die Anordnung der An-

---

[76] Etwa so, dass die Frau, so lange sie lebt, die übermässige Schenkung behält, ihre Erben aber die Erbschaft nur gegen Zurückzahlung der Schenkung bekommen. Das geht nicht, weil, wenn der Sohn der Mutter schenkt, seine Kinder oder Geschwister zugleich seine Erben und die Erben der Mutter sind.

[77] = die Erbschaft erhalten, s. V 12. 17. 21. 27 fg. X 46 fg. XI 36 fg.

[78] Unmöglich die Erklärung: sie sollen die Erbschaft haben, wenn sie wollen, müssen dann aber auch die Schenkung auszahlen — damit wäre ja die übermässige Schenkung giltig gemacht, während das Gesetz sie doch eben erst verbot.

[79] Dagegen spricht, dass nach Analogie von XI 35 statt ἀποδόντες der Infinitiv stehen müsste.

[80] αἴ κα λείωντι gehört dann entweder zu ἀποδόντες = indem sie, falls sie wollen, zurückzahlen, oder zu ἀποδόντες ἐχόντων als Einheit = wenn sie wollen, sollen sie die Erbschaft, indem sie zahlen, haben; wenn sie nicht wollen, sollen sie sie, auch ohne zu zahlen, haben.

fechtbarkeit der Schenkung ersterenfalls zu ihrem ganzen, letzterenfalls zu ihrem 100 Stat. überschiessenden Betrage durch die Erbberechtigten.

Dieselbe Maximalbestimmung findet sich auch für die Gabe des Sohnes an die Mutter. Schon früher sprachen wir über die Stellung, welche der Sohn der Mutter wie der Schwester gegenüber einnimmt: wir dürfen schliessen, dass er nach dem Tode des Vaters dessen Stelle vertritt. Wie also der Mann seiner Frau für den Fall seines Vorversterbens ein Witthum aussetzen kann und vielleicht den Anforderungen der Sitte gemäss soll, zum Ersatz des mangelnden Erbrechts, so kann es auch der Sohn; ich meine auch er für den Fall seines Todes. Seine Mutter hat ihm gegenüber, wenn überhaupt so doch erst nach Descendenten und Geschwistern ein Erbrecht. So lange er lebt, lebt sie bei ihm, vermisst das Erbrecht also nicht; bei seinem Tode aber ist sie, falls sie kein eigenes Vermögen und keine Schenkung vom Manne her hat, vielleicht gänzlich mittellos. Dem vorzubeugen dient jene Schenkung auf Todesfall. Wiederum steht nichts im Wege, dieselbe als schon unter Lebenden bewirkt und nur unter der Resolutivbedingung, dass die Mutter den Sohn nicht überlebt, gemacht zu denken.

3) III 37—40 enthält eine Maximalbestimmung für eine besondere Art von Gabe, $κόμιστρα$ genannt. Die Gabe ist freiwillig[81]; sie besteht in einem Kleid (oder 'Kleidung'?) oder in 12 Stat. oder in einer Sache ($χρέος$) im Werthe von 12 Stat.[82] Als Schenker erscheinen Mann und Frau, nicht wie bei der eben besprochenen $δόσις$ bloss der Mann; als beschenkt ist wohl der andere Ehegatte anzunehmen.

$κόμιστρα$ ist offenbar ein technisches Wort; was es bedeutet, ist nicht mit Sicherheit zu sagen. Die Bestimmung steht am Schluss des ganzen ehelichen Güterrechts, unverbunden mit dem Vorigen, braucht sich deshalb nicht nothwendig bloss auf die gerade vorhergehenden Fälle (Trennung der Ehe durch Tod) zu beziehen, sondern kann für alle Fälle der Ehebeendigung gelten oder ein Satz des ehelichen Güterrechts ohne Rücksicht auf die Beendigung der Ehe sein. Als mögliche Erklärungen proponiren wir: Gabe zur Ausrichtung des Begräbnisses? Gabe bei der Scheidung um die Gutwilligkeit derselben zu erhärten? Dagegen spricht u. A. die Stellung der Bestimmung. Schlecht-

---

[81] $αἱ καὶ λῆ$ III 37.
[82] Ueber die Zahl 12 s. oben S. 59 N. 39.

hin Geschenk unter Lebenden? Sachlich wäre das nicht auffallend [83].

III. Familiengüterrecht (VI 2—46).

Die vermögensrechtliche Ausprägung der hausherrlichen Gewalt ist gering; nicht wie im altrömischen Haus ist der Hausherr auch Herr des ganzen Familienvermögens; die Vermögenssphären der Einzelnen bleiben vielmehr rechtlich gesondert und nur factisch lebt die Familie zusammen in Vermögensgemeinschaft. Nur aus dieser factischen Vermögensgemeinschaft erklärt sich auch wohl das im Anfang dieser Tafel VI 2 ff. stehende Verbot, dass der Sohn die Sachen des Vaters bei dessen Lebzeiten nicht veräussern, verpfänden, zusichern (spondiren) dürfe — ein Verbot, das sich ja von selbst versteht.

Von der Stellung der Frau, auch von der Schenkung des Sohnes an sie, war schon die Rede. Die Kinder sind selbst vermögensfähig; sie können durch Rechtsgeschäfte erwerben, sie können Erbschaften erhalten [84], und über diesen ihren Erwerb können die Söhne wenigstens selbständig verfügen [85]. Nur das Muttererbgut hat eine Ausnahmestellung; bei jenem Erwerb durch Erbschaften ist also an die Beerbung von Seitenverwandten gedacht.

Beim Muttererbgut hat der Vater Verwaltung und Niessbrauch; bei Töchtern und so lange die Söhne minderjährig sind, unbeschränkt; sind die Söhne volljährig, so bedarf es zur Veräusserung und Verpfändung und natürlich auch, obwohl das gerade an dieser Stelle nicht gesagt ist, zur Sponsion von Sachen des Muttererbguts ihrer Zustimmung [86] — und da unser Gesetz

---

[83] Wie auch in Rom nach altem Gewohnheitsrecht die Schenkung zwischen Ehegatten untersagt war, sofern es sich nicht bloss um geringfügige Gelegenheitsgeschenke (vgl. l. 31 § 8 D. de don. i. v. 24, 1) oder um Hingabe zur Bestreitung von Bedürfnissen, um ein Nadelgeld u. dergl. (freilich nur an die Frau: l. 33 § 1 ib.) handelte. Damit wäre dann die 'Kleidung' in der obigen Bestimmung erklärt.

[84] VI 7 ff. τὰ τῶν τέκνων, ἅτι κ' αὐτοὶ πάσωνται ἢ ἀπολάχωντι. ἀπολαγχάνην heisst meist 'erben' V 1. 4. Ebenso λανχάνην IV 39. 47. X 51.

[85] Nur die Söhne: VI 3. 5 fg. υἱέος ... ἅτι κ' αὐτὸς πάπηται ἢ ἀπολάχῃ, ἀποδιδόσθω, αἴ κα λῇ.

[86] Nur der der Söhne; zwar spricht VI 35 fg. von τὰ τέκνα, aber δρομέες ἰόντες, also wohl nur von den männlichen τέκνα. S. 1. Theil,

wohl voraussetzt, dass bei Lebzeiten des Vaters das ganze Muttererbgut ungetheilt bleibt, sind dadurch auch die Töchter und minderjährigen Söhne geschützt.

Was das übrige selbständige Vermögen der Kinder betrifft, so haben wir lediglich die beiden Sätze, dass der Vater nichts davon veräussern, verpfänden, spondiren kann, dass aber die Söhne diese Geschäfte selbständig vornehmen können. Indess setzt das letztere doch wohl auch hier Volljährigkeit der Söhne voraus; für die Minderjährigen hat gewiss auch der Vater die Verwaltung, und ebenso für die Töchter immer; wie mit der Verwaltung wird es auch mit dem Niessbrauch stehen, so lange die Kinder in seinem Hause leben. Der Unterschied zwischen Muttererbgut und sonstigem Vermögen reducirt sich dann darauf, dass die Töchter, wenn sie heirathen, und die Söhne, wenn sie volljährig werden, ihr sonstiges Vermögen vom Vater herausverlangen können, das Muttererbgut aber nicht.

Wenn es ausdrücklich heisst, dass die Kinder, falls der Vater zur zweiten Ehe schreitet, das Muttererbgut in ihre Gewalt bekommen [87], so kann diese 'Gewalt' keine andere sein, als die, welche vorher dem Vater gegeben war [88], d. h. die Kinder erhalten Verwaltung und Niessbrauch. Aber wie steht es, wenn sie noch minderjährig sind? und wie steht es mit den Töchtern? Geht hier etwa die Verwaltung an die nach dem Vater nächsten Verwandten über? Das sind ungelöste Fragen.

Da die Kinder vermögensfähig sind und über ihr eigenes Vermögen verfügen können (s. oben N. 85), so haften sie auch selbst für die ihnen obliegenden Verbindlichkeiten. Zwei Einzelbestimmungen des Gesetzes gehören wohl in diesen Zusammenhang:

1. IV 29—31: Wenn eines der Kinder [89] im Prozess zu einer Busse oder vielleicht überhaupt auf Geld verurtheilt ist [90], so soll ihm von den Eltern 'abgetheilt werden, wie geschrieben ist'. Also: es soll ihm ein bestimmter Vermögenstheil heraus-

---

IV. Kap. N. 7. 8. Das entspricht auch der sonstigen Stellung der Töchter, die ja auch über ihr übriges Vermögen keine selbständige Verfügung haben; s. vorige Note.

[87] τὰ τέκνα τῶν ματρῴων καρτερὸνς ἤμην VI 44 ff.

[88] τὸν πατέρα καρτερὸν ἤμην τῶν ματρῴων VI 33 fg.

[89] τίς IV 29, trotz τῷ ἀταμένῳ IV 30 wohl nicht bloss der Sohn.

[90] Ueber den Begriff ἀταμένος s. oben 1. Theil, III. Kap. N. 33. V. Kap. N. 1.

gegeben werden, um zur Bezahlung der Busse zu dienen. Dieser Satz findet sich in der Lehre von der Erbtheilung: der Zusammenhang ergibt zweifellos, dass das eigene Vermögen der Eltern gemeint ist, nicht etwa das dem Sohn gesondert gehörige und nur etwa in der Verwaltung des Vaters befindliche Vermögen [91]. Wieviel soll ihm herausgegeben werden? So viel 'wie geschrieben ist'. Das kann heissen: sein ganzer weiter unten (IV 31—48) im Gesetz normirter Erbtheil. Dagegen spricht, dass die Wendung $\mathring{q}$ ἔγραπται in unserem Gesetz nicht nach vorwärts, sondern nach rückwärts weist [92]. Auch ist nicht recht abzusehen, warum dem zu einer Busse verurtheilten Kinde der ganze, diese Busse vielleicht weit übersteigende Erbtheil herausgegeben werden soll. Einen Sinn hat diese Bestimmung nur für den Fall, dass die Busse höher ist als der Erbtheil — sie ist dann die Maximalbestimmung über die Haftung des Vaters für Bussen seiner Kinder —, nicht aber für den Fall, dass sie niedriger ist [93]. Indess sind wir zu dieser nächstliegenden Auslegung nicht gezwungen: $\mathring{q}$ ἔγραπται kann sich auch auf das bisherige neben diesem neuen Gesetz noch weiter geltende ältere Gesetz beziehen; der Satz bedeutet dann: falls das Kind gebüsst wird, sollen die Eltern ihm einen Theil ihres eigenen Vermögens (in Anrechnung auf sein künftiges Erbtheil) nach den bisher geltenden Bestimmungen herausgeben. Diese Bestimmungen würden dann die Maximalgrenze für die Haftung der Eltern bei Schulden der Kinder enthalten.

2. In den obligationenrechtlichen Bestimmungen der neunten Tafel findet sich IX 40—43 der gesondert für sich stehende Satz, dass der Sohn, wenn er bei Lebzeiten seines Vaters eine bestimmte Schuld übernommen hat (ἀναδέχεσθαι), selbst nebst dem von ihm

---

[91] Denn: 1) die Bestimmung bezieht sich auch auf die Mutter, diese aber verwaltet das Vermögen ihres Sohnes nicht. 2) Bei der Mutter heisst es ausdrücklich IV 26 fg. 'ihr eigenes Vermögen'. 3) Nach VI 3 ff. hat der Sohn die Verfügung über sein selbsterworbenes Vermögen. 4) Die Bestimmung über das Recht des Vaters am Muttererbgut setzt voraus, dass er am übrigen Vermögen der Kinder kein selbstnütziges Recht hat.

[92] S. oben Note 74.

[93] Ist diese Auslegung übrigens richtig, so kann doch die Abschichtung sich nicht auch auf das Haus IV 32, in dem doch der Vater wohnen bleiben muss, sondern nur auf das übrige Vermögen beziehen, von dem es IV 38 heisst, es werde getheilt.

erworbenen Vermögen 'hafte'. Ich gestehe diesen Satz nicht erklären zu können. Das mit Haften wiedergegebene Wort ist nicht genau zu lesen; leider ist auch XI 42 derselbe Buchstabe unleserlich in dem sehr wahrscheinlich gleichen Worte; dort ist es nur vom 'Vermögen', nicht auch von Personen gebraucht. Wahrscheinlich ist $ἄγεσθαι$ 'soll weggeführt werden' zu lesen. Wegführung [94] bedeutet zunächst Inbesitznahme durch die Gläubiger, also Inbesitznahme des Vermögens um sich daraus zu befriedigen, Inbesitznahme der Person um sie in Schuldhaft zu bringen. Seltsam ist zunächst schon diese Verbindung von Real- und Personalexecution [95]. Ferner findet sich in der ausführlichen Darstellung des Sklavenprozesses in Tafel I keine Spur einer Personalexecution gegen den dort hartnäckig säumigen zu Geld verurtheilten Schuldner [96]. Ist hier also wirklich Personalexecution gemeint, so muss dieselbe auf den eigenthümlichen Schuldgrund des $ἀναδέχεσθαι$ beschränkt werden. Und an sich ist es ja nicht undenkbar, dass bei einer besonderen Art von unleugbarer Schuldverbindlichkeit der Gläubiger sofort auch ohne Klage und Urtheil den Schuldner in Schuldhaft abführen darf — man vergleiche hiermit das römische nexum. Was aber $ἀναδέχεσθαι$ ist, wissen wir nicht. Derselbe Begriff findet sich IX 24. 34 noch einmal [97]; dort wird das Gläubigersein aus diesem Schuldgrund durch $ἀνδοχὰ(ς)$ $ἔχειν$ ausgedrückt, was fast so aussieht, als habe der Gläubiger einen schriftlichen Schuldschein oder dergl. in der Hand. Im attischen Recht finden wir $ἀναδέχεσθαι$ als Bürgschaftsübernahme, insbesondere für die Erfüllung eines Urtheils, cautio iudicatum solvi: $ἐγγυητὴς$ $ὁ$ $ἀναδεχόμενος$ $δίκην$ [98], wobei wegen der erwähnten $ἀνδοχα(ί)$ bemerkenswerth ist, dass Plato [99] für Bürgschaften eine schriftliche Syngraphe vor 3—5 Zeugen verlangt. Indess bei dieser engeren Erklärung bleibt ganz unbegreiflich, warum gerade hier Personalexecution möglich sein soll, bei Urtheilsschulden aus primär eigener Obligation aber nicht. Ist mit dem Wort vielleicht schlechthin 'Geld aufnehmen' gemeint?

---

[94] S. oben 2. Theil, I. Kap. N. 8.
[95] Wennschon nicht unerhört: die Execution beim röm. Nexum ergriff, wie Viele annehmen, auch das Vermögen.
[96] S. oben 2. Theil, I. Kap. bei Note 88.
[97] Nicht hierzu gehörig das $δέχεσθαι$ in X 28.
[98] Bekker Anecd. p. 244. Ueber Bürgschaft s. Platner II S. 365. Thalheim S. 91.   [99] leges XII p. 953 E.

Bedeutet ἄγεσθαι bloss 'vor Gericht gezogen, beklagt werden, haften', so bleibt die Frage, warum gerade bei diesem ἀναδέχεσθαι der Sohn nur mit dem selbsterworbenen [100] Vermögen, und nicht auch — nur dieser Gegensatz ist doch denkbar — auch der Vater für ihn mit einem Theil des väterlichen Vermögens nach IV 29—31 haftet. Wenn jener Satz IV 29—31 die Regel für alle Judicatsschulden enthält, so würde er ja an sich auch auf den wegen einer Bürgschaftsobligation verurtheilten Sohn Anwendung finden, und es wäre nur gerade für diesen Fall eine Ausnahme gemacht. Oder, wenn Haftung allein des Sohnes die Regel, und jene Haftung des Vaters nach IV 29—31 nur eine Ausnahme für den speciellen Fall einer Verurtheilung zur Busse im engeren Sinne ist: warum wird jene Regel nur für den Sonderfall des ἀναδέχεσθαι und nicht allgemein für jede sonstige Art von Obligationen ausgesprochen?

IV. Vormundschaft.

Ueber die Alters-Vormundschaft erfahren wir sehr wenig. Nur bei Gelegenheit der Lehre von der Erbtochter — und der Begriff der Erbtochter setzt das Verstorbensein des Vaters und des Bruders voraus, VIII 40—42 — hören wir von Waisenrichtern, ὀρφανοδικασταί XII 21. 25 für die unmündige Erbtochter; es scheint, dass diese in der Verwaltung des Vermögens wie in der Erziehung vorgehen und zu bestimmen haben. Sind solche nicht da — und ihr Vorhandensein wird nur hypothetisch hingestellt [101] —, so steht die Vormundschaft dem Heirathsberechtigten zu, fehlt auch ein solcher, so soll die Erbtochter bei der Mutter, eventuell deren Brüdern erzogen werden, die Vermögensverwaltung aber steht bei dem Vatersbruder und dem Muttersbruder zusammen, bis zur Verheirathung der Erbtochter [102].

Manches hiervon wird bei unmündigen vaterlosen Kindern überhaupt gelten: das Eintreten der Waisenrichter, die Erziehung bei der Mutter und nach deren Tode bei den Muttersbrüdern, die Verwaltung des Vermögens durch die Vaters- und Muttersbrüder. Ebenso wird auch bei dieser Vermögensverwaltung der für die Erbtochter aufgestellte Satz gelten, dass die Sachen des Mündels

---

[100] πέπαται IX 43; vgl. VI 5. 8. (VII 14.)
[101] XII 20 fg.: αἴ κα μὴ ἴωντι.
[102] Näheres unten V. Kap., II, S. 158.

— ausser in gewisser Weise oder unter besonderen Voraussetzungen, das Nähere wissen wir nicht — durch die Vermögensverwalter weder veräussert noch verpfändet werden dürfen [103].

Eine Geschlechtsvormundschaft über Frauen ist vorhanden; wenigstens ist eine Vertretung der Frau durch ihre nächsten Blutsfreunde mehrfach erwähnt [104].

IV. Kap. Erbrecht [1].

I. Letztwillige Verfügungen.

Nur ein Delationsgrund existirt: das Gesetz; Testamente sind, soviel zu sehen, unbekannt. Auch die Adoption, welche als Surrogat der Erbeseinsetzung dient, erscheint nur als Geschäft unter Lebenden, nicht von Todeswegen. Die letztwilligen Verfügungen, welche unser Gesetz kennt, sind folgende:

1. Ueber die Schenkung von Todeswegen Seitens des Gatten an die Frau, und des Sohnes an die Mutter, wurde schon oben S. 125 ff. gesprochen.

2. Nach X 42 ff. sollen die leiblichen Kinder und der Adoptirte, falls er Universalerbe ist, 'das Göttliche und Menschliche des Erblassers erfüllen' ($\tau \acute{\epsilon} \lambda \lambda \eta \nu$). In dem Testament der Epikteta ist $\tau \epsilon \lambda \epsilon \tilde{\imath} \nu$ gebraucht in dem Sinne von 'die Auflagen oder Aufträge des Erblassers erfüllen' [2]. Dass auch im Gortyner Gesetz bei dem 'Erfüllen des Menschlichen' an die Erfüllung derartiger letztwilliger Aufträge gedacht sei, ist nicht schlechthin unmöglich.

---

[103] IX 8 ff. S. unten V. Kap., II 3, S. 160.

[104] S. 1. Theil, IV. Kap., II 1. Ueber die Stellung des Bruders und Sohnes s. dies Kap., I. im Anfang.

[1] Hauptstück IV 23—VI 2, nämlich: Erbfolge der Kinder IV 23 —V 9, Intestaterbklassen V 9—28, Erbtheilung V 28—VI 2, dazu dann: Erbfolge der Kinder bei gemischten Ehen VII 4—10, Haftung für Erbschaftsschulden im Nachtrag XI 31—45. — Literatur bei Thalheim S. 53 N. 4. Ich benutzte: Gans Kap. VI; Platner II S. 309— 334; Lipsius S. 569—614; Thalheim § 9—10; vor Allem Schulin, das Griech. Testament, und Caillemer, Le droit de succession légitime à Athènes 1879, und le droit de tester à Athènes im Annuaire de l'association pour l'encouragement des études grecques IV 1870. S. 19—39. Vergl. auch Jannet S. 82 fg. 131 ff. Leist § 6. § 14—17 und S. 487 fg.

[2] Cauer, Del. Inscr. (1. Aufl.) Nro. 67 I 19. 26. II 7. Hierauf beruft sich Schulin S. 35. 37.

3. Nach IV 23 ff. soll jedes der Eltern, auch die Mutter, je sein Vermögen unter die Kinder[3] zu vertheilen Macht haben, καρτερὸν ἤμην τᾶδ δαίσιος. Gewiss ist hiermit eine Verfügung gemeint, durch welche die Erbfolge und auch im Wesentlichen die Grösse der Erbportionen nicht geändert wird: wir haben an ein Institut zu denken, wie es uns das röm. Recht in seiner divisio parentum inter liberos zeigt[4]; die sonst von den Kindern selbst dereinst vorzunehmende Erbtheilung wird von den Eltern im Voraus vorgenommen, diese weisen auf die gesetzlich bestimmten Erbtheile die einzelnen Sachen an. Mit dieser Vertheilung kann schon unter Lebenden eine wirkliche Ueberlassung der einzelnen Vermögensgegenstände an die Kinder verbunden sein, wie nach römischem und heutigem so auch nach Gortyner Recht; aber allein an diese schon unter Lebenden realisirte Theilung hat unser Gortyner Gesetz, wie mir scheint, nicht gedacht.

Dass eine schon unter Lebenden realisirte Theilung möglich sei, sagt unser Gesetz; ein Anwendungsfall ist die Mitgiftsbestellung an die Tochter, von der wir schon oben sprachen. Nothwendig ist eine solche Abtheilung nur in dem oben S. 130 fg. besprochenen Fall.

II. Intestaterbfolge.

Das Gesetz bespricht nur die Beerbung freier Personen; über die der Häusler sagt es nichts. Männer und Frauen werden in gleicher Weise beerbt[5]. Für die drei ersten Klassen von Erbberechtigten, welche das Gesetz beruft, tritt eine gemeinsame hochinteressante Frage auf. Das Gesetz beruft 1) die Kinder, Enkel, Urenkel, 2) und 3) die Brüder und Schwestern nebst deren Kindern und Enkeln[6]. Sind demnach die eigenen Ur-Urenkel[7]

---

[3] Der Genetiv τῶν τέκνων bedeutet wohl nur diess, nicht die Anordnung väterlicher Gewalt, die gar nicht hierher gehörte. Oben S. 57 N. 19, S. 109 N. 1.
[4] Literatur und Quellen bei Windscheid, Pand. III § 628 N. 13. Für attisches Recht s. Schulin S. 15. 25.
[5] IV 23—27. 43—46. V 9—10. Daher auch V 14. 19 ὁ ἀποθανών die Frau mitumfasst.
[6] V 10—12. 14—16. 18—20.
[7] Die Frage ist nicht ohne praktische Bedeutung: Caillemer, droit de succ. S. 11 fg., namentlich bei dem frühen Heirathstermin in Gortyn (VII 37. XII 32).

und die Geschwister-Urenkel nicht mitberufen?[8] oder ist die Annahme erlaubt, das Gesetz habe sich nur ungenau ausgedrückt und meine die Descendenten (die eigenen und die der Geschwister) schlechthin? Gegen diese Annahme spricht sofort, dass von Urenkeln nur in der ersten Klasse, bei Geschwistern hingegen nur von Enkeln die Rede ist. Man müsste also auch diese Differenz auf eine zufällige Ungenauigkeit des Gesetzes zurückführen. Dass aber eine solche doppelte Ungenauigkeit vorliege, ist schwer glaublich. Sofern sich also irgend eine plausible Erklärung für jene Beschränkung und diesen Unterschied finden lässt, wird man berechtigt sein, dieselben als absichtliche anzusehen. Eine solche Erklärung ergibt sich aber, wie ich meine, aus der Vergleichung anderer nahe verwandter Rechte.

Nach alten arischen Stammesideen besteht, wie noch vor Kurzem schön entwickelt ist[9], zwischen den Eltern und den Descendenten der drei nächsten Grade eine engere Sacralgemeinschaft, die sich zunächst in der Pflicht zur Bestattung und zum Todtencult äussert; folgeweise sind auch die, welche einen Ascendenten der drei nächsten Grade gemeinsam haben, unter sich in einer engeren sacralen Vereinigung. Diese Personen bilden die indische Sapindafamilie, die attischen ἀγχιστεῖς, den römischen engeren Cognatenkreis bis zu den Sobrinen. Die Bedeutung dieser Vereinigung tritt ausser beim Todtencult noch bei der Blutrache und vor Allem beim Erbrecht hervor. Wer ausserhalb der Sapindafamilie oder der ἀγχιστεῖς steht, gehört nicht zu den näheren Erbberechtigten. Demnach macht dieses nähere Erbrecht Halt bei den eigenen Urenkeln und bei den Geschwister-Enkeln (nicht erst -Urenkeln). Genau die gleiche Beschränkung aber finden wir in den drei ersten Erbklassen unseres Gortyner Gesetzes wieder. Leider hat dasselbe alle anderen Erbberechtigten nicht einzeln und nach ihrer Ordnung genannt, sondern in dieser Beziehung wohl nur auf das frühere Recht verwiesen (4. Klasse); wir wissen also nicht, wie es mit dem Erbrecht der übrigen ἀγχιστεῖς, namentlich der Geschwisterkinder und Geschwisterenkel unter einander stand, und ob auch hier noch die geschilderten uralten Ideen festgehalten worden sind: in jener Beschränkung der ersten Klasse

---

[8] Dieselbe Frage ist für das attische Recht streitig; s. Lipsius II N. 254. 270. 271. Caillemer a. a. O. S. 10—13. 84—87. Loist S. 73 fg.

[9] Von Leist S. 20 ff. 73 fg. 80 ff. 91. S. für das indische Recht auch Kohler, Krit. V.J.Schr. f. Gesetzgebung XXIII S. 12.

auf die eigenen Urenkel, der zweiten und dritten auf die Geschwister-Enkel glaube ich jedenfalls eine Nachwirkung derselben finden zu dürfen. — Das Gesetz beruft 5 Klassen von Erbberechtigten:

1. Klasse: Kinder, Enkel, Urenkel.

a) Berechtigte Personen. Die vollständige Anordnung dieser ganzen Erbklasse findet sich erst V 10 ff.; der Abschnitt IV 31 ff. beschäftigt sich zunächst lediglich mit Söhnen und Töchtern, mit der Feststellung der unter ihnen Erbberechtigten, mit der Grösse und dem Inhalt der Erbtheile. Wir dürfen daraus folgern, dass die Kinder die von ihnen abstammenden Kinder (Enkel) in der Erbfolge ausschliessen; wie im übrigen geerbt wird, ob in stirpes oder anders, ist nicht gesagt.

Erbberechtigt sind nur die freien, nicht auch die unfreien Descendenten, die das Gesetz bei freien Frauen erwähnt[10]. Erbberechtigt sind neben den Söhnen auch die Töchter, was dem griechischen Recht sonst so gut wie fremd ist[11]. Nicht erbberechtigt sind diejenigen, welche schon zu Lebzeiten des Erblassers abgefunden sind, sei es durch freiwillige Abtheilung[12], sei es vielleicht durch die gezwungene Abtheilung bei Verurtheilung des Kindes[13], sei es durch Mitgiftsbestellung, da ja die Mitgift gleich dem Erbtheil ist[14].

b) Die Erbmasse. Ausgenommen von der Erbmasse ist der Häusler-Besitz, und zwar wohl alles Häuslervermögen, obwohl das Gesetz ausdrücklich nur das Vieh ausnimmt, welches einem Häusler gehört, und die Stadthäuser, denen ein Häusler einhaust, der auf der Stelle haust. Mit dieser Worthäufung ist wohl gemeint, der Häusler dürfe nicht blos in das Haus aufgenommen sein, precaristisch und als Einlieger, es müsse ihm vielmehr vom Herrn zur eigenen Wirthschaft als eigener Besitz gegeben sein, so dass das Haus gerade als die Stelle erscheint, von der aus er wirthschaftet — wie auch wir von 'Hofstelle' reden. Hieraus lassen sich interessante Rückschlüsse auf die vermögensrechtliche Stellung der Häusler machen. Das Gesetz bezeichnet

---

[10] VII 4—10. Möglicher Weise sind sie indess als eigene Häusler der Erblasserin in der 5. Klasse berufen.
[11] Erbrecht der Töchter in Delphi und Tenos, s. Nachweise bei Thalheim S. 56 N. 1, wonach also Post, Baust. II S. 176 zu berichtigen ist.
[12] IV 23—29; s. diess Kap. unter I 3.
[13] IV 29—31; s. oben 2. Theil, III. Kap., III 1.
[14] IV 48—51; s. oben 2. Theil, III. Kap., II 1.

ausdrücklich das Vermögen als ihnen gehörig[15]; wenn es trotzdem es für nöthig erachtet Haus und Vieh von der Vertheilung unter die Kinder des Herrn auszuschliessen, so muss der Herr mindestens bezüglich dieses Vermögens als eine Art von Obereigenthümer gedacht werden. Von selbst ergeben sich hierbei anziehende Vergleichungen mit ähnlichen Verhältnissen in anderen Rechten. — Wie es aber mit der Vererbung des Herrenrechts selbst, das der Verstorbene über die Häusler und ihren Besitz hatte, steht: das erfahren wir leider nicht. Wird dasselbe wie jedes andere Vermögensstück unter die Erben getheilt?

c) Die Vertheilung der Erbmasse. Das Vermögen wird nicht schlechthin als Einheit nach Quoten vererbt. Vielmehr zerfällt es in sachlich verschiedene Massen, wie das in viel höherem Grade im deutschen Erbrecht der Fall war und zum Theil noch ist. Eine besondere Rechtsstellung haben die Häuser in der Stadt nebst dem was drin ist und bestimmtem Vieh. Diese Masse fällt als Präcipuum an die Söhne[16], während das sonstige Vermögen unter alle Kinder 'schön'[17] getheilt werden soll, und zwar dergestalt, dass die Söhne je zwei, die Töchter je einen Theil erhalten[18]. Unter den Häusern[19] in der Stadt nebst dem was drin ist haben wir vielleicht den fundus instructus zu denken, nicht auch die in dem Hause befindlichen zum Verkauf bestimmten Dinge und das Geld, sondern nur, was dauerndes Inventar des Hauses ist: das Mobiliar, die Geräthschaften, vielleicht auch die zum Haus gehörigen Sklaven[20]. Vom Vieh

---

[15] IV 36 ϝοικέος ἠ.
[16] Zunächst ungetheilt? Vgl. Caillemer, droit de succ. S. 34 ff. Jannet S. 88. Aristot. Polit. I 1 § 6. Die Vorschrift zu theilen wird erst für das 'sonstige' Vermögen gegeben IV 38; doch bedeutet das 'Theilen' dort wohl lediglich Theilen mit den Schwestern, im Gegensatz dazu, dass die Söhne das Haus u. s. w. allein bekommen.
[17] Ut inter bonos agier oportet! Vgl. auch ὁπᾷ κα νύνανται κάλλιστα in XII 30.
[18] Dass Söhne das Doppelte wie Töchter erben, findet sich in fremden Rechten sehr häufig; reiche Nachweisungen bei Post, Geschlechtsgen. S. 152, Anf. S. 143, Urspr. S. 84, Baust. II S. 176, Grundl. S. 283 N. 1. 286. — Unendlich häufig findet sich auch, wie Post nachweist, der Satz, dass die Söhne ein Präcipuum erhalten, auch im indischen Recht: Post, Geschlechtsgen. S. 152.
[19] Bemerkenswerth ist der Plural: mehrere Häuser sind in einer Familie.
[20] ἐνδοσιδία δῶλα II 11, s. oben S. 64.

sind zwei Arten, wohl mit technischen Worten, bezeichnet; die πρόβατα, worunter wohl Schafe, Ziegen, Schweine, und das 'starkfüssige' Vieh, worunter wohl Rinder, Pferde, Esel, Maulthiere zu denken sind.

Vom Ackereigenthum und von Häusern ausserhalb der Stadt ist hingegen garnicht die Rede. Daraus lassen sich, wie mir scheint, einige nicht allzu unsichere Rückschlüsse machen. Die Bestimmung jenes Präcipuum für die Söhne ist nur so zu erklären, dass ihnen ein besonders werthvolles Besitzthum voraus gegeben wird, werthvoll sei es im ökonomischen Sinne: das wird bei den Heerden zutreffen, sei es im ethischen Sinne: so mag es mit dem Stadthaus stehen, welches als Sitz des Geschlechts denen gebührt, welche die Familie fortsetzen — eine Idee, die auch uns wohlvertraut ist. Träfen diese Gesichtspunkte auch beim Landeigenthum zu, so würde auch dieses hier in einer bevorzugten Stellung erscheinen. Da das nicht der Fall ist, so darf man schliessen, dass das (selbstbewirthschaftete) Grundeigenthum in dem socialen Leben des freien Mannes keine besondere Rolle spielt. Er wohnt in der Stadt, weil er am politischen Regiment Theil nimmt; die Landwirthschaft hingegen wird in der Hauptsache von den Häuslern betrieben (s. oben S. 63 fg.), welche deshalb auch draussen auf dem Lande wohnen und dem Herrn zinspflichtig sind; ihnen liegt insbesondere[21] die eigentliche Arbeit der Bebauung des Landes ob[22].

Nicht alles Land indess kann durch die Häusler bewirthschaftet worden sein, denn Viehzucht treibt der freie Mann selbst, und zwar ist in dem Vieh ein nicht unwesentlicher Bestandtheil seines Vermögens zu sehen: beides ergibt sich eben aus jenem Vorbehalt. Für die Heerden aber muss er Land haben. Nimmt man hiernach an, dass der freie Mann doch auch selbstbewirthschaftetes Grundeigenthum hat, so müsste dasselbe zu dem sonstigen Vermögen, welches unter alle Kinder gleichmässig vertheilt wird, gehören. Das ist aber höchst unwahrscheinlich: denn dann würde jenes Präcipuum sich auch auf dieses Grundeigenthum erstrecken. Der Vorbehalt lediglich der Heerden für die Söhne ergäbe unter jener Voraussetzung keinen rechten Sinn: die Söhne hätten Heerden ohne genügendes Land, die Töchter

---

[21] Aber auch Viehzucht: IV 36.

[22] Gerade die zu Gortyn gehörig gewesene Ebene von Messara ist sehr fruchtbares Getreideland. Hoeck I S. 33. e. III S. 423.

Land ohne die dazu gehörigen Heerden. Diese Schwierigkeiten beseitigen sich, wenn man eine Hypothese wagt, die nämlich, dass die Bürger von Gortyn ihr Vieh auf die gemeine Weide[23] getrieben haben. Danach ergibt sich diess Bild: das Land ist zum Theil Gemeindeland, auf das die Bürger, die von ihrem Haus in der Stadt aus wirthschaften, ihr Vieh auftreiben, zum Theil ist es in dem Besitz der zinspflichtigen meist auf dem Lande wohnenden Häusler, welche für ihre Herren das Feld bestellen, wie Aristoteles sagt[24]. Man muss sich hierbei erinnern, wie sehr die Dorischen Männer die Beschäftigung mit dem Staat als ihre eigentliche Aufgabe und den Ackerbau nur als untergeordnete Arbeit ansahen[25]. —

Wenn aber nur ein Haus und kein sonstiges Vermögen[26] da ist, so sollen die Töchter erben wie geschrieben ist. Also auch vom Hause die Töchter je einen Theil, die Söhne je zwei? So scheint es. Das würde also eine Auseinandersetzung zwischen den Geschwistern voraussetzen, da ja ein Zusammenwohnen zu ungleichen Quoten nicht denkbar ist. Dürfen aber die Schwestern das Haus ihrer Brüder verlassen, unter deren Schutz wir sie doch wohl denken müssen? Oder ist eine andere Auslegung richtiger?[27]

Die Bestimmungen des Gesetzes sind an dieser Stelle wenig correct gefasst (s. oben S. 52). Was heisst es: 'wenn kein anderes Vermögen da ist'? Genügt schon ein geringes vielleicht werthloses sonstiges Eigen, um die Töchter vom Hause auszuschliessen? Gewiss nicht. Der Begriff 'kein anderes Vermögen' ist nicht streng juristisch gedacht. Ferner ist von dem Inhalt des Hauses und von dem Vieh hier nicht wieder die Rede, was doch nothwendig wäre. —

d. **Rückwirkende Kraft des Gesetzes.** Die Erthei-

---

[23] Vom Gemeindeland wissen wir durch Aristoteles Pol. II 7 § 4b.
[24] Polit. II 7 § 3.
[25] Belege bei Hoeck III S. 22.
[26] Hier (IV 46) schlechthin χρήματα genannt, oben τὰ ἄλλα χρήματα IV 87 fg.
[27] Etwa die, dass die Töchter in diesem Falle wie oben vom Hause nichts bekommen und, wenn und weil anderes Vermögen nicht da ist, auch von diesem nichts? Oder steht etwa dieser Satz IV 46—48 in Beziehung zu dem sonst ganz unmotivirt eingeschalteten Satz vorher Z. 43—46, dass der Nachlass der Mutter wie der des Vaters getheilt werden solle?

lung des Erbrechts an die Töchter ist eine Neuerung des Gesetzes; daher bedarf es einer Bestimmung über das zeitliche Anwendungsgebiet des neuen Rechtssatzes. Ausgeschlossen von der Erbberechtigung sind zunächst die schon vor dem Erlass dieses Gesetzes irgendwie durch Mitgift abgefundenen Töchter [28]. Der nächste schwierige Satz V 1—9 bestimmt, dass gewisse Frauen miterben [29] sollen, während den übrigen kein Anspruch, nämlich bei der Erbschaft mitzuerben, zustehen solle. Es bestimmt jene Frauen einmal durch die Voraussetzung, dass sie kein Vermögen haben dürfen infolge von Mitgiftsbestellung des Vaters oder Bruders oder infolge von Erbschaft, und zweitens durch eine Zeitbestimmung, welche nach dem Kosmos eponymos, Kyllos, gegeben ist. Sieht man diese Zeitbestimmung ganz wörtlich an, so scheint ein Erbrecht gegeben zu sein den Frauen eines bestimmten Jahrgangs, nur den Frauen des Kyllos-Jahrs, denn ὅκα heisst zunächst 'als'. Diese Erklärung ist gewiss nicht richtig; denn damit wäre das Erbrecht versagt den Frauen vor diesem und nach diesem Jahr, V 8 macht aber den Gegensatz lediglich mit den Frauen 'vorher'. Dieser Gegensatz beweist vielmehr, dass ὅκα den Anfangszeitpunkt der Berechtigung angibt, also im Sinne von 'seit' zu nehmen ist.

Welches ist nun dieser Zeitpunkt? Man könnte ihn als den des Erlasses unseres Gesetzes ansehen; das Imperfect ἐκόσμιον V 5 wäre dann vom Standpunkt des späteren Lesers des Gesetzes geschrieben. Dagegen spricht, dass bei den sonstigen Anwendungsbestimmungen unseres Gesetzes das Datum niemals genannt ist, ferner, dass die Zeitbestimmung mit dem vollen Jahr gemacht ist, wodurch die Annahme nöthig würde, dass das Gesetz gerade zu Beginn der Amtsperiode erlassen ist; endlich aber, und das scheint mir entscheidend, lässt sich schwer einsehen, warum auch künftig die Frauen, welche irgendsonstwoher einmal geerbt haben, nicht miterben sollen. Diese und andere Schwierigkeiten heben sich, wie mir scheint, am leichtesten durch folgende Erklärung, die ich deshalb vor anderen möglichen in der Note [30]

---

[28] IV 52—V 1; s. oben III. Kap., II 1.

[29] ἀπολανχάνην, s. unten N. 36 und oben 2. Theil, III. Kap., N. 84.

[30] Die Frauen, die künftig miterben, sind die im Kyllos-Jahr geborenen? Oder bedeutet γυνά V 1 etwa blos die verheirathete Tochter? Dann wäre diess der Sinn: bei künftigen Erbfällen erben mit alle bei Erlass dieses Gesetzes noch ledigen Töchter, von den bei Erlass dieses Gesetzes schon verheiratheten aber nur die, welche durch Mitgift nicht

angedeuteten Erklärungen bevorzuge. Bei künftigen Erbfällen erben alle Töchter, ledige wie verheirathete mit, sofern sie nicht unter Lebenden abgefunden sind. Danach würden die Töchter, wenn der Erbfall kurz vor Erlass dieses Gesetzes eingetreten ist, nicht miterben. Diese Härte abzuschwächen ist dem Gesetz rückwirkende Kraft für alle Erbfälle seit dem Kyllos-Jahr gegeben. αἱ ὅκα V 4—5 ist dann wohl aus den zunächst vorhergehenden Worten zu ergänzen: αἱ γυναῖκες αἱ μὴ ἀπολαχόνσαι, ὅκα etc. Der Ausdruck ist wenn auch ungeschickt doch klar: die Frauen, welche in Folge des bisher geltenden Gesetzes seit dem Kyllos-Jahr nicht geerbt haben, d. h. deren Vater seit diesem Jahre gestorben ist und die ihn beerbt hätten, wenn das neue Gesetz schon in Geltung gewesen wäre, diese sollen nachträglich noch ihren Erbtheil abbekommen. Aber nicht ihnen allen wird dieses grosse Beneficium ertheilt, sondern nur denen, welche nicht bereits jetzt bei Erlass dieses Gesetzes, also ohne seine Hilfe auf andere Weise befriedigt sind, und zwar dadurch, dass ihnen entweder 1) der Vater eine Mitgift bestellt hat — dass damit ihr Erbrecht ausgeschlossen ist, war schon IV 52— V 1 gesagt; oder 2) dadurch, dass ihnen der Bruder eine Mitgift gegeben hat. Da eine Mitgiftsbestellung durch den Bruder doch wohl nur dann vorkommt, wenn der Vater bereits todt ist, müssten alle anderen Erklärungen entgegen dem Zusammenhang des Gesetzes annehmen, dass dasselbe nicht von der Beerbung des Vaters sondern nur von der der Mutter spreche: die Mutter würde also von den durch den Vater oder Bruder dotirten Töchtern nicht mitbeerbt; die ratio dieser Bestimmung wäre sehr dunkel! Nach der oben proponirten Erklärung fällt diese Schwierigkeit fort: wenn der Vater vor dem Erlass dieses Gesetzes seit dem Kyllos-Jahr gestorben ist, ohne die Tochter dotirt zu haben, so kann doch nach dem Tode des Vaters der Bruder ihr eine Mitgift bestellt haben, — dadurch wäre sie dann ebenfalls abgefunden und hätte keinen Anspruch mehr, nachträglich noch von

---

abgefunden sind, auch durch irgend welche Erbschaft kein Vermögen haben, und erst seit dem Kyllos-Jahr verheirathet sind. Das Gesetz betrachtet dann die bei seinem Erlass bereits verheiratheten Töchter als ausgeschieden aus dem Hause, und macht nur eine Ausnahme für die armen und erst seit kurzem verheiratheten. (Denkt Comparetti gar an die eigene Frau des Erblassers, weil er γυνὰ ᾧ x' ᾖ liest? Das scheint mir nach dem Zusammenhang und wegen der ausdrücklichen Anordnung, dass die Kinder Erben seien, V 9 ff., unstatthaft.)

der väterlichen Erbschaft etwas Weiteres abzubekommen. 3) Auch die Töchter erben nachträglich nicht mehr mit, welche schon geerbt haben. Von wem? Wer die ganze Bestimmung von künftigen Erbfällen versteht, ist gezwungen den sachlich nicht zu rechtfertigenden Satz zu statuiren: hat sie von einem der Eltern oder von irgend einem Dritten geerbt, so verliert sie ihr weiteres Erbrecht gegen die Eltern. Denkt man, wie ich, an schon eingetretene Erbfälle, so könnte man ähnlich interpretiren und müsste dann nur, da ein Erbrecht gegen die Eltern erst durch dieses Gesetz eingeführt ist, lediglich die Beerbung von Seitenverwandten, etwa die in V 18 angeordnete Beerbung der Geschwister (3. Erbklasse), welche demnach schon altes Recht gewesen sein würde [31], als gemeint annehmen. Die oben dargelegte Auffassung der ganzen Stelle, und nur sie, ermöglicht aber auch eine andere viel einfachere und ihrer ratio nach verständlichere Auslegung. Der Vater ist vor Erlass des Gesetzes gestorben. Vielleicht haben die allein erbberechtigten Brüder im Auftrage des Vaters, der ja über die Theilung des Vermögens bestimmen darf, oder auch freiwillig der Schwester etwas vom Nachlass abgegeben: damit ist ihr genug gethan, das Gesetz, welches die nachträgliche Beerbung des Vaters anordnet, findet auf sie keine Anwendung mehr.

Die ganze Bestimmung V 1—9 bedeutet hiernach: die Töchter, welche wegen der Erbschaft ihres Vaters nicht abgefunden sind, sei es durch Mitgiftsbestellung Seitens des Vaters selbst oder nach seinem Tode Seitens eines Bruders oder dadurch dass sie bei der Erbtheilung in Folge Auftrags des Vaters oder freiwillig etwas abbekommen haben, sollen nachträglich noch von der Erbschaft ihres Vaters ihren Erbtheil abbekommen, sofern der Erbfall sich seit dem Kyllos-Jahr ereignet hat.

2. Klasse: Die Brüder, deren Kinder und Enkel V 13 ff.
3. Klasse: Die Schwestern, deren Kinder und Enkel V 17 ff.
4. Klasse: Die Epiballontes (V 25), oder wie gerade hier V 23 erklärt: diejenigen, denen es zukommt (sc. die Erbschaft

---

[31] Wie es auch in Athen galt, obwohl die Töchter dort ihre Eltern neben Brüdern nicht wie in Gortyn beerbten. S. Caillemer, droit de succ. S. 80—82. Dazu würde stimmen, dass in unserem Gesetz für diese Erbklasse eine Uebergangsbestimmung nicht gegeben ist. Die kurze Anordnung der vierten Erbklasse in V 22 ff. spricht freilich dafür, dass auch mit dieser Schwesternerbfolge etwas Neues eingeführt wurde.

zu übernehmen), woher es sei, ὅπω κ' ἦ [32]. Wer diese sonst Berechtigten sind, sagt das Gesetz nicht; dass sie Blutsverwandte sind, halte ich für sicher (s. oben S. 62·fg.). Im Weiteren sind zwei Auslegungen möglich:

a) Berufen sind die weiteren Blutsverwandten in der Reihenfolge, wie sie das frühere und in dieser Beziehung noch weiter geltende Recht beruft [33]. Der Zusatz ὅπω κ' ἦ bedeutet dann entweder: woher auch immer und wie sie verwandt sein mögen — insbesondere wäre damit der Vorzug der Männer vor den Frauen und der Vorzug der durch Männer vermittelten Verwandtschaft vor der durch Frauen vermittelten, wie er in Klasse 2 und 3 hervortritt, verneint [34].

b) Möglich indess auch, obgleich wegen des relativischen οἷς κ' ἐπιβάλλῃ in V 23 unwahrscheinlicher, dass schlechthin auf einmal alle sonstigen Verwandten zusammen berufen werden, gleichviel ob Männer oder Frauen, ob in näherem oder weiterem Grade verwandt: gerade wie das röm. alte Civilrecht den Satz aussprach 'si adgnatus nec escit, gentiles familiam habento' [35].

5. Klasse: der κλᾶρος τᾶς ϝοικίας, d. h. die gesammte dem Erblasser zugehörig gewesene Häuserschaft, s. oben S. 64. So auffallend diese Erbberechtigung ist: eine andere Interpretation scheint nicht möglich. Welches aber die Rechtsstellung dieser Häusler ohne Herren sein würde, das lässt sich nicht errathen.

III. Erwerb der Erbschaft.

Von einem Erwerbe der Erbschaft durch ein Verfahren, wie die attische Epidikasie, findet sich keine Spur. Ueberall, auch für Söhne und Töchter, scheint, wenn nicht ein Erbschaftsantritt (ἀναιλῆϑϑαι τὰ χρήματα) erforderlich so doch eine Ausschlagung

---

[32] Die Worte τὰ χρήματα in Z. 23 fg. gehören nicht zu ὅπω κ' ἦ = woher auch das Vermögen stamme — denn ein Unterschied nach dem Ursprung des Vermögens ist auch vorher nicht gemacht —, sondern (und daher die Stellung vor τούτως!) sowohl zu ἐπιβάλλῃ mit Ergänzung von ἀναιλῆϑαι wie in XI 33 fg., als auch zu τούτως ἀναιλῆϑαι.

[33] Ganz ähnlich, wie wenn der Prätor im zweiten Ordo die legitimi beruft, l. 1 D. unde leg. 38, 7.

[34] Oder deutet der Zusatz auf den Ursprung der Berechtigung hin: 'durch welchen Gewohnheitsrechtssatz oder Gesetzessatz auch immer sie berufen sein mögen?'

[35] XII tab. V 5 (Coll. Leg. XVI 4 § 2).

5. Erbklasse. Erwerb. Rechtsstellung der Erben. 145

der Erbschaft möglich [36]: es gibt keine heredes necessarii wie im alten röm. Civilrecht [37]. Ein Unterschied wie ihn das attische Recht zwischen ἐμβάτευσις und ἐπιδικασία macht [38], ist unserem Gesetz unbekannt. Dass auch die Kinder die Erbschaft ausschlagen dürfen, geht ausser aus dem für sie wie für alle anderen Erben gleichmässig gebrauchten Ausdruck 'die Erbschaft übernehmen' besonders aus XI 31 ff. hervor, wo unter den Ausschlagungsberechtigten [39] wegen der XI 43 gebrauchten Worte πατρός, πατρῴα u. s. w. nothwendig auch die Kinder gemeint sein müssen.

Als Grund der Ausschlagung tritt lediglich Ueberschuldung der Erbschaft hervor. Schlägt der Zuerstberufene aus, so wird wohl an den demnächst Berechtigten deferirt [40].

IV. Rechtsstellung der Erben.

1. *Rechtsstellung der Miterben zu einander.* V 28—VI 2 handelt über die Erbtheilung zwischen den ἐπιβάλλοντες. Hier sind damit aber nicht blos die ἐπιβάλλοντες der vierten Klasse, sondern wohl die sämmtlichen in irgend einer Klasse zur Erbfolge berufenen Verwandten, wenn sie im concreten Falle erbberechtigt sind, gemeint.

Eine allgemeine Erbtheilungsklage [41], also ein Zwang zur Theilung existirt nicht. Nur ein indirecter Zwang wird geübt: der Richter weist auf Antrag der die Theilung nachsuchenden Miterben diese, bis die anderen Miterben in die Theilung einwilligen, in den alleinigen Besitz des Nachlasses ein [42]. Verletzt

---

[36] Die Ausdrücke unseres Gesetzes für 'die Erbschaft erhalten' sind: τὰ χρήματα ἔχην (von allen 5 Klassen gebraucht, z. B. V 12. 17. 21. X 47; V 27), λανχάνην (von der ersten Klasse, z. B. IV 39. X 51) und ἀπολανχάνην (von den Töchtern, z. B. V 1); endlich ἀναιλῆσθαι, ebenfalls für alle Berechtigten, mindestens die der ersten 4 Klassen, wie schon XI 34 beweist; für die Kinder insbesondere: X 44.

[37] Der υἱός ist auch in Athen heres necessarius ohne beneficium abstinendi: Schulin S. 17.

[38] Vgl. Lipsius II S. 603 ff.   [39] αἰ μέν κα λείωντι XI 32 fg.

[40] Bezeugt für den Adoptivsohn X 45 ff., sonst vielleicht (??) zu schliessen aus dem Plural οἷς in XI 33.

[41] Ueber diese Leist S. 496. Vgl. Hofmann, Beitr. z. Gesch. des griech. u. röm. Rechts S. 23. 27.

[42] Es ist so, als wenn der Prätor eine missio in possessionem im Edict verspricht und zugleich ein Interdict aufstellt ne vis fiat ei qui in possessionem missus est.

einer der anderen Miterben diese Besitzeinweisung dadurch, dass er eigenmächtig Sachen fortnimmt, so hat er neben dem doppelten Werth der Sache noch 10 Stat. als Busse an die in den Besitz Eingewiesenen zu zahlen, eine Busse, wie sie uns schon oben III 13 ff. begegnete. Die Besitzeinweisung selbst ist hiernach offenbar keine Schutzmassregel, zu der kein Grund ersichtlich wäre, sondern ein Zwang gegen die Miterben, welche nicht theilen wollen: diesen muss es lieber sein einen reellen Theil als nichts Reelles zu haben. Nur bezüglich gewisser Gegenstände hat der Richter eine unmittelbare Theilungsbefugniss auf Antrag: V 39 ff. nennt dem Verderben ausgesetzte Sachen (Consumptibilien!), Kleidung u. dgl., ferner oberflächliche (geringwerthige?) Sachen, endlich auch die Frucht. Nicht sicher ist, ob das die vorhandenen Früchte oder ob es der Niessbrauch (also auch die künftigen Früchte) ist. Beides lässt sich denken; letzterenfalls ist die Zwangsmassregel gegen die, welche nicht theilen wollen, schwächer; das Erstere ist wahrscheinlicher. Der Richter entscheidet hier schwörend in der Sache selbst, d. h. er urtheilt nicht blos, dass die Erben theilen sollen, sondern er nimmt die Theilung selber vor.

Im Uebrigen hat er scheinbar nichts mit der Theilung zu thun: diese bleibt Privatsache der Miterben[43] und geschieht aussergerichtlich, und zwar sollen nach V 51—54, wohl um künftigen Streit zu vermeiden, drei oder mehr[44] Zeugen dabei zugegen sein. Sind dabei die Miterben zwar einig über das Ob? der Theilung aber nicht über das Wie?, so sollen sie[45] die Sachen (oder die ganze Nachlassmasse?) dem Meistbietenden verkaufen und dann die erhaltene Summe theilen[45].

In der Schlussbestimmung VI 1—2 lesen wir nicht $\dot{\varepsilon}\delta i\delta o\tilde{i}$ 'er (der Richter oder der Theilende) gibt der Tochter heraus': nirgends in unserem ganzen Gesetz steht die Anordnung des Hauptsatzes im Indicativ des Präsens[46] —, vielmehr $\ddot{\eta}\,\delta i\delta o\tilde{i}$, 'wenn er gibt', sodass das Verbum des Hauptsatzes zu ergänzen bleibt. Nun kommt das Wort $\delta i\delta \acute{o}v\alpha i$ in Rücksicht auf Töchter

---

[43] Als Subject zu $\dot{\omega}v\tilde{\eta}v$ V 47 ist doch wohl nicht der Richter zu denken.

[44] Vgl. zu dieser Wendung die L. Saxonum XXXIX: duobus aut tribus ... idoneis testibus ..., et si plures fuerint, melius est.

[45] V 49 ff.: so sollen sie den Preis zertheilen, so dass jeder seine entsprechende Quote erhält. Das bedeutet der Accusativ $\dot{\varepsilon}\pi \iota \beta o\lambda \acute{\alpha}v$.

[46] S. oben S. 52 fg. N. 42 ff. Auch sprachlich wäre $\dot{\varepsilon}\delta i\delta o\tilde{i}$ bedenklich.

— abgesehen von der hier nicht in Betracht kommenden Verlobung VIII 21. 23 — bei der Mitgiftsbestellung als technisches Wort vor: IV 49. 50. 52. V 2. Ich denke deshalb hier unter διδοῖ dasselbe und als Subject den Vater: da die Mitgift gleich dem Erbtheil, die Hingabe der Mitgift also eine Art anticipirte Erbtheilung ist, so soll der Vater, wenn er der Tochter eine Mitgift gibt, sie geben nach denselben, d. h. den so eben für die Erbtheilung ausgesprochenen Regeln (κατὰ τὰ αὐτά, zu ergänzen: δύμην). Dabei ist vielleicht zunächst (aber doch wohl nicht ausschliesslich) an die dicht vorher stehende Bestimmung über die Anwesenheit von drei Zeugen gedacht, so dass man sogar versucht sein könnte als Verbum lediglich das παρήμην aus V 53 zu ergänzen. Damit würde sich dann zugleich auch die Voranstellung des Dativs θυγατρί erklären, er entspräche den δατιομένοις in V 51: den Theilenden sollen drei Zeugen dabei sein, der Tochter, wenn der Vater eine Mitgift gibt, ebenso.

2. *Rechtsstellung der Erben zu den Gläubigern.* Wer die Erbschaft angenommen hat, haftet für die Erbschaftsschulden auch mit seinem eigenen Vermögen, bis zum vollen Betrage gerade wie in Athen[47] und Rom. Das Gesetz spricht in der Hauptstelle hierüber (XI 31—45) nicht von Erbschaftsschulden allgemein sondern nur von der Judicatsschuld und dem ὀφήλειν ἄργυρον. Diess erklärt sich so. Dass der Gläubiger, dem eine specielle Sache geschuldet wird, diese auch aus der Erbschaft in Anspruch nehmen kann, versteht sich von selbst, mag nun Erbe sein wer immer. Die Haftung für solche Schuld kann auch dem Erben nie zum Nachtheil gereichen, da er ja diese Sache in dem Nachlass vorfindet. Darum wird dieser Fall nicht berücksichtigt. Wichtig ist die Frage nur bei generischen Schulden, und da denkt das Gesetz insbesondere an Geldschulden. Denn die Geldschuld wird nicht blos mit den in dem Nachlass befindlichen Geldstücken sondern mit dem ganzen Vermögen erfüllt. Um demnach zu wissen, wie es mit der Haftung für Erbschaftsschulden überhaupt stehe, braucht man nur über die Haftung für Geldschulden zu hören. Gar keinen Sinn aber hätte es, wenn das Gesetz hier nur von zwei bestimmten Schuldarten sprechen wollte. ὀφήλειν ἄργυρον ist also schlechthin jede Geldschuld, und die Urtheilsschuld ist nur eine besondere Art derselben, wie im 1. Theil, III. Kap. a. E. erörtert wurde.

---

[47] Lipsius S. 598 N. 307.

Für die leiblichen Kinder und in deren Ermangelung für den Adoptivsohn ist noch ausdrücklich bezeugt, dass sie als Erben auch die göttlichen und menschlichen Verpflichtungen der Erbschaft zu erfüllen haben [48]. Unter den ersteren sind der Cult der Familiengötter, die Besorgung des Begräbnisses u. dergl., unter den menschlichen Verpflichtungen sind nicht (nur) die privatrechtlichen Schulden, sondern (auch) die publicistischen auf dem Vermögen ruhenden Lasten sowie möglicher Weise (?) etwaige Aufträge des Erblassers an die Erben von Todeswegen [49] zu verstehen.

Schlägt der Berufene die Erbschaft aus, so haftet er für die Erbschaftsschulden nicht mehr [50]; ob auch die Verpflichtung die gedachten göttlichen und menschlichen Lasten zu tragen, damit abgewälzt wird, mag für die leiblichen Kinder zweifelhaft bleiben; für den Adoptivsohn ist es ausdrücklich gesagt (XI 1—3).

Die wegen Ueberschuldung ausgeschlagene Erbschaft wird den Gläubigern überliefert XI 38 ff. [51] Ausdrücklich fügt das Gesetz hinzu, dass für die väterlichen Schulden [52] auch nur die väterliche Erbschaft, für die mütterlichen auch nur die mütterliche hafte [53], nicht aber etwa die Vermögen der beiden Eltern, die ja factisch oft genug während der Ehe einheitlich gewesen sein werden, auch jetzt als Einheit behandelt werden: man kann die eine Erbschaft annehmen, die andere ausschlagen [54].

Wie es bei Miterben mit der Haftung für Schulden, mit dem Recht auszuschlagen u. s. w. steht, sagt das Gesetz nicht: die Schwierigkeit liegt darin, dass das Vermögen ja in vielen Fällen (s. oben S. 138) nicht als geschlossene Einheit nach Quoten

---

[48] τέλλημ τὰ θῖνα καὶ τὰ ἀντρώπινα ἅπερ τοῖς γνησίοις ἐγραττται X 42 ff.; s. VI. Kap., IV 1. Vgl. das τελεῖν bei Demosth. XLIII 66 p. 1072.

[49] So Schulin S. 35 Z. 11 ff., S. 37 Abs. 5; s. oben dieses Kap., I 2.

[50] μηδεμίαν ἄταν (= Nachtheil) ἤμην XI 41.

[51] Vgl. zu diesem Passus XI 31—45 die Bestimmung des röm. Edicts: Gai. III 78. Cicero pro Quinctio c. 19 § 60. v. Bethmann-Hollweg, Civilprozess II S. 566 Nro. 3; Lenel, Ed. perpet. § 207. Vgl. auch Gai. III 84.

[52] Das ist der Sinn von ὑπὲρ τῶ πατρός in XI 42. Ebenso XI 44. Darum auch ὑπερκατιστάμην in XI 35.

[53] ἄγεθαι, von den Gläubigern mitgenommen, fortgenommen worden; vgl. IX 42 und oben S. 80 N. 8, S. 132 zu N. 94.

[54] Durch diese Bestimmung wird zugleich bewiesen, dass auch die Kinder zu den ἐπιβάλλοντες gehören, und dass auch sie keine necessarii heredes sind.

auf die Erben übergeht, sondern dass zunächst das — vielfach werthvollste — Besitzthum als Präcipuum von den Söhnen vorweg genommen wird.

V. Kap. Das Recht der Erbtöchter [1].

Das Institut des Erbtöchterrechts, welches in diesem, und das der Adoption, welches im folgenden Kapitel dargestellt wird, gehören ihrer ursprünglichen Bedeutung nach eng zusammen und bilden beide einen Theil des Erbrechts; beide sind aus ein und derselben erbrechtlichen Idee hervorgegangen. In der Gestalt, in der sie in unserem Gesetz erscheinen, ist dieser Zusammenhang völlig gelöst und überwiegt, wenigstens beim Erbtöchterrecht, der familienrechtliche Charakter; desshalb werden sie hier in gesonderten Lehren hinter dem Familien- und Erbrecht besprochen.

Das Erbtöchterrecht wird in dem Gortyner Gesetz sehr ausführlich und detaillirt behandelt; dabei ist die Disposition des Gesetzes hier verworrener als anderswo [2].

Erbtochter [3] ist die unverheirathete oder verheirathete Frau, wenn sie keinen Vater und keinen von Vatersseite rechten Bruder (frater consanguineus) hat [4]. Solche Erbtöchter sind verpflich-

---

[1] Material: Heffter S. 384—6. Platner II S. 250—260. Derselbe, Beiträge zur Kenntniss des Attischen Rechts S. 117**. Gans S. 337—341. 303. Lipsius I S. 57. 59. II S. 545 N. 176. S. 565 N. 240. S. 570—1. 575—7. 614—7. Hermann, Griech. Staatsalterth. 5. A. § 24 N. 16. § 48 N. 12. § 119 N. 5. § 120 N. 6—12. Thalheim S. 57 N. 1. S. 58 N. 1. S. 60 N. 3. S. 10 N. 2. Caillemer, droit de succession S. 36—51. 55—60. Jannet S. 90—100. 133—135. Schmidt, Ethik der Griechen II S. 162—165. Leist S. 47—9. 722.

[2] VII 14—IX 24. XII 20—33. Die Disposition ist diese: I. Heirathsrecht. Fall A: VII 14—VIII 20. Fall B: VIII 20—30. Fall C: VIII 30—36. Dann zwei nachträgliche Zusätze: 1) Abwesenheit des Berechtigten VIII 36—40, 2) Begriff der Erbtochter VIII 40—42. II. Erziehung und Vermögensverwaltung VIII 42 — IX 24. Eingeschoben: Rechtsfolge bei Verletzung des Heirathsrechts VIII 53—55. (Die Bestimmungen IX 7—24 werden im VII. Kap. unter V besprochen werden.) Dann in den Schlussnachträgen XII 20—33 Ergänzung zu den Sätzen VIII 42—53.

[3] πατρῳῦχος; bei Herod. VI 57 πατροῦχος — Cobets παμοῦχος (1853, Citat bei Hermann a. a. O. § 24 N. 16 ; zuletzt 1884, Mnemosyn. XII S. 157) wird nun wohl zur Ruhe gelangen —; in Athen ἐπίκληρος.

[4] VIII 40—42. Aehnlich im attischen Recht; s. Demosth. XLVI 18 p. 1134. Diese Definition muss für das ganze Gesetz gelten und bezieht

tet jedenfalls zu heirathen, und zwar steht zunächst gewissen nahen Verwandten das Recht sie zu heirathen zu. Die ursprüngliche Idee dieses auch in dem attischen und anderen griechischen Rechten vorkommenden Instituts ergibt sich aus der Vergleichung mit fremden Rechten, insbesondere dem indischen Recht. Ohne Zweifel haben wir es hier mit altem arischem Erbtheil zu thun, obschon ähnliche Ideen sich auch bei nichtarischen Völkern finden [5].

Das Recht der Verwandten die Erbtochter zu heirathen erscheint in unserem Gesetz zweifellos als selbstnütziges vermögenswerthes Recht dieser Verwandten. Ganz anders ursprünglich [6]. Erste und vornehmste Sorge des Mannes ist die Fortpflanzung seines Geschlechts durch den Sohn: denn diesem liegt die Besorgung der Familiensacra, der Todtencult ob. Kein grösseres Unglück und keine grössere Schande, als ohne Söhne zu sterben. Wem die Natur leibliche Söhne versagt hat, der greift um die Erblosigkeit abzuwenden zu künstlichen fictiven Mitteln. Weitverbreitet ist als solches zunächst die Stellvertretung des zeugungsunfähigen Ehemannes durch einen nahen Blutsfreund. Ein zweites Mittel ist die Adoption; viele Rechtssätze der Adoption auch noch im römischen Recht erklären sich nur aus dieser ihrer ursprünglichen Bedeutung: adoptio naturam imitatur. Ein letztes Mittel ist das Institut des Erbtöchterrechts: hinterläset ein Mann keinen Sohn, aber eine Tochter, so soll der nächste Blutsfreund des Verstorbenen mit dieser Tochter einen Sohn zeugen, der dann als Sohn [7] seines Grossvaters gilt und als dessen Erbe die Familie fortsetzt. Daher in Athen die Vorschrift, dass der volljährige Sohn der Erbtochter (nicht der Ehemann) schon bei ihren

---

sich nicht etwa bloss auf die vorhergehenden Sätze. Mehrmals heisst es: wenn die Erbtochter ein Haus hat, VII 31. VIII 1. Das kann sie aber (abgesehen von IV 46 ff.) nur haben, wenn sie keinen Bruder hat, da die στέγη den Brüdern als Präcipuum zufällt, IV 32. Auch ist nie von Erziehung oder Vermögensverwaltung durch den Bruder die Rede, was doch sonst der Fall wäre.

[5] Post, Grundl. S. 216.
[6] Vgl. zur folgenden Entwicklung Schoemann, Griech. Alterth. I 3. A. S. 377. Caillemer, L. Schmidt, Jannet. Am Besten: Post, Grundl. S. 215—220; vgl. Geschlechtsgen. S. 23—25. Anf. S. 143. Leist S. 27—31. 46 ff. 715 fg. Ueber indisches Recht ausserdem: Kohler, Krit. Vierteljschrift f. Gesetzgebung XXIII S. 17 ff. Ztschft. f. vergl. RWiss. III S. 394 ff.
[7] Isaeus III 73 p. 45: τῶν γιγνομένων (ἐκ) τῆς θυγατρὸς παίδων εἰσαγαγεῖν υἱὸν ἑαυτῷ. Caillemer S. 46.

Lebzeiten das Vermögen des Grossvaters bekommt, daher der Zwang gegen den Ehemann die ehelichen Pflichten auszuüben [8]. Nicht desshalb also werden die nächsten Verwandten zur Heirath berufen, weil ihnen die Erbschaft übermittelt werden soll, sondern weil der zu zeugende Sohn und Erbe möglichst nahe vom Blute des Grossvaters und Erblassers sein soll.

Es ist hier nicht der Platz, die allmähliche Umbildung dieser Ideen, die uns in den classischen Rechten nur noch fragmentarisch und zum Theil fast unkenntlich entgegengetreten, weiter zu verfolgen. Auch das Gortyner Gesetz steht bereits auf einer Stufe weit vorgeschrittener Umbildung. Die Verwandten sind nur noch berechtigt, nicht verpflichtet, die Erbtochter zu heirathen; ihr Heirathsrecht ist ein selbstnütziges vermögensrechtliches Recht; die Erbtochter kann sich durch Abtretung eines Theils ihres Vermögens davon frei machen; sie ist selbst Erbin ihres Vaters, nicht bloss Uebermittlerin dieser Erbschaft an ihre Söhne; desshalb behält sie auch die Erbschaft so lange sie lebt trotz Grossjährigkeit ihrer Söhne. Mit der Ertheilung des eigenen Erbrechtes an die Erbtochter hätte nun eigentlich jenes Heirathsrecht der Verwandten in Fortfall kommen müssen: es hielt sich aber, eben weil es jetzt ein Interesserecht der Verwandten war.

Andere Rechtssätze unseres Gesetzes hingegen lassen sich nur aus dem dargestellten Ursprunge erklären. So vor Allem die oben angegebene sonst ganz unverständliche Definition der Erbtochter, wonach durch das Dasein eines frater consanguineus das Erbtöchterrecht ausgeschlossen ist, mag die Schwester auch noch so reich sein, beim Dasein eines Stiefbruders von Mutterseite her hingegen doch Anwendung findet, mag auch die Erbtochter ganz arm sein: Stiefbrüder von Mutterseite her setzen eben die Familie des Vaters nicht fort. Ferner der Satz, dass das Heirathsrecht der Verwandten erst erlischt, wenn sie Kinder hat, und Anderes.

I. Heirathspflicht der Erbtochter.

1. *Stufe. Verpflichtung den heirathsberechtigten Verwandten zu heirathen.*

Das Recht die Erbtochter zu heirathen steht den Brüdern des Vaters und deren Söhnen zu, und zwar ist im concreten Fall zunächst heirathsberechtigt, ἐπιβάλλων ὀπυίην [9], der älteste Bru-

---

[8] Gans S. 339 fg. Caillemer S. 47.   [9] S. oben S. 62 fg.

der des Vaters; sind mehrere Erbtöchter da, so ist für die zweite [10] heirathsberechtigt der zweite Bruder und so fort. Sind keine Brüder da, sondern nur Vettern, so heirathet die älteste Erbtochter den ältesten [11] Sohn des ältesten Bruders, die zweite aber den zweiten Sohn desselben ältesten Bruders und so fort [12]. Dieses Recht der Vettern tritt aber nur ein, wenn gar kein Oheim da ist: demnach schliesst der jüngere Oheim die Söhne des vorverstorbenen älteren Oheims aus [13]. Nicht berücksichtigt ist der Fall, dass mehrere Erbtöchter da sind, aber nur ein Oheim und Söhne von ihm selbst oder von vorverstorbenen Oheimen. Die älteste Erbtochter kommt an den Oheim; ist die zweite frei oder kommt sie an den ältesten Sohn des ältesten Oheims, also, wenn der einzig lebende Oheim selbst der älteste ist, an dessen ältesten Sohn?

Sind mehr Erbtöchter als heirathsberechtigte Verwandte da, so bekommt [14] doch jeder Berechtigte nur eine Erbtochter; die überzähligen jüngeren Erbtöchter sind also frei (VII 27—29). Damit ist nicht sowohl die Polygamie verboten — an Zustände, die ein solches Verbot nöthig machten, ist kaum zu denken —, sondern es sind damit die vermögensrechtlichen Folgen ausgeschlossen, von denen nachher die Rede ist. Man denke z. B. an den Fall, dass die älteste Erbtochter den einzigen Heirathsanwärter abfindet: tritt nun das Heirathsrecht desselben auf die zweite Erbtochter in Kraft? Diess verneint unser Gesetz. — Im Weiteren sind drei Fälle zu unterscheiden:

A. Die Erbtochter ist ledig VII 29—VIII 20. Hier macht das Gesetz folgende Unterfälle:

1) Sie ist noch unmündig, die Heirath ist also unmöglich. Damit sollen aber die vermögensrechtlichen Vortheile der Ehe dem berechtigten Verwandten, mag dieser unmündig oder mündig-minderjährig oder volljährig sein, nicht ganz verloren gehen: die Erb-

---

[10] Als Subject zu ὀπυίεϑαι in VII 20 sowie nachher in VII 26 ist zu denken: die zweite Erbtochter.

[11] Das ist in VII 23 trotz τῷ doch wohl gemeint.

[12] So verstehe ich ἄλλῳ τῷ ἐπὶ τῷ ἐς τῶ πρειγίστω in VII 26 fg. Wäre der älteste Sohn des zweitältesten Bruders gemeint, so müsste es heissen: ἄλλῳ τῷ ἐς τῶ ἐπιπρειγίστω. Gemeint sein könnte indess auch: der von allen Vettern zusammen auf den Erstberechtigten im Alter folgende; dabei wäre dann vorausgesetzt, dass der älteste Sohn des ältesten Bruders auch der älteste aller Vettern sei.

[13] VII 21: αἰ δέ κα μὴ ἴωντι ἀδελφιοί.

[14] ἔχην in VII 28, ganz vermögensrechtlich!

tochter bekommt, falls ein Haus — auch hier ist wohl ein Stadthaus gemeint — da ist, dieses allein, von dem Niessbrauch des ganzen übrigen [15] Vermögens bekommt der Berechtigte die eine, sie die andere Hälfte VII 29—35.

2) Sie ist mündig und will ihn heirathen.

a) Er ist noch unmündig; die Heirath ist unmöglich; Entscheidung wie zu 1), VII 29—35.

b) Er ist mündig aber minderjährig. Er darf heirathen; will er nicht, so bleibt ihm während der Minderjährigkeit das Recht gewahrt; aber er erhält inzwischen nichts von dem Niessbrauch: das ganze Vermögen steht nach Substanz und Fruchtnutzung bei ihr VII 35—40.

c) Er ist volljährig. Entweder erfolgt die Heirath, oder wenn er nicht will, verwirkt er sein Recht, aber nicht sofort, sondern erst wenn die Blutsfreunde der Erbtochter einen Richterspruch gegen ihn erwirkt haben. Dieses Urtheil soll ihm aufgeben binnen 2 Monaten zu heirathen. Befolgt er es nicht, so verliert er sein Recht, und der nächste Heirathsanwärter succedirt in dasselbe VII 40—50.

d) Dieselbe Folge wie bei dieser richterlichen Präclusion tritt ein, wenn sie mündig und der erstberechtigte Verwandte dauernd abwesend [16] ist: der zweitberechtigte Verwandte [17] succedirt in jenes Stelle VIII 36—40. Ein gleiches ist anzunehmen, wenn der Erstberechtigte vor der Eingehung der Ehe stirbt. Das Gesetz entscheidet diesen Fall nicht.

3) Sie ist mündig und will nicht

a) auf ihn warten [18], falls er noch unmündig ist oder

b) ihn heirathen, falls er mündig ist [19].

---

[15] 'übrigen' ist in VII 33 zu $παντός$ hinzuzudenken.

[16] $μὴ ἐπίδαμος$ VIII 37 fg.

[17] Das ist der $ἐπιβάλλων$, den VIII 39 meint.

[18] So ist VII 55 wohl sicher zu ergänzen.

[19] Und seinerseits sie heirathen will. Wie aber, wenn er minderjährig ist und bis zur Volljährigkeit warten (oben 2b), sie aber nicht warten will? Wie endlich, wenn er volljährig ist, und sie beide nicht heirathen wollen? Entscheidung: bevor sie einen Anderen heirathen darf, muss stäts erst der Erstberechtigte präcludirt oder abgefunden sein. Präcludirt wird er aber erst durch Richterspruch, dieser setzt aber, da ihre Blutsfreunde prozessiren, voraus, dass sie sich bereit erklärt zu heirathen: thut sie das nicht, so kann sie selbst keinen anderen heirathen — und dann bleibt res integra, oder sie muss ihn abfinden.

In beiden Fällen muss sie ihn abfinden; dadurch wird nicht nur er seines Rechtes verlustig, es succedirt auch kein Anderer an seine Stelle [20], sondern sie wird frei. Die Abfindung besteht darin: sie bekommt [21] das Stadthaus nebst Inhalt (wie der Sohn bei der Erbtheilung, oben S. 138), wenn ein solches da ist, vom übrigen Vermögen bekommt er die Hälfte, sie die Hälfte VII 52 —VIII 5.

B. Eine schon verheirathete Frau wird Erbtochter VIII 20—30. Ich denke den Fall so: so lange Vater oder Bruder leben, ist die Tochter nicht 'Erbtochter'. Sie ist von einem von beiden irgend Jemandem zur Ehe gegeben [22] und hat ihn geheirathet [23], was ja möglich war, da ein Recht der Verwandten nicht bestand. Nunmehr stirbt Vater und (oder) Bruder, damit wird sie nachträglich Erbtochter [24], und das Recht der Verwandten kann in Kraft treten. Nothwendig ist es dabei anzunehmen, dass damit die frühere Ehe gelöst oder doch — ohne die gewöhnlichen Nachtheile der willkürlichen Scheidung (s. oben S. 119 fg.) — durch die Frau lösbar wird [25].

1) Es sind Kinder da. Dann ist das Recht aller Verwandten erloschen. Sie hat die Wahl entweder die Ehe fortzusetzen [26] oder gegen die oben gedachte [27] Abfindung, die dieses Mal an den Ehemann gezahlt wird, frei zu sein.

2) Es sind keine Kinder da. Dann tritt das Recht des nächsten Verwandten in Kraft, als wenn sie noch ledig wäre; will sie also ihren Ehemann behalten oder irgend einen Anderen als

---

[20] VIII 7—8: ἰῷ.

[21] διαλαγχάνην VIII 4—5 = sie bekommt es so, dass dadurch eine endgiltige Auseinandersetzung zwischen beiden eintritt, im Gegensatz zu ἀπολαγχάνην VII 34: er bekommt etwas von ihr ab.

[22] δόντος, ἔδωκαν, VIII 21. 23, trotz δόντος in V 2 fg.

[23] Denn sie hat Kinder VIII 24. Denkt man sie nur als verlobt, so müsste man sie als schon vordem verwittwet annehmen, was zu künstlich wäre. Auch wäre die freie Lösbarkeit der Verlobung, ohne eine Abfindung wie sie hier vorkommt, anzunehmen.

[24] VIII 21 fg.: πατρῷῶχος γένηται.

[25] Das ist nicht unerhört. S. für Athen Thalheim S. 57 N. 1 Z. 1 v. u., S. 58 N., dort Nachweisungen. Freilich erscheint dort nicht wie hier in Fall 1 die Erbtochter selbst als die zur Scheidung berechtigte, sondern ähnlich wie hier in Fall 2 die Verwandten.

[26] So muss nun freilich ὀπυίην und ὀπυίεσθαι VIII 22. 24 übersetzt werden, wenn man nicht ipso-iure-Lösung der Ehe annimmt.

[27] ἃ ἔγραπται in VIII 25 fg. weist auf VIII 1—5.

den erstberechtigten Verwandten heirathen, so muss sie den Letzteren abfinden wie oben ²⁸.

C. Die Erbtochter wird Wittwe VIII 30—36.

1) Es sind Kinder da. Das Recht aller Verwandten ist erloschen wie in Fall B 1); sie kann frei heirathen oder nicht, nach Belieben.

2) Es sind keine Kinder da. Das Recht des nächstberechtigten Verwandten tritt in Kraft, als wenn sie ledig wäre.

Gleich diesem Falle wird der im Gesetz nicht erwähnte zu behandeln sein, dass ihr Ehemann sich von ihr scheidet; der Fall unter C müsste also vollständiger dahin präcisirt werden: Beendigung der Ehe ohne Willen der Frau.

Ich recapitulire:

I) An Stelle des fortfallenden erstberechtigten Verwandten tritt der zweitberechtigte:

1) wenn der erstberechtigte richterlich präcludirt,

2) oder dauernd abwesend ist,

3) oder stirbt oder sich scheidet, ohne der Erbtochter Kinder zu hinterlassen.

II) Das Recht der sämmtlichen Verwandten erlischt auf einmal:

1) falls der Erstberechtigte abgefunden ist. Diese Abfindung steht immer in dem freien Willen der Erbtochter.

2) falls die Erbtochter aus einer Ehe, sei es mit dem Erstberechtigten oder mit irgend Jemandem sonst, ein Kind hat — denn damit ist der Familienerbe für das Vermögen da; nicht hingegen auch durch eine kinderlose Ehe der Erbtochter; ist der Erstberechtigte selbst der Ehemann, so bleibt das Recht des Zweitberechtigten, so lange die Ehe besteht, suspendirt, tritt aber mit der Beendigung der Ehe in Wirksamkeit (s. oben Fall I 3); ist irgend Jemand sonst der Ehemann, so wird das Heirathsrecht des

---

²⁸ VIII 27—29. Nach der Stellung der Worte gehört μὴ λεῖοι ὀπυίεθαι in Z. 23—24 als Bedingung auch zu diesem Satz unter 2: d. h. das Recht der Verwandten tritt nur in Kraft, falls sie ihren Ehemann nicht behalten will; will sie das, so braucht sie den berechtigten Verwandten nicht abzufinden. Trotzdem halte ich den Satz des Textes für richtig; die Worte des Gesetzes sind incorrect gestellt. Keinen Beweis für die Ansicht des Textes bildet es, dass die Worte ἀνάγκᾳ δὲ μή, welche Z. 33 stehen, hier fehlen: denn diese Worte beziehen sich nur auf die Heirath eines Phylengenossen, welche im Fall Z. 26 nöthig, hier Z. 31 freiwillig ist.

Erstberechtigten dadurch nicht berührt: er kann Scheidung und dann Heirath, oder Abfindung verlangen.

2. *Stufe.* *Verpflichtung einen Phylengenossen zu heirathen.*

An Stelle des Verwandtenrechts tritt regelmässig das Heirathsrecht der Phylengenossen [29]; also:

I) wenn eintretenden Falls keine berechtigten Verwandten da sind;

II) wenn jeder einzelne berechtigte Verwandte fortgefallen ist durch 1) Präclusion, 2) Abwesenheit, 3) kinderlose Beendigung der Ehe (oben I 1—3);

III) wenn das Recht der sämmtlichen Verwandten auf einmal erloschen ist (oben II 1—2), sei es 1) durch Abfindung des erstberechtigten Verwandten, sei es 2) durch Geburt eines Kindes. Letzterenfalls tritt indess das Recht der Phylengenossen nur ein:

a) bei der noch verheiratheten Erbtochter, falls diese nicht, was sie darf [30], ihren Ehemann behalten, sondern gegen Abfindung desselben noch einmal heirathen will.

b) bei der verwittweten oder durch den Willen ihres Mannes geschiedenen Erbtochter: falls diese nicht, was sie darf [31], ledig bleiben sondern ein zweites Mal heirathen will.

Unter mehreren um ihre Hand werbenden Phylengenossen darf sie wählen [32]; einen derselben muss sie heirathen [33]; nur die durch den Willen ihres Mannes geschiedene oder verwittwete Erbtochter, welche Kinder hat, ist nur berechtigt, nicht auch verpflichtet zu heirathen, und die verheirathete Erbtochter, welche Kinder hat, darf ihren Ehemann behalten (s. oben). Bewirbt sich keiner der Phylengenossen um sie, so haben die Blutsfreunde der

---

[29] Ganz allgemein sagt das VIII 8—12: αἰ μὴ εἶεν ἐπιβάλλοντες; insbesondere noch für den Fall II 1) siehe VII 50—52; für den Fall III 1) siehe VIII 5—7; für den Fall III 2 a) siehe VIII 26—27; für den Fall III 2 b) siehe VIII 32 fg.; in VIII 29 ist ein unter 1) gehöriger Fall gemeint.

[30] VIII 23 μὴ λείοι.

[31] VIII 31. 33: αἴ κα λῇ — ἀνάγκᾳ δὲ μή.

[32] τᾶς φυλᾶς τῶν αἰτιόντων ὅτιμί κα λῇ VII 51. VIII 6. 12; vgl. VIII 26. 32.

[33] Denn es heisst an den in voriger Note citirten Stellen nur: ὅτιμι, 'welchen' sie will, nicht αἰ, 'wenn' sie will. Auch beweist dafür der Gegensatz von ἀνάγκᾳ δὲ μή in VIII 33, und die Bedingung der Präclusion in VIII 13 αἰ τᾶς φυλᾶς μήτις λείοι — von ihrem Willen ist gar nicht die Rede.

Erbtochter diese Sachlage öffentlich in der Phyle zu verkünden und 30 Tage Frist zu setzen, nach fruchtlosem Ablauf derselben ist das Heirathsrecht der Phylengenossen präcludirt [34].

Das Recht der Phylengenossen erlischt nur durch diese Präclusion; es bleibt suspendirt, so lange die Erbtochter, wenn auch kinderlos, mit einem Phylengenossen verheirathet ist. Bezüglich der verwittweten oder geschiedenen Erbtochter mit Kindern gilt analoges Recht wie oben.

3. *Stufe.* Ist das Recht der Phylengenossen durch Präclusion verloren, so muss die Erbtochter (falls sie eben nicht, was sie nur als Wittwe mit Kindern darf, ledig bleiben will) irgend Jemanden sonst heirathen, der sie haben will VIII 19—20.

Resumé. Heirathen also muss die Erbtochter unter allen Umständen, ob nun berechtigte Verwandte überhaupt nicht vorhanden waren oder ob das Recht der Verwandten erloschen ist. Auch hat sie mit einer einmaligen Heirath ihre Pflicht nicht gethan, sondern muss nach Beendigung der ersten Ehe zu einer zweiten und so weiter schreiten, bis sie Kinder erhält.

Sobald sie Kinder hat, 1) ist sie, falls die Ehe durch Tod (oder Scheidung seitens des Mannes) gelöst ist, nur berechtigt, nicht verpflichtet, wieder zu heirathen, 2) falls aber sie selbst die Ehe durch Abfindung des Mannes löst, ist sie verpflichtet wieder zu heirathen und zwar in beiden Fällen einen der Phylengenossen.

II. Erziehung und Vermögensverwaltung [35].

Bei den Erbtöchtern, die bereits aus einer ohne ihren Willen getrennten Ehe Kinder haben und desshalb keiner Heirathspflicht mehr unterliegen, und ebenso bei allen verheiratheten Erbtöchtern kommt die Erziehung nicht in Frage und gilt bezüglich der Vermögensverwaltung das für alle Frauen geltende gewöhnliche Recht. Da im Uebrigen alle ledigen Erbtöchter, sobald sie mündig sind, frühestens allerdings zwölfjährig [36], heirathen sollen, so bedarf im Wesentlichen nur das der Normirung und nur das bespricht unser Gesetz, wie es mit der Erziehung und Vermögensverwaltung

---

[34] VIII 18—19. Die Ergänzung ist ziemlich sicher. ἢ κα ϝείπωντι gibt den Anfangspunkt der 80 Tage an.

[35] VIII 42—53. IX 1—7. XII 20—33.

[36] XII 31—33. Diese Schlussbestimmung des ganzen Gesetzes gilt wohl überall, wo es sich um die Heirath einer Erbtochter handelt, nicht bloss in dem vor XII 31 besprochenen Fall.

bei unmündigen Erbtöchtern steht; will man genau sein, so muss man hinzudenken: und bei den mündigen bis zu ihrer Verheirathung. Zunächst scheinen 'Waisenrichter'[37] die Bestimmung darüber gehabt zu haben[38]; aber ihr Vorhandensein im concreten Fall wird als zweifelhaft hingestellt. Fehlen dieselben, so ist zu unterscheiden, ob ein heirathsberechtigter Verwandter da ist oder nicht.

1. *Es ist kein heirathsberechtigter Verwandter da.*

a. Die Erziehung steht bei der Mutter, wenn diese todt ist bei den Oheimen von Muttersseite[39] VIII 50—53.

b. Das Vermögen steht nach Substanz und Genuss der Erbtochter selbst zu, so sagt VIII 47—50; diess corrigirt indess der Nachtrag dahin, dass bis zur Verheirathung die Oheime von Vaters- und Muttersseite[40] zusammen die Verwaltung[41] der Substanz und des Niessbrauchs haben sollen (XII 27—31). Wie aber kann von einem väterlichen Oheim die Rede sein, während doch gesagt ist, ein ἐπιβάλλων sei nicht da? Lösung: da jeder Heirathsberechtigte nur auf eine Erbtochter Recht haben kann, so ist es, falls mehr Erbtöchter als Berechtigte da sind, möglich, dass die Erbtochter väterliche Oheime und doch keinen ἐπιβάλλων hat.

2. *Ein heirathsberechtigter Verwandter ist da.*

a. Das Erziehungsrecht scheint ihm zuzustehen, denn das Gesetz macht das Erziehungsrecht der Mutter abhängig von dem Nichtvorhandensein eines Heirathsberechtigten[42].

b. Die Vermögensverwaltung. Nach VII 29—35 bekommt, wie wir oben S. 153 sahen, der Heirathsberechtigte, ab-

---

[37] ὀρφανοδικασταί; vgl. die attischen ὀρφανοφύλακες und ὀρφανισταί, Thalheim S. 14 N. 3.

[38] Denn die nachfolgenden Regeln (τὰ ἐγραμμένα) sollen nur in Anwendung kommen (χρῆσθαι), αἴ κα μὴ ἴωντι ὀρφανοδικασταί, sagt XII 20—23.

[39] Hierzu vgl. die dem Charondas zugeschriebene Anordnung, welche Diodor XII 15 mittheilt: die Vermögensverwaltung einer Waise solle bei den väterlichen, die Erziehung bei den mütterlichen Verwandten stehen. Die Gesetzgebung des Charondas wird von den Alten mit Kreta in gewisse Verbindung gesetzt. S. Aristoteles Politik II 9 § 5.

[40] XII 27: τὸν πάτρωα, richtiger wäre wohl: τοὺς πατρώας.

[41] ἀρτύην XII 30; in VIII 44 hiess es περγασίας.

[42] XII 24—25: μὴ ἰόντος ἐπιβάλλοντος; ferner αἰ μὴ εἴη ἐπιβάλλων VIII 47, was, wie das καί in VIII 50 zeigt, als Bedingung auch zu dem τράφεσθαι πὰρ τᾷ ματρί gedacht ist.

gesehen von dem der Erbtochter allein verbleibenden Hause, die Hälfte von dem Niessbrauch ihres ganzen (sonstigen) Vermögens. In der Zusatzbestimmung VIII 42—46 heisst es dann, die väterlichen Oheime sollten den Betrieb des Vermögens haben [43], und — so ist sehr wahrscheinlich zu lesen — die Hälfte des Niessbrauchs theilend abbekommen ($διαλαγχάνην$), so lange sie (die Erbtochter) unmündig ist. Es liegt am nächsten, als Subject zu diesem 'abbekommen' die Oheime zu denken. Dabei ergeben sich aber gewichtige Bedenken. Warum verwaltet der Berechtigte das Vermögen nicht selbst, wie er ja auch das Erziehungsrecht zu haben scheint? Und vom Niessbrauch verbleibt der Erbtochter nichts? Die eine Hälfte fiele an den Berechtigten, die andere an die Oheime — wovon lebt denn sie selbst? und woher haben die nicht heirathsberechtigten Oheime ein Recht auf jenen halben Niessbrauch? Mögliche Erklärungen wären:

1) Die Oheime bekommen die andere Hälfte des Niessbrauchs nicht für sich, sondern für die Erbtochter als deren Verwalter. Dazu passt aber das Wort $διαλαγχάνην$ schlecht.

2) Denselben Sinn ergibt es, wenn als Subject zu $διαλαγχάνην$ die Erbtochter selbst gedacht wird, obwohl sie nicht genannt ist: die Oheime haben die Verwaltung, die Erbtochter die Hälfte des Niessbrauchs, der Berechtigte die andere Hälfte. Hierzu passte gut das $τε — καί$ in VIII 49—50, was 'sowohl — als auch' heisst: hier bekommt die Erbtochter sowohl die Verwaltung als auch den Niessbrauch.

3) Oder sollte als Subject zu $διαλαγχάνην$ 'der Heirathsberechtigte' ergänzt werden? Die Oheime haben die Verwaltung, der Berechtigte bekommt seine schon oben erwähnte Hülfte des Niessbrauchs. Aber die Ergänzung scheint zu kühn.

4) Oder ist der Bedingungssatz VIII 46 'so lange unmündig ist' nicht auf die Erbtochter, sondern auf den Berechtigten zu beziehen? Der Sinn wäre dann der: der Berechtigte hat Verwaltung des Ganzen und halben Niessbrauch; so lange er unmündig ist, vertreten ihn die Oheime. Aber dann müsste doch wohl der Berechtigte ausdrücklich genannt sein.

5) Endlich: die Erklärung bleibt übrig, dass der Satz nur

---

[43] VIII 42—46 ist so zu erklären: die Oheime haben über das Vermögen ($τῶν χρημάτων$) Macht, was die Verwaltung betrifft ($τᾶς ἐργασίας$) und nur in Rücksicht auf diese, nicht aber etwa auch in Rücksicht auf die ganze Nutzniessung. S. oben S. 57 fg.

in ungenauer Weise die schon in VII 29—35 getroffene Bestimmung wiederholt und vervollständigt, dass nämlich, während die Erbtochter unmündig ist, der Berechtigte die Hälfte des Niessbrauchs und die ganze Vermögensverwaltung haben soll. Der Satz enthält dann freilich die Ungenauigkeit, dass er von 'den Oheimen' spricht, während er von dem einen heirathsberechtigten Verwandten (ὁ ἐπιβάλλων), der ja auch ein Vetter sein kann, sprechen sollte.

Welche dieser Erklärungen man auch annehmen möge, jedenfalls enthält der Satz zwei fernere Incorrectheiten: einmal, dass von Niessbrauch schlechthin die Rede ist, ohne dass gemäss VII 31 fg. das Haus ausgenommen ist; sodann dass das Wort διαλαγχάνην anstatt wie in dem entsprechenden Satz VII 34 ἀπολαγχάνην gebraucht ist. —

3. Um die Vermögensverwaltung der Verwandten für die Erbtochter handelt es sich auch in XI 1 ff. Doch können wir die lückenhaft erhaltenen Bestimmungen IX 1—6 nicht mit einiger Sicherheit ergänzen; einen Versuch macht die deutsche Uebersetzung oben S. 33 fg. Ein Fall wird angegeben, in dem Verkauf und Verpfändung von Sachen der Erbtochter giltig sein soll — die Brüder der Mutter spielen dabei irgend eine Rolle [44]. In allen anderen Fällen aber sollen die genannten Geschäfte ungiltig sein [45].

III. Sanctio legis. Den Beschluss der achten Tafel macht ein Vordersatz, dessen Nachsatz nicht erhalten ist: wenn Jemand gegen die Bestimmungen dieses Gesetzes eine Erbtochter heirathet. Die Rechtsfolge kennen wird nicht; jedenfalls wird das Recht des ἐπιβάλλων nicht dadurch geschmälert. Irgend eine derartige Bestimmung muss hier gestanden haben [46].

VI. Kap. Die Adoption [1].

I. Die Form der Adoption (ἄνφανσις) ist ähnlich wie in Athen und Rom: der Adoptirende stellt den zu Adoptirenden in

---

[44] Zu Fabricius' Ergänzung vgl. Lipsius I S. 362 fg. Platner II S. 280 ff. Thalheim S. 80 N. 1.

[45] Weiteres unten VII. Kap., V.

[46] VIII 53—55. Vielleicht gehört auch τοὺς ἐπιβάλλοντας in IX 1 noch zu diesem Satz und bildet das Subject des Nachsatzes: so sollen die Verwandten ... (einen Anspruch haben, das Vermögen erhalten??)

[1] X 33—XI 23. Material: die in Kap. IV N. 1 citirten Platner,

Vermögensverwaltung für Erbtöchter. — Adoptionsform. 161

der Volksversammlung vor und führt ihn in seine Hetärie (s. oben S. 55) ein, der er zum Opfer ein Opferthier und eine Kanne Weines gibt[2]. — Die Adoption berührt alle drei Rechtssphären: das ius privatum, publicum, sacrum; denn die Familie, welche durch den Adoptirten nunmehr fortgesetzt wird, hat eine zugleich privatrechtliche, öffentlich-rechtliche und sacrale Bedeutung. Daher die Form, welche diesen drei Seiten gerecht wird: Erklärung des Adoptanten, Betheiligung der Bürgerschaft als der politisch an dem Act interessirten — ob bloss als Zeugnissversammlung oder wie sonst, wissen wir nicht; endlich ein Sacralact der Hetärie. Auch die attische Adoptionsform[3] zeigt diese drei Seiten, nur dass die zeitliche Ordnung derselben eine andere ist; zuerst erfolgt die sacrale Aufnahme in die Phratrie, später erst die in den Demos[4].

Von einer Mitwirkung des zu Adoptirenden oder seines leiblichen Vaters findet sich keine Spur; dieselbe liegt wohl vor dem öffentlichen Act.

Die Adoption unseres Gesetzes ist eine Adoption unter Lebenden, wennschon ihr Hauptzweck auch in unserem Gesetze die Schaffung eines Erben für den kinderlosen Mann sein mag. Eine testamentarische Adoption auf den Todesfall wie in Athen[5] kennt unser Gesetz noch nicht.

II. Fähig die Adoption vorzunehmen sind nur mündige

Jannet, Schulin, Caillemer; ferner Lipsius S. 539—49. Thalheim S. 68—71. Gans S. 314—8. Kohler, Ztschft f. vergl. RWiss. III S. 408 ff. Leist S. 163—5. 168 fg. 731—4. Das Stück unseres Gesetzes XI 1—15 ist schon länger bekannt. Aeltere sehr abwegige Interpretationsversuche citirt Cauer Del. Inscr. Graec. 1. Aufl. zu No. 37; neuere s. bei Roehl Inscr. Gr. Ant. No. 476, Schulin S. 34 ff. nebst Citaten, Caillemer droit de succession S. 130 -2. S. auch Leist S. 163 q und S. 80 u.

[2] Das Opfer geschieht in Athen dem Ζεὺς φράτριος; vgl. Gilbert, Griech. Staatsalterth. I S. 185, Schulin S. 18. Da der attischen Phratrie die gortynische Hetärie gleichzusetzen ist, wird das Opfer in Gortyn wohl dem Ζεὺς ἑταιρεῖος dargebracht, von dem Hesych u. d. W. Ἑταιρεῖος als kretisch berichtet.

[3] Und, freilich in anderer Weise, auch die römische arrogatio (nicht auch die adoptio, welche als Privatrechtsgeschäft erst der Zeit nach den XII Tafeln entstammt. Sohm Institut. § 87 N. 3).

[4] Näheres Gilbert a. a. O. I S. 186 fg. Lipsius S. 543. Indess auch Leist S. 733 fg.

[5] Schulin S. 21 fg. Lipsius S. 540 Nro. 2. Leist S. 163 q.

Männer, nicht Frauen [6], nicht Unmündige [7], nicht selbst Adoptirte [8]. Von sonstigen Beschränkungen ist nicht die Rede. Namentlich ist die Zulässigkeit der Adoption nicht, was in Athen der Fall war [9], daran gebunden, dass eheliche Söhne nicht vorhanden sind oder unmündig versterben oder zustimmen [10].

III. Wer fähig ist adoptirt zu werden, sagt das Gesetz nicht ausdrücklich. Freiheit in Bezug auf die Wahl des Adoptivkindes gestattet, wie uns scheint, der Anfangssatz des ganzen Abschnitts über Adoption: Adoption soll sein, von woher Jemand will. Ich beziehe das insbesondere darauf, dass der zu Adoptirende nicht aus den nächsten Verwandten des Adoptirenden gewählt zu werden braucht. Dass eine solche Beschränkung rechtlich ehemals existirt hat, können wir zwar nicht nachweisen, dürfen wir aber nach der dem Adoptionsinstitut zu Grunde liegenden Idee (s. oben S. 149 fg.) wohl vermuthen. In Athen ist die Beschränkung auf die Verwandten zwar nicht Rechtspflicht, aber doch strenge Sitte [11]. — Können Frauen adoptirt werden? Das Gesetz spricht nur von Adoptivsöhnen, doch kann das Zufall sein; das argumentum e silentio ist unsicher [12].

IV. Die Wirkung der Adoption bespricht das Gesetz nur rücksichtlich des Erbrechts. Es unterscheidet folgende Fälle:

1. X 39—48. Der Adoptivvater hinterlässt keine leiblichen

---

[6] XI 18, so wenig wie in Athen und Rom. Schulin S. 11. Lipsius S. 544.

[7] XI 19: das ist früher als in Athen; der Termin ist dort das ἐπὶ διετὲς ἡβᾶν, d. h. zwei Jahr nach erlangter Hebe, Schulin S. 10, Lipsius a. a. O. In Rom haben die Pontifices zu prüfen 'aetas . . . an liberis potius gignundis idonea sit' Gell. V 19 § 6.

[8] XI 5—10; s. unten unter IV 3.

[9] Schulin S. 15 Nro. 4. S. 19 N. 49 fg. Aehnlich das indische Recht: Kohler a. a. O. S. 414.

[10] X 48 ff.: er erbt mit den leiblichen Söhnen.

[11] Schulin S. 16. Thalheim S. 71 N. 5. Indisches Recht: Kohler a. a. O. S. 414 fg.

[12] Es ist sprachlich nicht ausgeschlossen, ἀμφαινίσθω XI 18 passivisch zu fassen: 'Frauen und Unmündige sollen nicht adoptirt werden', anstatt, wie im Text unter II geschehen, activisch 'sollen nicht adoptiren'. Wir hätten dann die Bestimmung, welche auch im älteren röm. Recht galt, Gell. V 19 § 10: quoniam et cum feminis nulla comitiorum communio est. — Ueber attisches Recht: Schulin S. 16. Thalheim S. 71 N. 2.

Kinder. Dann hat der Adoptivsohn die Wahl [13] entweder die Erbschaft ganz anzunehmen oder ganz auszuschlagen. Nimmt er die Erbschaft an, so muss er die göttlichen und menschlichen Verpflichtungen des Adoptivvaters in der Weise erfüllen [14] und die Erbschaft in der Weise, d. h. mit all den rechtlichen Folgen übernehmen — insbesondere wird hierbei wohl an die Haftung für Civilschulden gedacht [15] —, wie es das Gesetz für die leiblichen Kinder bestimmt [16]. Diese Verweisung zielt auf ein anderes Gesetz; der einzige Passus, den man heranziehen könnte, folgt erst als Nachtragsbestimmung weiter unten XI 31 ff., dort ist aber von allen Erben gesprochen, für die leiblichen Kinder nichts besonderes gesagt, auch ist dort nur von Geldschulden, aber nicht von göttlichen Verpflichtungen die Rede. — Will der Adoptivsohn nicht die Verpflichtungen erfüllen, wie geschrieben steht — auch diese Verweisung gilt wohl dem früheren Gesetz, nicht bloss, was überflüssig wäre, den Worten τὰ θῖνα καὶ τ᾽ ἀντρώπινα in Z. 42 —, so erhält er die Erbschaft nicht; dieselbe geht dann an die 2. Erbklasse und folgende.

2. X 48—XI 6. Der Adoptivvater hinterlässt leibliche Kinder. Dann erbt der Adoptivsohn gerade wie eine Tochter, also mit Söhnen die Hälfte eines Sohneserbtheils [17], mit Töchtern Kopftheil [18]. Bezüglich der Haftung für Lasten und Schulden ist eine nicht klare Bestimmung gegeben. Ihr nächstliegender Sinn ist der: auch in diesem Fall soll der Adoptirte so wenig wie oben gezwungen sein, die gedachten Verpflichtungen zu erfüllen und das Vermögen zu übernehmen, kann vielmehr auch hier wie oben ausschlagen. Für diesen einfachen Sinn sind die Worte etwas zu umständlich. Es

---

[13] αἴ κ᾽ ἀνέληται X 39 fg.

[14] S. oben 2. Theil, IV. Kap., IV 2.

[15] Als Object zu ἀναιλῆθαι X 44 denke ich τὰ χρήματα, wie es in XI 3—4 steht. τέλλην und ἀναιλῆθαι zusammen bilden dann den vollen Begriff der Haftung für Verbindlichkeiten, gerade wie XI 2—4. Incorrecter Weise steht X 46 τέλλην allein. Schlecht stilisirt ist die Stelle immerhin: 'wenn er übernimmt..., soll er übernehmen'.

[16] Dass das ᾇ ἔγρατται Z. 44—45 auch zu τέλλην gehört, beweist Z. 46.

[17] Abgesehen vom Hause u. s. w., ganz wie oben S. 138 ff. Anders in Athen; dort erbt er gleichen Theil: Lipsius S. 547 N. 184.

[18] Die Construction von Z. 48—53 ist: Subject (zweimal) τὸν ἀνφραντόν, erster Fall: πεδὰ μὲν τῶν ἐρσένων, zweiter Fall: αἰ δέ κ᾽ ἐρσενες u. s. w., Verbum ἤμην, Prädicat in Fall 2: ριαρόμοιρον, in Fall 1: (ergänze: so betheiligt) ἇπερ... λαγχάνοντι.

scheint vielmehr ein Gegensatz gegen Fall 1) gemacht zu werden, und der Sinn ist vielleicht dieser: im Fall 1) bekommt der Adoptat nur entweder das Vermögen cum onere oder gar nichts; hier bekommt er nur seinen Theil, diesen aber sine onere; er ist, trotzdem er seinen Theil bekommt, nicht verpflichtet, die gedachten Lasten zu erfüllen und das ganze Vermögen, was es auch sei (ἄτι κα καταλίπῃ), also insbesondere auch die Schulden desselben zu übernehmen. Jene Lasten, diese Schulden bleiben bei den leiblichen Kindern. — Auch die Schlussworte dieses Satzes XI 5—6 sind nicht geschickt, mindestens überflüssig, wie man sie auch interpretiren mag [19]. 'Zu mehr soll der Adoptirte nicht hinzugehen', d. h. mehr als die genannte Quote soll er nicht haben. Gegen den Erblasser ist diese Negation schwerlich gerichtet, da dieser ja kein Testament machen kann, in welchem er dem Adoptaten mehr als seine Quote zuwenden könnte. Sie ist desshalb wohl bloss als Verstärkung der vorhergehenden gesetzlichen Normirung aufzufassen: 'diess soll der Adoptirte haben und nicht mehr'.

3. X 6—10. Stirbt der Adoptivsohn ohne selbst leibliche Kinder zu hinterlassen, so geht das Vermögen, welches er von seinem Adoptivvater geerbt hat, (doch wohl nur diess!) an die Verwandten des Adoptivvaters zurück, denen er es entzogen hat, also im Fall 1 das ganze Vermögen an die Erben der 2. und folgenden Klassen, im Fall 2 seine Erbportion an die miterbenden leiblichen Kinder [20]. Hieraus ergibt sich, dass der Adoptivsohn sich nicht wieder einen Adoptivsohn in das Haus seines Adoptivvaters hinein adoptiren konnte, wie auch in Athen nicht [21].

V. Aufhebung der Adoption XI 10—17. Der Adoptivvater kann die Adoption wiederum durch eine öffentliche Erklärung in der Volksversammlung — die Hetärie tritt hierbei nicht hervor — rückgängig machen. Eine Lösung des Verhältnisses zwischen Vater und Kind kennt wenigstens das attische Recht

---

[19] 'Mehr als seine Quote braucht der Adoptat nicht zu übernehmen, insbesondere keine Schulden'? Oder ist vielleicht daran gedacht, dass der Vater dem Adoptivsohn unter Lebenden nicht mehr als diese Quote zuwenden könne?

[20] Caillemer vergleicht hiermit hübsch den Art. 351 des Code civil: si l'adopté meurt sans descendants légitimes, les choses (données par l'adoptant ou) recueillies dans sa succession . . . retourneront (à l'adoptant ou) à ses descendants.

[21] Thalheim S. 69 N. 8, Lipsius S. 548 Nro. 8, Schulin S. 13 Nro. 2, Platner II S. 323.

nur durch Verstossung, ἀποκηρύττειν[22]. Herodot schreibt statt dessen wie unser Gesetz ἀπείπασϑαι[23]. Diese Verstossung ist 'entehrend', sie darf daher nur aus rechtfertigenden Gründen vorgenommen werden[24]. Gewährt unser Gesetz dem Adoptivvater das Recht, sie willkürlich[25] vorzunehmen, so sorgt es doch dafür, ihr durch ein äusseres Zeichen den entehrenden Charakter zu nehmen: der Adoptivvater soll 2[26] Stateren (wohl vor der öffentlichen Verhandlung) ins Gerichtshaus deponiren, und der Mnamon[27] soll diese 2 Stateren (wohl bei dem öffentlichen Act selbst) dem Verstossenen einhändigen — als wäre der erst Adoptirte, jetzt fortgeschickte, nur als Gast im Hause des Adoptivvaters gewesen und reise nun freiwillig wieder ab. Diess ist wohl der Charakter dieser Gabe, sie ist symbolisch: denn als Ersatz für irgend welche entgehenden Vermögensvortheile zu dienen, ist sie viel zu gering.

VI. Den Schluss macht eine Uebergangsbestimmung XI 19—23. Nach den gegebenen Vorschriften soll in allen künftigen Fällen[28] verfahren werden. Wegen früherer Fälle soll hingegen kein Anspruch mehr erhoben werden, weder von Seiten des Adoptirten noch gegen ihn. Diess wird sich insbesondere auf die Betheiligung des Adoptivsohnes an der Erbschaft des Adoptivvaters beziehen: hat er mehr erhalten, als er nach dem neuen Gesetz erhalten dürfte, braucht er es nicht herauszugeben; hat er weniger erhalten, kann er nichts nachfordern[29].

---

[22] Vgl. Dioclet. u. Maxim. (a. 288) in c. 6 C. do p. p. 8, 46 (47): 'abdicatio, quae Graeco more ad alienandos liberos usurpabatur et ἀποκήρυξις dicebatur, Romanis legibus non comprobatur'.

[23] Herodot I 59. Schulin S. 36.

[24] Gans S. 323 fg.

[25] αἴ κα λῇ XI 10—11; doch ist diese Ergänzung nicht völlig sicher. Vgl. hierzu Thalheim S. 70 N. 2.

[26] Die Zahl ist unsicher, 2 oder 10.

[27] S. oben S. 54.

[28] τοῖδδε, eigentlich 'mit denen, die adoptirt werden'.

[29] Wörtlich XI 21 fg.: es soll kein Klageanspruch darüber erhoben werden dürfen, wie Jemand (nämlich von den erbberechtigten Blutsverwandten des Erblassers) jetzt hat, d. h. von der Erbschaft des Adoptivvaters vor Erlass des Gesetzes abbekommen hat, sei es nun, er habe zu wenig bekommen (ἀμφαντῶ, Dativ = zu Gunsten des Adoptirten, d. h. so, dass der Adoptirte mehr hat, als er nach neuem Gesetz erhalten dürfte) oder zu viel (πὰρ ἀμφαντῶ, d. h. so, dass er etwas von dem hat, was nach neuem Gesetz dem Adoptirten gebührte). — Bücheler: Diess scheint die griech. Buchführung, unser Credit Debet, der Römer

VII. Kap. Zum Vermögensverkehrsrecht.

I. Loskauf von Gefangenen (VI 46—55).

Diese Bestimmung erklärt sich durch den gleichen Rechtssatz des attischen Rechts [1]: οἱ νόμοι κελεύουσι τοῦ λυσαμένου ἐκ τῶν πολεμίων εἶναι τὸν λυθέντα, ἐὰν μὴ ἀποδιδῷ τὰ λύτρα, und des römischen Rechts: der redemptor hat an dem redemptus ex hostibus bis zur Erstattung des Loskaufpreises ein pfandähnliches Retentionsrecht [2]. Diese Uebereinstimmung beweist das hohe Alter unseres Rechtssatzes [3]. Der allgemeine Sinn der Anfangsworte ist demnach sicher, so zweifelhaft auch die Ergänzung im Einzelnen ist. Ein freier Gortyner Bürger ist Gefangener der Feinde [4], ein anderer Gortyner (τὶς) löst ihn sich aus, d. h. kauft ihn mit eigenen Mitteln los [5], und zwar auf den eigenen Wunsch des Gefangenen [6]; bis der Losgekaufte das dem Loskäufer Zukommende ihm heraus- oder wiedergibt, bleibt er in der Gewalt des Käufers. Der Ausdruck unseres Gesetzes εἶναι ἐπὶ τῷ ἀλλυσαμένῳ ist correcter als der des attischen: εἶναι τοῦ λυσαμένου, denn von Eigenthum ist keine Rede, vielmehr von einem eigenartigen Besitz- und Retentionsrecht. Ob τὸ ἐπιβάλλον blos das gezahlte Lösegeld ist oder noch ein Mehres, was der Loskäufer dazu erhält, etwa für seine Mühe, bleibt zweifelhaft. Auf die letztere Vermuthung wird man geführt durch die gleich folgende Wendung: wenn die Parteien nicht übereinstimmen über die Menge, so soll der Richter schwörend entscheiden. Dass mit diesem 'nicht Uebereinstimmen' blos der Streit über die That-

---

expensa et accepta wiederzugeben: die eine Seite des Contos überschrieben durch den Dativ (mir kommt zu u. s. w.), die andere durch παρά mit Gen. (von mir ist zu zahlen u. s. w.).

[1] Demosth. LIII 11 p. 1250. Vgl. Thalheim S. 18 N. 6.

[2] vinculo quodam *retineri* in l. 20 § 1 D. qui test. 28, 1; *pignoris* vinculum in l. 21 pr. D. de capt. 49, 15; quoad exsolvatur pretium in causam *pignoris* constituti etc. c. 2 C. de postl. 8, 50 (51).

[3] Von dem Mommsen, Festgabe für Beseler S. 262 spricht.

[4] ἐκς ἀλλοπολίας deutet an, dass kein wirklicher Krieg vorhanden zu sein braucht; Pomponius sagt l. 5 § 2 D. t. c. 49, 15: si cum gente aliqua neque amicitiam neque hospitium neque foedus amicitiae causa factum habemus, hi hostes quidem non sunt, . . . liber (autem) homo noster ab eis captus servus fit et eorum.

[5] λύσηται VI 49. 53. Vgl. dazu die Auslösung des ertappten Ehebrechers II 30. 34; dort blos ἀλλύεσθαι; hier λύεσθαι und ἀλλύεσθαι.

sache gemeint sei, wie hoch das gezahlte Lösegeld gewesen ist, das ist nicht wahrscheinlich; das Wort lässt eher an einen Streit darüber denken, auf welche Summe die dem Redemptor von dem Redemptus zu zahlende Entschädigung jetzt festzusetzen sei. Auch dass der Richter in diesem Streit schwörend entscheiden soll, stimmt gut zu der letzteren Auffassung. Der zweite Streitfall ist der, dass der Redemptus dem Redemptor keinen Auftrag zum Loskauf gegeben hat: er selbst hat sich nicht gewählt und gewünscht, von dem Käufer losgekauft zu werden. Auch in diesem Falle soll der Richter in der Sache selbst, d. h. über die Verpflichtung zur Zahlung selbst und die Höhe der zu zahlenden Summe, entscheiden [7].

II. Sklavenkauf (VII 10—15).

1. Liest man in diesem zusammenhanglos eingesprengten Satz $\dot{a}\delta\iota\varkappa\eta\varkappa\eta$ = beschädigt hat, so ergibt sich folgender Sinn. Dem[8], der einen Sklaven auf dem Markt gekauft und zu Eigenthum erworben hat[9], soll ein Anspruch zustehen, welcher, wenn der Käufer sich beim Kauf keine andere Frist ausmachte[10], in nachher zu erklärender Weise durch die nächsten, d. h. auf den Verkauf folgenden 60 Tage begrenzt wird. Da die Abrede über die Frist beim Kauf, also mit dem Verkäufer geschieht, muss der Verkäufer der Verpflichtete sein. Den Grund des Anspruchs gibt der Satz an: 'wenn er Jemanden vorher beschädigt hat oder nachher'. Der Er ist der Sklave. Dass der Käufer wegen der von dem gekauften Sklaven verübten Delicte einen Anspruch gegen den Verkäufer hat, lässt sich doppelt denken.

Entweder: der Käufer als der derzeitige Eigenthümer hat

---

[6] $\dot{\epsilon}\lambda o\mu\acute{\epsilon}\nu\omega$ $\tau\iota\varsigma$ VI 48; der Genetiv bedeutet das Vertretungsverhältniss, ebenso wie $\varkappa o\sigma\mu\acute{\iota}o\nu\tau o\varsigma$ in I 51. $\dot{\epsilon}\lambda\acute{o}\mu\epsilon\nu o\varsigma$ ist der, der es und ihn sich wählt. Ebenso VI 52.

[7] Ob die Worte VI 55 $\dot{o}$ $\dot{\epsilon}\varkappa\epsilon\tilde{\iota}\vartheta'$ $\dot{\epsilon}\varrho\omega\tau\tilde{\omega}\nu$ (= der von dorther, d. h. ex peregrinis fordernde, der Verkäufer des Gefangenen? der Loskäufer?) noch mit einigen VI 56 fehlenden Worten hierher oder ob sie zum folgenden Satz gehören, ist zweifelhaft. S. oben S. 65 fg. und N. 51 dort.

[8] So auch der Dativ in V 7; sprachlich denkbar wäre auch: 'gegen den'.

[9] Der $\pi\varrho\iota\acute{a}\mu\epsilon\nu o\varsigma$ in Z. 11 und der $\pi\epsilon\pi a\mu\acute{\epsilon}\nu o\varsigma$ in Z. 14 sind hiernach eine Person. Der Ausdruckswechsel ist freilich auffällig und die Wiederholung überflüssig.

[10] $\mu\grave{\eta}$ $\pi\epsilon\varrho a\iota\acute{\omega}\sigma\eta$ Z. 11. Eine Interpretation wie 'nicht weiter verkaufen' schien zwar nicht sachlich aber sprachlich unstatthaft.

nach einem für Athen und Rom bezeugten[11], für Gortyn zu supponirenden Rechtssatze den von dem Sklaven angerichteten Schaden zu ersetzen oder den Sklaven dem Beschädigten zu überlassen. Unser Gesetz gibt ihm aber wegen aller binnen 60 Tagen nach dem Verkauf sich ereignender Delictsfälle[12] Regressrecht gegen den Verkäufer. Und zwar soll diese Bestimmung gelten, ob das Delict vor oder nach Erlass dieses Gesetzes[13] begangen ist, insoweit also mit rückwirkender Kraft.

Oder: 60 Tage lang nach dem Verkauf hat der Käufer das Recht den Sklaven, der vor oder nach dem Erlass dieses Gesetzes (und hier ist auch möglich: vor oder nach dem Kauf) ein Delict begangen hat, wegen seiner in dem Delict zu Tage tretenden moralischen Fehler zu redhibiren[14]. Die Frist ist zunächst Klagefrist, damit aber sachlich zugleich auch die Frist, innerhalb deren das Delict begangen sein muss, also eine Art Prüfungsfrist zu Gunsten des Käufers[15].

2. Wagt man mit Comparetti $\ddot{a}\delta\iota\varkappa$' $\ddot{\varepsilon}\chi\eta$, so wird folgende Erklärung möglich: das früher weiter geltende Gesetz enthält Bestimmungen über die Haftung des Verkäufers für Mängel des auf dem Markt verkauften Sklaven. Unser Gesetz normirt vielleicht die Frist näher, während derer geklagt werden kann: durch Verabredung der Parteien kann die Frist beliebig weit gesetzt werden. Wenn der Käufer und jetzige Eigenthümer sich keine

---

[11] Leist S. 500 fg. Vgl. hiermit Kohler, Ztschft. f. vergl. RWiss. S. 199 fg.

[12] $\tau\tilde{\alpha}\nu$ ... $\dot{\alpha}\mu\varepsilon\rho\tilde{\alpha}\nu$ gehört dann entweder zu $\pi\varepsilon\rho\alpha\iota\omega\sigma\eta$, oder ist Genetiv des Falls za $\dot{\varepsilon}\nu\delta\iota\varkappa o\nu$ $\ddot{\eta}\mu\eta\nu$ wie $\tau\tilde{\omega}\nu$ $\pi\rho\acute{o}\sigma\vartheta\alpha$ in VI 24. IX 17. XI 21: 'rücksichtlich der nächsten 60 Tage'. Vgl. 2. Th., III. Kap., N. 15.

[13] Diesen Sinn haben $\pi\rho\acute{o}\sigma\vartheta\alpha$ (IV 52. V 8. VI 24. IX 17. XI 21) und $\ddot{v}\sigma\tau\varepsilon\rho o\nu$ (XII 18) in unserem Gesetz sonst immer. — Gut erklärt sich durch diese Auffassung das Perfect $\dot{\alpha}\delta\iota\varkappa\acute{\eta}\varkappa\eta$ und die Hintanstellung von $\ddot{\eta}$ $\ddot{v}\sigma\tau\varepsilon\rho o\nu$.

[14] Vgl. hierzu das ädilicische Edict in Rom, das sich auch gerade auf den Marktverkehr und auf Sklaven (und Vieh) bezog; l. 1 § 1 D. h. t. 21, 2: quis fugitivus errove sit noxaevo solutus non sit ... item si ... capitalem fraudem admiserit etc. — Haftung für Mängel im Allgemeinen nach attischem Recht: Platner II S. 342. Büchsenschütz, Besitz S. 124 fg. Thalheim S. 78 N. 3. — Die Klage auf Preisminderung kennt das attische Recht nicht (auch das ältere deutsche Recht nicht; s. Stobbe, Deutsch. Privatrecht III § 185 I Nro. 1).

[15] Aehnlich wie im Syrisch-Röm. Rechtsbuch L. 39, dazu Bruns S. 206.

andere Frist ausmachte, hat er wegen aller etwaigen Mängel [16] 60 Tage lang [17] einen Anspruch gegen den Verkäufer, etwa auf Rückgängigmachung des Geschäfts; und zwar bezieht sich diese Haftung nicht nur auf die Mängel, welche schon vor der Uebergabe (πρόσθα) vorhanden waren sondern auch auf die, welche erst nachher (ὕστερον) sich einstellen; dabei ist hauptsächlich an Krankheiten zu denken. — Dieser Rechtssatz würde vom röm. Recht abweichen, aber dem älteren deutschen, in viele neuere Gesetzgebungen übergegangenen Recht entsprechen [18].

III. Schuldklagen nach dem Tode des Schuldners (IX 24—40).

In dieser sehr schwer zu interpretirenden Stelle werden zunächst fünf Schuldgründe genannt. Da es sich im Weiteren um eine ganz allgemeine Bestimmung über Klagfrist und Beweis handelt, so lässt sich annehmen, dass das Gesetz mit jenen fünf Arten das ganze Gebiet der Obligationen zu bezeichnen versucht. Dabei sind zum Theil technische Worte angewendet, deren Sinn wir nicht kennen. Genannt sind:

1. Das auf Geld lautende richterliche Urtheil [19].
2. Die 'Abrede', δι(ά)ρησις. Ist jeder Verbal- oder gar Consensualvertrag gemeint? Unter diese Kategorie würde dann auch das ἐπισπένδειν und das in IX 44 ff. erwähnte συνάλλαγμα fallen.
3. Die διαβολά. Das Wort kommt sonst im Sinne von Betrug u. dgl. (s. oben S. 13. 34) vor. Ist hier vielleicht jede Beschädigung des Gegners durch mangelhafte Vertragserfüllung oder Vertragsbruch, oder gar überhaupt jede obligatio ex delicto gemeint? [20]

---

[16] τινὰ ἄδικα = was gegen das Recht ist. Das τινὰ ist schwer zu ertragen.

[17] Die Fristen des attischen Rechts kennen wir nicht. (Vgl. die 60 Tage Einspruchsfrist Dritter beim Kauf, Platner II S. 242.) Die röm. Frist ist 6 Monat; 60 Tage bei der Klage wegen mitverkaufter und nicht mit übergebener ornamenta von Vieh; s. l. 1 § 1. l. 38 pr. § 11 D. de aed. ed. 21, 1.

[18] Näheres Stobbe a. a. O. § 185 Nro. 4.

[19] S. oben S. 58—59.

[20] Indess Vererblichkeit? Vgl. auch Kohler, Ztschft. f. vergl. RWiss. III S. 173.

4. Das *ἀναδέχεσθαι*. Bürgschaftsübernahme? Geldaufnahme?[21]

5. Endlich: *οἰότανς ὀφήλην*. Wäre hier schlechthin jede Geldschuld gemeint, so würde wohl wie sonst *ἄργυρον ὀφήλην* stehen. Auch hat es keinen rechten Sinn, neben vier Schuldentstehungsarten noch als fünftes einen besonderen Schuldinhalt zu nennen. Einen erträglichen Sinn hat das *οἰότανς ὀφήλην* nur, wenn es ebenfalls einen eigenthümlichen Schuldgrund bezeichnet. Wir sind hier auf Hypothesen angewiesen. Dass *οἰόται* Geldstücke sind[22], macht die Verbindung mit *ὀφήλην* sehr wahrscheinlich. Vielleicht (?) ist *οἰότανς ὀφήλην* eine eigenthümliche Formalschuld nach Art des römischen nexum, bezeichnet durch die Nennung alter bei dem Ritual verwendeter Geldstücke[23].

Die weiteren Bestimmungen dieses Passus beziehen sich nun auf den Fall, wenn Jemand, der auf eine dieser fünf Arten Schuldner ist, stirbt, 'oder diesem ein Anderer'; dann soll nämlich innerhalb eines Jahres geklagt werden. Schwierigkeit machen hierbei zunächst schon die Worte 'oder diesem ein Anderer' (*ἢ τούτῳ ἄλλος*) in IX 28. Zwei Erklärungen sind möglich:

1. 'oder diesem Sterbenden ein Anderer schuldet'. Wir haben dann den Sinn: wenn Schuldner oder Gläubiger stirbt, soll in einem Jahr geklagt werden. Diese Ergänzung liegt nicht nahe, da das unmittelbar vorher stehende Verbum *ἀποθάνοι* ist, das hier zu ergänzende Verbum aber erst aus den fünf vorher stehenden Partizipien entnommen werden müsste. Auch ist nachher nur davon die Rede, dass er, d. h. der Gläubiger klagt. Man müsste also so verwegen sein anzunehmen, dass das Gesetz mit diesem Er einen nach dem Tode des Gläubigers eingetretenen und nun als Kläger auftretenden Alleinerben, von dem es doch garnicht gesprochen hat, meine.

2. 'oder ein Anderer diesem schuldend stirbt'. Den Worten nach liegt diese Ergänzung am nächsten. Dann handelt es sich nur um den Tod des Schuldners, was nach den weiterfolgenden Sätzen nothwendig anzunehmen ist. Darum halte ich diese Erklärung für richtig. Schwer ist es hierbei freilich die Worte *ἢ τούτῳ ἄλλος* zu rechtfertigen. Der Satz würde sich dann dahin verdeutlichen lassen: wenn Einer einem Anderen etwas schuldet

---

[21] S. oben 2. Theil, III. Kap., III 2, S. 132.
[22] S. Bücheler oben S. 15.
[23] Vgl. Leist S. 503.

und stirbt, oder wenn der Andere dem Ersteren etwas schuldet und stirbt, so soll der überlebende Gläubiger innerhalb eines Jahres klagen — d. h. wohl bei Gefahr der Präclusion. Der Grund ist der, dass der Thatbestand durch den Tod der einen Partei nicht mehr leicht feststellbar ist und es mit jedem Tage weniger wird. Aus demselben Grunde werden auch als Zeugen die 'Epiballontes' zugezogen; und wo die Klage auf Zahlung einer Urtheilssumme geht, da sollen auch noch der Richter des Vorprozesses[24], in dem das Urtheil gesprochen ist, und der Mnamon[25], weil diese beiden am ehesten über den Ausgang des damaligen Prozesses u. s. w. Auskunft geben können, zugezogen werden und aussagen[26]: sie sind sachlich Zeugen, wennschon sie nicht so bezeichnet werden.

Ich begnüge mich im Weiteren eine der möglichen Interpretationen aufzustellen. Die Epiballontes, welche als Zeugen auftreten, sind hier nicht blos die Erben des Gestorbenen — denn sie schwören unter Umständen neben dem Kläger, der, wenn und weil es sich um den Tod des Schuldners handelt, ihr Gegner ist —; ich denke sie vielmehr als diejenigen, welche in ihrer Eigenschaft als nächste Blutsverwandte der beiden Parteien und darum als die künftigen eventuellen Erben an dem Vermögen interessirt sind: sie treten für beide Parteien als Zeugen auf[27]. Wenn sie nichts auszusagen wissen[28], so soll der Richter auf Eid erkennen: schwören[29] muss dann der Kläger; seine Epiballontes, welche ein Zeugniss abzugeben freilich nicht im Stande waren, sollen doch als Eidhelfer neben ihm schwören. Der Kläger

---

[24] Z. 32, der ja vielleicht auch in diesem neuen Prozess als Richter fungirt: er ist dann zugleich Richter und Zeuge; s. oben S. 76 N. 39.

[25] Falls er noch lebt und im Amt ist Z. 33. Bezieht sich das auch auf den Richter? Nein, wenn die Worte genau sind. — S. auch oben S. 54.

[26] ἀποφωνιόντων Z. 37 gehört zu allen vorangehenden Nominativen von Z. 32 an.

[27] Möglich ist auch, dass die Epiballontes hier nicht in der gewöhnlichen Bedeutung als berechtigte Verwandte gemeint sind sondern lediglich als die Zeugen, denen es zukommt bei den genannten Klagen Zeugen zu sein — etwa deshalb, weil sie ursprünglich bei den Rechtsgeschäften als Zeugen fungirt hatten. S. oben S. 62 N. 24.

[28] ἀποϜείπωντι in Z. 37—38 gleichbedeutend mit μὴ ἀποφωνίοιεν in IX 52.

[29] Wir lesen ὀμόσαντα αὐτόν. ὀμόσας (der Richter) τὰ αὐτῶν er. gibt uns keinen Sinn.

siegt durch diesen Eid, der Beklagte wird auf das Einfache verurtheilt. Die Betonung dieses Einfachen lässt vielleicht darauf schliessen, dass sonst in Gortyn das römische lis infitiando crescit in duplum galt: in diesem Falle sind die Erben des verstorbenen Schuldners für ihr Leugnen entschuldigt, quia in alieni facti ignorantia tolerabilis error est [30]. —

IV. Termingeschäfte (IX 43—54).

Die Stelle ist lückenhaft erhalten; ihren Sinn vermag ich nicht genau festzustellen. Es handelt sich um Verträge [31], aus denen zu bestimmter Zeit [32] geleistet [33] werden soll. Die Leistung ist vielleicht, aber nicht sicher Geldleistung [34]. Der Schuldner leistet am Termin nicht. Nun wird Klage erhoben; der Richter soll nach Zeugenaussagen urtheilen, und zwar bestimmt sich die erforderliche Zahl der Zeugen nach der Höhe der Streitsumme: bei 100 Stat. und mehr müssen 3 Zeugen, bei 10 und mehr bis 100 (excl.) 2, bei weniger als 10 Stat. 1 Zeuge aussagen. Fehlen die erforderlichen Zeugenaussagen [35], so hat der Kläger [36] zu wählen [37], ob der Beklagte den Eid schwören soll, dass er nicht oder nicht mehr schuldig sei, oder ob er .... Eine Ergänzung des hier fehlenden wagen wir nicht.

---

[30] L. 5 D. pro suo 41, 10.

[31] συνάλλαγμα (Z. 52 fg., Z. 44 [ergänzt], vielleicht auch Z. 54 a. E.) gleich ultro citroque obligatio: l. 19 D. de V. S. 50, 16; l. 7 § 2 D. de pact. 2, 14. Was ἐπιτιθέναι (Z. 44, auch 52?) ist, weiss ich nicht. — Bücheler: Zur Erklärung vielleicht die Ephesische Inschrift von 86 v. Chr. bei Dittenberger, Syll. Inscr. 253 Z. 50: συμβόλαια ... κατὰ χειρόγραφα καὶ κατὰ παραθήκας καὶ ὑποθήκας καὶ ἐπιθήκας καὶ κατὰ ὠνὰς καὶ ὁμολογίας u. s. w.

[32] πέρᾳ. Vgl. περαιώσῃ VII 11 fg.

[33] ἀποδιδόναι = herausgeben oder zurückgeben I 26. 27. 33. 46. III 33. VI 50. X 19. XI 17; medial = verkaufen, s. oben S. 58 N. 28.

[34] Mit den Summen Z. 47 ff. kann auch der zu veranschlagende Werth des Streitobjects gemeint sein.

[35] Die folgenden Worte 'wenn der Gläubiger auflegt' Z. 52 verstehe ich nicht.

[36] Hier Z. 54 ὁ μεμφόμενος, der Beschuldigende.

[37] Ueber dieses Wahlrecht s. 1. Theil, V. Kap., N. 21.

V. Verbot von Geschäften über fremdes Vermögen (VI 12—31. 37—44. IX 7—24).

An drei fast wörtlich übereinstimmenden Stellen sind uns Verbote, die sich auf die rechtsgeschäftliche Behandlung fremden Vermögens beziehen, begegnet. Verboten sind Verkauf, Verpfändung, Zusicherung (Sponsion)[38], und zwar[39] VI 2 ff.

1. a) dem Sohn aus dem Vermögen (den Sachen) des noch lebenden Vaters, b) dem Vater aus dem der Kinder, c) dem Gatten aus dem der Frau, d) dem Sohn aus dem der Mutter; sodann VI 34 ff. ausser unter bestimmter Voraussetzung auch

2. dem Vater aus dem Muttererbgut der Kinder, und IX 7 ff.

3. dem Verwalter des Vermögens einer Erbtochter aus deren Vermögen (Sachen). Auffälliger Weise fehlt die Verwaltung des Vermögens der Schwester durch den Bruder.

Wenn eines dieser verbotenen Rechtsgeschäfte dennoch entgegen den Bestimmungen unseres Gesetzes[40] abgeschlossen ist, so ist es nichtig; diese Entscheidung ist zwar für die ersten beiden Unterfälle von Fall 1 nicht ausgesprochen — wohl desshalb weil sie sich hier von selbst verstand und altbekannten Rechtens war —; für alle anderen Fälle aber ist sie ausdrücklich mit den Worten getroffen, dass die verkaufte, zugesicherte, verpfändete Sache dem bisherigen Eigenthümer verbleibe[41]. Der Verkäufer u. s. w. aber soll

---

[38] S. über diese drei Begriffe oben S. 58 N. 28 ff. — Was vom Verkauf gilt, gilt natürlich von der Schenkung auch. — Bald sind alle drei Begriffe (VI 13 fg. 18 ff. 20 ff.), bald nur der erste und zweite (VI 4. 34 fg. IX 7 ff.), bald nur der erste und dritte (VI 10 fg.), bald sogar nur der erste (VI 6) gesetzt: gemeint sind aber doch wohl immer alle drei, wie besonders eine Vergleichung zwischen VI 4, VI 10—11 und VI 13—14 ergibt.

[39] S. oben 2. Theil, III. Kap., II 1 a. E., III; und V. Kap., II 3.

[40] VI 37 einfach: ἀλλᾷ. Ebenso mit ziemlich sicherer Ergänzung IX 8. Zu ergänzen ist: die Rechtsgeschäfte sind abgeschlossen anders als in diesem Gesetz steht. Denselben Sinn ergibt der absolut stehende Satz: ἀλλᾷ δ' ἔγραπται in VI 14 (vgl. ebenso VIII 54); zu ergänzen ist: anders aber steht es in diesem Gesetz als die Rechtsgeschäfte abgeschlossen sind.

[41] τὰ χρήματα ἤμην ἐπὶ τᾷ ματρί u. s. w. VI 16 ff. 38 fg. IX 9 ff. Eine ganz andere Auslegung wäre noch möglich: das ganze Vermögen (χρήματα, nicht χρέος wie VI 26 fg. IX 19) soll zur Strafe der Ungesetzlichkeit dem, der es bisher (und zwar selbstnützig?) verwaltete, genommen werden und in die Hand der Mutter, Frau u. s. w. selbst kommen (?).

dem Käufer u. s. w.[42] das Doppelte des Werths der Sache[43] und das Interesse (den sonstigen Schaden) einfach[44] ersetzen.

Soweit sind alle drei Fälle gleich normirt, nur Fall 1 und 3 enthalten noch weitere übereinstimmende Normen. Zuerst eine Uebergangsbestimmung: wegen früherer Fälle aber soll kein Rechtsanspruch sein VI 24. IX 16 fg. Der Gegensatz hierzu, die Hinweisung auf die späteren Fälle, muss nothwendig im Vorangehenden, und zwar in den Worten enthalten sein, welche in Fall 1 und 3 gleichlautend stehen, in Fall 2 aber fehlen. Diess sind die Worte: ᾇ τάδε τὰ γράμματα ἔγραττaι in VI 15 fg. IX 15 fg. Nun stehen in Fall 1 diese Worte hinter: ἀλλᾷ δ' ἔγραττaι, und es liegt nahe, sie mit diesen zusammenzubringen. Dass das aber kaum richtig ist, beweist IX 15 fg., wo jene selben fünf Worte erst am Schluss des ganzen Passus, hinter der Bussensatzung, folgen: beide Male aber müssen sie dasselbe bedeuten[45]. Auch kann mit dieser Phrase hier nicht wie an anderen Stellen einfach eine Verweisung auf andere Rechtssätze gegeben sein, da nichts da ist, worauf verwiesen werden könnte, unsere Stellen vielmehr selbst erst die anzuwendenden Rechtssätze enthalten. Jene Phrase bestärkt also bloss die Anwendbarkeit der an dieser selben Stelle ausgesprochenen Rechtssätze, und meint damit die Anwendbarkeit für künftig, was freilich nur unvollkommen zum Ausdruck gebracht wird, da man doch ᾇ nicht schlechthin, was dem Sinne nach sehr gut passte, mit 'seit' übersetzen kann ('so soll es gehalten werden in allen Fällen, die sich von der Zeit an, wo diess Gesetz geschrieben steht, ereignen werden'). IX 7 ff. ist also dahin zu interpretiren: wenn Jemand anders, als nach diesen Bestimmungen erlaubt ist, kauft, so soll der Kauf nichtig und der Verkäufer ersatzpflichtig sein, und das soll künftig so, wie es hier geschrieben steht, gehalten werden; VI 12 ff. aber ist zu erklären: wenn Jemand

---

[42] αἴ κα νικαϑῇ in IX 13: wenn der Verkäufer in diesem Regressprozess besiegt wird; oder: wenn der Käufer in dem Eigenthumsprozess der Frau gegen ihn besiegt wurde.

[43] So wird das διπλῆ von VI 22 und IX 18 in VI 42 erklärt: τὰν διπλείαν τᾶς τιμᾶς.

[44] An anderen Stellen unseres Gesetzes: die Sache doppelt und eine fixirte Zusatzbusse; vgl. III 13—15. V 37—39. Zur Vergleichung diene das duplum bei der röm. actio auctoritatis und der Evictionsstipulation. S. Bechmann, Kauf I § 12 u. sonst. Paul. R. S. II 17 § 1—3.

[45] Bemerkenswerth ist auch, dass der Steinhauer vor dieser Phrase einmal, IX 15, einen freien Raum gelassen hat, sie gehört nicht zum Vorhergehenden.

kauft, und diess Gesetz gibt andere Bestimmungen, d. h. steht im Widerspruch mit jenem Kauf, so soll künftig so, wie es hier geschrieben steht, der Kauf nichtig sein u. s. w. — Eine gleiche Anwendungsbestimmung ist für das Muttererbgut der Kinder nicht gegeben: mir scheint, dass unser Gesetz das alte Recht, welches jene Rechtsgeschäfte erlaubte, corrigirt hat gerade zu Gunsten der Mutter (VI 17), der Frau (VI 18), der Erbtochter (IX 10), was mit seinen sonstigen Tendenzen übereinstimmt (s. oben S. 47).

Für Fall 1 und 3 macht den Beschluss eine bis auf eine wichtige Differenz gleichlautende in Fall 2 fehlende Bestimmung[46]. Wenn der Beklagte einwendet, die Sache, um die prozessirt wird, also die Sache, die verkauft ist u. s. w., gehöre der Frau u. s. w. nicht, [so soll der Richter schwörend erkennen. Wenn der Beklagte aber mit seiner Behauptung siegt], so soll er — oder: sollen sie? — prozessiren, wohin es gehört, (bei dem Richter,) wo jedes geschrieben steht. Die Worte in [ ] fehlen in Fall 1, die in ( ) in Fall 3. Es ist schwer zu glauben, dass hier ein sachlicher Unterschied gemeint sei; wir haben wohl in Fall 3 die genauere Redaction vor uns[47].

Welches ist der Prozess, in dem jene Einwendung gemacht wird? Der Eigenthumsprozess der Frau gegen den Käufer? oder der Regressprozess des Käufers gegen den Verkäufer? Die Einwendung ist sowohl von Seiten des Käufers gegenüber der Frau, wie von Seiten des Verkäufers gegenüber dem Käufer, der die Sache an die Frau, vielleicht freiwillig, herausgegeben hat, denkbar. Der Ausdruck 'um die Sache prozessiren' entspricht indess so sehr dem in I 1—2 und I 17 bei der Vindication gebrauchten, dass wir ihn auch hier auf die Vindication der Frau gegen den Käufer beziehen. Das ὀμνὺς κρινέτω in IX 21 ist also das Urtheil im Eigenthumsprozess. Wenn hier nun die Frau abgewiesen ist, von was für einem weiteren Prozess kann dann noch die Rede sein? Der Käufer behält, was er hat, die Frau ist, da ihr die Sache nicht gehörte, unbetheiligt. Vielleicht ist gemeint: ein etwaiger Streit über den Verkauf, die Verpfändung, die Zusicherung zwischen Verkäufer u. s. w. und Käufer u. s. w. geht die Frau u. s. w. nichts mehr an: der muss dann bei dem competenten Richter nach den darüber geltenden und in unserem Gesetz nicht berührten Bestimmungen ausgemacht werden.

---

[46] Steht dieses Fehlen in Fall 2 in ursachlichem Zusammenhang damit, dass auch die vorige Bestimmung fehlt?

[47] Auch das αἴ κα νικαθῇ in Fall 3 (IX 19) fehlt in Fall 1 und 2. Ebenso das ἐπικατάστασει IX 15.

VI. Schenkung zu Ungunsten der Gläubiger (X 20—25).

An das oben 2. Theil, III. Kap., II 4 besprochene Verbot der Schenkung Seitens des Gatten an die Frau, des Sohnes an die Mutter schliesst das Gesetz ein zweites mit anderen Voraussetzungen an [48], das sich kurz dahin formuliren lässt: Schenkungen [49] zu Ungunsten der Gläubiger sind nichtig [50]. Der Thatbestand enthält zwei Voraussetzungen:

1) Die Schenkung erfolgt von Seiten eines Schuldners. Genannt sind: allgemein jeder Geldschuldner, dann speciell der Urtheilsschuldner [51] — die Urtheilsschuld ist auch als Geldschuld gedacht und nur darum besonders hervorgehoben, weil jede beliebige Schuld durch Condemnation in eine Geldschuld verwandelt werden kann —, endlich der Beklagte, während der Prozess noch schwebt. Ob das Urtheil schon gesprochen ist, macht nichts aus: der in einen Prozess Verwickelte muss sich sagen, dass er vielleicht zu einer hohen Geldsumme (man denke nur an die Fälle des Sklavenprozesses in Tafel I!) verurtheilt werden wird.

Warum spricht das Gesetz nur von Geldschulden, warum nicht von Schulden überhaupt? Darauf ist hier ähnlich zu antworten wie oben im 2. Theil, IV. Kap., IV 2. Dass, wer eine specielle Sache schuldet, gerade diese nicht verschenken darf, versteht sich dem Gesetzgeber von selbst. Thut der Schuldner es doch, so macht er sich eben schadensersatzpflichtig. Wenn aber der Schuldner einer speciellen Sache sonstige Vermögensstücke fortgibt, so schadet er damit seinem Gläubiger nicht, der sich ja immer noch an jene specielle Sache halten kann. Anders aber bei einer Geldschuld: diese kann der Schuldner erfüllen nicht bloss durch die in seinem Vermögen vorhandenen Geldstücke, sondern auch durch den Erlös aus dem Verkauf seiner Sachen; verschenkt er also beliebige Sachen, so verringert er die zur Deckung der Schuld ihm zu Gebot stehenden Mittel. — E contrario ergibt sich, dass alle

---

[48] Dieses Verbot bezieht sich nicht mehr auf die Schenkungen von Mann und Sohn gegenüber der Frau und Mutter. τὶς in X 20 ist nicht Recapitulation des Vorigen sondern gibt den neuen Fall: jeder Beliebige.

[49] Die δόσις X 25 ist natürlich auch hier nicht Fortgabe von Vermögensstücken schlechthin sondern unentgeltliche Fortgabe.

[50] μηδὲν ἐς χρέος ἤμην τὰν δόσιν, die Gabe 'thut nichts zur Sache', d. h. ist wirkungslos.

[51] Ueber diese Begriffe s. 1. Theil, III. Kap. a. E., V. Kap. in N. 1; 2. Theil, IV. Kap., IV 2; über Geldcondemnation auch 2. Theil, I. Kap., Note 57.

Schenkungen giltig sind, wenn erst nachher die Geldschuld entsteht oder die Prozesserhebung erfolgt, mag auch den Gläubigern ihre Befriedigung dadurch vereitelt werden.

2) Das nach der Schenkung dem Schuldner noch bleibende Vermögen muss zur Deckung der Schuld unzureichend sein.

Dass ähnliche Bestimmungen sich in allen entwickelten Rechten finden, ist bekannt; man braucht nur an das römische Edict [52] zu erinnern. Die nähere Vergleichung mit dem Gortyner Rechtssatz macht sich von selbst. Zur richtigen Würdigung unseres Gesetzes mag indess doch ein Citat dienen. Fast zwei und ein halb Jahrtausend später bestimmt die deutsche Reichskonkursordnung (vom 10. Febr. 1877) in § 25 Z. 1 'Anfechtbar sind die in dem letzten Jahre vor der Eröffnung des Verfahrens von dem Gemeinschuldner vorgenommenen unentgeltlichen Verfügungen' u. s. w. — Das Hauptinteresse für uns hat der besprochene Abschnitt dadurch, dass er mit Sicherheit das Dasein einer Realexecution (und zwar wohl einer General-Realexecution) beweist (s. oben S. 100); denn einen praktischen Sinn hat jenes Schenkungsverbot nur, wenn die Gläubiger wegen ihrer Forderungen sich auch an das Vermögen des Schuldners und nicht bloss an seine Person halten können.

VII. Verbot von Geschäften über Sklaven (X 25—32).

Dem eben besprochenen Rechtsgeschäftsverbot folgt ein zweites. Es bezieht sich nur auf Geschäfte über Sklaven, und zwar a) über streitige, d. h. solche, über deren Sklaveneigenschaft oder Zugehörigkeit ein Prozess geführt wird [53], und b) über verpfändete Sklaven, hier indess mit der Beschränkung: 'bevor der Verpfänder [54] sich bereitet'. Verboten ist bei Folge der Nichtigkeit: 1) den Sklaven anzukaufen, 2) anzunehmen — d. h. wohl aus irgend einem sonstigen Grunde, z. B. als Geschenk zu Eigenthum zu nehmen —, 3) ihn sich durch sponsio versprechen und 4) ihn sich verpfänden zu lassen. Untersagt sind diese Geschäfte zu-

---

[52] Actio Pauliana, interdictum fraudatorium. Literatur bei Windscheid, Pand. II § 463.

[53] vindic. in libertatem, in servitutem, Eigenthumsprozess. S. oben S. 78. Gerade desshalb ist hier, ebenso wie in XI 24 ἄνϑρωπος gebraucht, = homo, der Mensch, welcher wirklich oder wenigstens nach der Behauptung der einen Partei Sklave ist.

[54] καταϑένς der Verpfänder, καταϑέϑαι zum Pfand nehmen, s. oben S. 58 N. 29. Vgl. Poll. VIII 142: ϑεῖναι μὲν οἰκίαν ἐστὶ τὸ δοῦναι εἰς ὑποϑήκην, ϑέσϑαι δὲ τὸ λαβεῖν κτλ. Thalheim S. 88 N. 3.

nächst dem, der aus ihnen erwerben könnte, dadurch natürlich auch dem, der den Sklaven dabei verkaufen, sonstwie fortgeben, zusichern, verpfänden könnte. Nöthig ist dies Verbot gegen den Besitzer. Im Prozess ist das die beklagte Partei (ὁ ἔχων I 24); gegeben ist hier also das Verbot zu Gunsten des Nichtbesitzers, dessen Lage im Prozess durch jene Rechtsgeschäfte eventuell verschlechtert wird [55], aber auch wohl zu Gunsten des Sklaven selbst: dieser ist vielleicht nicht Sklav, sondern frei; so lange das nicht rechtskräftig entschieden ist, soll alles im vorigen Stande verbleiben.

An wen richtet sich das Veräusserungsverbot des verpfändeten Sklaven? Da es Pfandrecht mit und ohne Besitz des Pfandnehmers am Pfandobject gibt [56], so lässt sich doppelt erklären:

1. Der Pfandnehmer darf den Sklaven nicht veräussern u. s. w., bevor der Verpfänder zustimmt. Aber diess Verbot erscheint für die Zeit vor Fälligkeit der Schuld selbstverständlich und hat auch für die Zeit nachher keinen rechten Sinn, da aus dem Pfandrecht höchstens die Möglichkeit folgt, einen Verkauf des Pfandes, aber nicht auch jene anderen Geschäfte vorzunehmen. Auch ist es bedenklich das 'sich bereiten' des Verpfänders als 'zustimmen' zu erklären, wofür das Gesetz ein anderes technisches Wort [57] besitzt.

2. Vielleicht richtet sich das Verbot gegen den Verpfänder: dieser darf, um die Rechte des Pfandnehmers nicht zu beeinträchtigen, den verpfändeten Sklaven nicht verkaufen [58], weiter verpfänden u. s. w., bevor er den Pfandnehmer befriedigt hat, oder, um dem 'sich bereiten' näher zu kommen, bevor er sein Schuld- und Pfandverhältniss zu dem Pfandnehmer geordnet, sich mit diesem zurechtgefunden hat.

---

[55] Diese Idee liegt dem römischen Verbot der Veräusserung der res litigiosa zu Grunde. Material: Windscheid, Pand. I § 125 Nro. 1 D. RCPr.-Ordnung § 236 ff.

[56] Der Satz I 55 fg., dass der Pfandnehmer den verpfändeten Sklaven eigenmächtig an sich nehmen dürfe, beweist nicht dagegen: diese Erlaubniss kann für den Fall gedacht sein, dass die fällige Schuld nicht bezahlt ist.

[57] ἐπαινῆν VI 36.

[58] Vgl. die ähnliche Stelle bei Demosth. LIII 10 p. 1249 bezüglich eines verpfändeten Grundstücks: οὔτε ὠνεῖσθαι οὔτε τίθεσθαι ὡς ἐνοφειλομένου αὐτῷ ἀργυρίου. Thalheim S. 90 N. 3. Röm. Recht: Dernburg, Pfandrecht II S. 4—11.

Register der Erläuterungen nach der Ordnung des Gesetzes.

Die Stelle des Gesetzes:		Die Seite, auf der die Haupterläuterung beginnt:	Die Stelle des Gesetzes:		Die Seite, auf der die Haupterläuterung beginnt:
I	1—13 —	S. 80.	III	44—49 —	S. 109.
	14—23 —	86. 76.		49—52 —	113. 72. 76.
	23—26 —	88.		52—55 —	109.
	26—34 —	89.	IV	1—3 —	111.
	34—38 —	90.		3—6 —	113.
	38—45 —	95.		6—8 —	113. 72. 76.
	45—48 —	91.		8—14 —	112.
	48—50 —	93.		14—17 —	111.
	50—54 —	97 unter 1.		18—23 —	114.
	55 —	97 unter 2.		23—29 —	135 unt. 3. 137 N. 12. 109 N. 1.
II	1—2 —	97 unter 2.		29—31 —	130 unter 1. 137 N. 13.
	2—10 —	100.			
	11—15 —	102 unter 3.			
	15—16 —	78. 103 N. 14.		31—43 —	137.
	16—20 —	107.		43—46 —	135 N. 5.
	20—28 —	101.		46—48 —	140.
	28—33 —	104.		48—51 —	115. 137 N. 14.
	33—36 —	105.		52—53 —	116. 141.
	36—45 —	106. 73. 76.	V	1—9 —	141.
	45—54 —	118.		9—13 —	135 unt. II. 137.
	54—55 —	119.		13—22 —	148. 135 unt. II.
III	1—9 —	123 unter 3.		22—25 —	143 unter 4.
	9—16 —	124		25—28 —	144 unter 5.
	17—20 —	121 unter a).		28—54 —	145.
	20—22 —	125.	VI	1—2 —	146.
	22—24 —	123 unter 3.		2—12 —	129.
	24—29 —	121 unter b).		12—31 —	173.
	29—30 —	125.		31—36 —	128. 129.
	30—31 —	123 unter 3.		37—44 —	173.
	31—37 —	122 unter 2 a).		44—46 —	123. 130.
	37—40 —	128.		46—55 —	166.
	40—43 —	117.		55 —	65.
	43—44 —	123 unter 3.	VII	1—4 —	65.

VII	4—10	—	S. 137 N. 10.	IX	24—40	—	S. 169. 73.
	10—15	—	167.		40—43	—	131 unter 2.
	15—27	—	151 unter 1.		43—54	—	172. 72.
	27—29	—	152.	X	14—20	—	126.
	29—35	—	152.		20—25	—	176.
	35—40	—	153.		25—32	—	177.
	40—50	—	153.		33—34	—	162 unter III.
	50—52	—	156.		34—39	—	160 unter I.
	52—55	—	153 unter 3.		39—48	—	162 unter IV
VIII	1—7	—	154 N. 21.				134 unter 2.
	7—8	—	154 N. 20.		48—53	—	163 unter 2.
	8—12	—	156.	XI	1—6	—	163 unter 2.
	13—19	—	157 N. 34.		6—10	—	164 unter 3.
	19—20	—	157 unter 3.		10—17	—	164 unter V.
	20—30	—	154.		18—19	—	161 unter II.
	30—36	—	155.		19—23	—	165 unter VI.
	36—40	—	153 unter 2 d).		24—25	—	100 unter 3.
	40—42	—	149.		26—31	—	68. 71.
	42—46	—	159.		31—45	—	147. 148.
	47—53	—	158.		46—50	—	124.
	53—55	—	160 unter III.		50—53	—	120. 84 N. 25
IX	1—7	—	160 unter 3.	XII	15—19	—	126.
	7—24	—	173.		20—33	—	158. 133.

www.ingramcontent.com/pod-product-compliance
Lightning Source LLC
Chambersburg PA
CBHW032148160426
43197CB00008B/816